本书系2012年教育部新世纪优秀人才支持计划（批准号：NCET-12-0789）和全国优秀博士学位论文作者专项资金资助项目（项目编号：201007）资助的成果。

Strategic Psychology
and International Politics

世界政治研究丛书
SERIES OF WORLD POLITICS

战略心理与国际政治

尹继武 著

北京大学出版社
PEKING UNIVERSITY PRESS

图书在版编目(CIP)数据

战略心理与国际政治/尹继武著. —北京:北京大学出版社,2016.1
(世界政治研究丛书)
ISBN 978-7-301-26941-1

Ⅰ.①战…　Ⅱ.①尹…　Ⅲ.①国际政治—研究　Ⅳ.①D5

中国版本图书馆 CIP 数据核字(2016)第 032566 号

书　　　　名　战略心理与国际政治
　　　　　　　Zhanlüe Xinli yu Guoji Zhengzhi
著作责任者　尹继武　著
责 任 编 辑　张盈盈
标 准 书 号　ISBN 978-7-301-26941-1
出 版 发 行　北京大学出版社
地　　　　址　北京市海淀区成府路 205 号　100871
网　　　　址　http://www.pup.cn　　新浪微博：@北京大学出版社
电 子 信 箱　ss@pup.pku.edu.cn
电　　　　话　邮购部 62752015　发行部 62750672　编辑部 62753121
印 刷 者　三河市博文印刷有限公司
经 销 者　新华书店
　　　　　　　650 毫米 × 980 毫米　16 开本　15.25 印张　215 千字
　　　　　　　2016 年 1 月第 1 版　　2016 年 1 月第 1 次印刷
定　　　　价　35.00 元

目 录 *Contents*

序　言

　　政治世界中的行为体,是理性的经济人,还是充满人性的心理人,成为当前主流国际关系或对外政策理论分歧的一个核心假定。基于心理人的假定,政治心理学路径更多强调行动者的能动性,试图表明,我们生活在一个充满"人情味"的政治世界。政治世界的理性逻辑,让人们将更多的精力集中于对于理性动机、行为规律和互动逻辑的探究,而忽视了政治世界中的行为主体,其实也是需要我们仔细加以研究的对象。政治心理学在国际关系研究中的运用,更多地集中于安全、战略与决策领域,而在低级政治中并未充分展开。这个基本特性,成为我们研究国际政治心理学的长期认识,也正是基于此,这本小书将讨论议题集中于战略与心理学的维度,从理论上总结政治心理学在国际政治研究中的基本知识谱系、当前的研究进展,以及在中国研究的语境下,政治心理学理论创新的基本理论思考。在这个过程中,对于自身数年一直坚持的心理学研究路径,我也在不知不觉中形成了一种自我的觉醒和意识。当仔细总结多年来的研究时,往日模糊的研究探路,逐渐呈现出一条或明或暗的主线,即战略心理学的理论和经验追求,成为我一段时期以来的根本性理论旨趣和现实关怀。而这条理论主线中,在经验偏好上,我也日益显示出对于中国对外关系的基本行为模式和心理规律的探索。世间所有的相遇,都是久别的重逢。这条模糊的理论道路,虽然今日有豁然开朗之意,但长期对于政治心理学研究的追求,成为我用以分析、解释以及观察各种国际关系事实的"利器",甚至在潜移默化中,心理学的理念主义已经将我的知识结构改变,让我更多地试图探究政治世界的微观基础。

一、从政治心理学到战略心理学

时至今日,政治心理学作为一门交叉学科,其知识谱系和地位已不需赘述。运用心理学的理论和方法,对政治世界的各种谜团进行解答,成为这门学科的根本特性。由此,并不是什么问题都值得用心理学或政治心理学的理论和知识加以剖析的。所以,在坚持自身理论、方法特色的同时,政治心理学并不是将自身标签化,成为解答万有事物困惑的公器。基于先前的知识谱系的考察,外交决策成为一条分析的主线,外交决策心理学也构成了国际政治心理学的基本知识,当然还包括其他的群体冲突与合作研究的维度。决策固然重要,也是理解国际关系发展的重要微观基础,但决策终究是领导人个体或团体的单线政治行为。既有的研究对于各种决策理论已有充分的研究,诸如领导人人格、错误知觉、情感等都是重要的分析概念,而历史类比、认知相符、动机偏差、前景理论等,也都得到了广泛的运用。

超越微观决策心理研究的努力,必须上升到国际关系的互动层次,同时也须提升到战略互动的层次。从战略分析的角度来看,行为体的战略心理、行为以及策略等,都是影响战略互动的重要变量;从互动的层次来看,行为体的战略策略,尤其是心理策略,往往又能激发对方行为体的反应,而这种反应能够被行为体加以预期和利用,实现不同的战略效果。基于此,战略心理学成为政治心理学研究中的一个重要分支,尤其是在国际政治研究中,国家的战略行为的心理基础,是影响战略及其互动的微观基础。在此过程中,涉及的重要概念,比如认知结构、群体冲突与和谐等,都值得细致的研讨。从理论上来说,战略心理学已大大超越了传统的决策心理学,成为行为体战略博弈的理论基础。

国际政治当然是事务性的政治,比如对一些细节和事实的了解,是认清这个世界的必要前提和基础,但国际政治更是战略博弈,无论是现实主义的力量说,还是自由主义的制度说,以及建构主义的观念说,都是强调政治世界中何者为本体、如何行动的问题。因此,战略心理学更具有国际关系理论创新的意义。但国际政治中行为体并非是同质的,而是存在诸多的属性差别,比如政治体制、文化传统、经济发展等等。那么,这些属性具有差异的战略行为体,它们之间的战略心理和互动规律,是否具有本质性的差别呢?对此问题的不同回答,成为不同世界观下理论创新和实践分析的主要分歧。我的战略心理学分析中,也遵循着从西方主体到中国关怀的转变。

二、从西方主体到中国关怀

政治心理学产生于西方的知识共同体,战略心理学也是如此。理论具有一定的文化属性,虽然知识并不具有国界。且不论文化对于研究者的意识形态、文化深层心理的熏陶,就是在实践中,我们也可以看到不同文化体系中,行为体属性、心理和行为规律的差异。无论从行为体的属性,还是实践模式,在知识生产的霸权体系中,都难免受到以西方为主体的束缚和禁锢。要打破这种知识上的文化霸权,或可重新思考西方理论的一些核心假定和概念,比如理性、国家等,也可以将更多的理论源泉放眼于地方性的情境。在普世性知识和地方性知识的争辩中,往往陷入了非此即彼的圈套。尤其是对于非西方的知识生产者而言,如何摆脱西方知识和理论的思维定势,成为发展地方性知识的一个热门话题。

诚然,无论坚持知识普世论还是文化特殊论,都得系统了解既有的知识体系,即西方所生产的知识体系。基于此,本书的相关知识梳理和思辨,都是为了更好地理解、剖析和反思现有的知识体系,包括对于国际政治心理学的知识梳理、研究进展归纳,以及在文化差异情境下如何进行理论创新的思考等。同理,研究认知结构与和谐秩序也需要进行认真的西方知识梳理。在某种意义上说,西方主体的自然形成,凸显了政治心理学或战略心理学的可沟通性或普世性的一面。也就是说,在不同的政治体系中,不同的行为体的政治心理特性和规律都是类似的,这也奠定了这个世界是可以沟通和理解的基础。

中国关怀则体现为多个维度。其一,作为中国社会科学知识生产,中国经验并不必然会产生中国的知识,无论是政治心理学还是战略心理学。这是因为,经验独特与否,并不成为知识的决定性因素。即使我们本着地方性知识的理念,如何生产地方性知识,恐怕都脱离不了既有的西方理论体系和方法论。其二,战略心理学的根本价值在于更好地理解中国的对外战略或行为,同时促进中国国家利益的实现。这种价值关怀,并非是基于知识的国家属性或阶级属性,而是基于知识的经世致用的实践关怀。中国对外关系中既有丰富的知识和规律可总结,同时战略心理学的理论研究,也能够为中国对外关系的顺利开展提供智力支持。其三,中国对外关系的实践议题和理论困惑,成为应用战略心理学研究的根本出发点。一切理论的研究,都是基于现实的困惑,也是基于现实的需要。如何解答中国对外关系中的战略行为问题,是构建中国关怀的一个基本的研究思路。对此,我多年的思考可以归纳为系列的研究议题,比如和谐秩序构建、信任建设、诚意信号表达、自我印象管理和虚假共识等。

三、从理论评述到议题拓展

知识的梳理和总结,是一项看似简单、其实很重要且对于研究议题的深入和开展意义重大的事情。政治心理学的流派众多,理论偏好各异,所用概念和逻辑也差异较大,而且,心理学路径意义的关键,是诸多的心理学理论和方法必须对既有的政治科学理论形成有益的对话和贡献。正是基于这种认识,对于国际政治心理学的基本知识谱系和研究进展进行简明扼要梳理,也是本书的一个重要任务。梳理即是学科综述,如果没有有形或无形的综述,要形成有益的研究议题和方向,以及我们自身的贡献,则无从谈起。在知识的整理和思辨当中,我也有意无意更多地运用中国对外关系的案例,作为说明理论的例子,同时初步引入战略心理学的理论及其启示。当然,战略心理学的知识更多体现为中国对外关系的议题拓展。

议题拓展上,我在本书中着重于两个维度,其一是关系层次的秩序、信任和共识问题,其二是信号发射层次的诚意信号表达和自我印象管理问题。

在关系层次,和谐秩序是中国对外关系观念的一个重要特色,尽管基于西方现实主义的逻辑,可能认为和谐只不过是一种实力的安排,而和谐秩序更多是一种和平的幻象。但基于群体心理学中关于冲突与秩序的理论讨论,我们引入了群体冲突与和谐的条件分析,试图论证和谐秩序的可能性及其条件。在信任问题上,我们着重从中国文化的信任模式特性入手,总结出基于关系基础和关系交往的信任动态生成模式,而在案例上也是基于中国对外关系的信任实践,即中日和中国—东盟的政治信任发展的差异化比较。关系信任的解释模式,只是一种运用中国社会文化知识解析国际政治或中国对外关系的尝试。对于共识问题的理论讨论,我们意在进行反直觉的批判,引入虚假或部分共识的国际战略效应的分析。总而言之,在关系层次,本书的议题集中于战略互动中的秩序、信任和共识问题,在理论上尝试运用社会心理学的相关知识,意在为中国对外关系中的策略选择和前景提供更具本土化的知识。

在信号发射层次,诚意信号和印象管理是中国对外关系的重要社会文化内容。与现实主义的预期相反,诚意信号在中国对外关系中具有较为重要的地位,同时也有丰富的实践。基于事实性的归纳,我们总结了中国对外诚意信号发射的基本途径,同时也提炼了一项新的解释框架,即战略匹配机制的重要意义。而印象管理也是中国作为国际社会的成员的自我呈现艺术,无论是战略互动,还是普通民众层次,中国的印象管理及其内在问题,均具有重要的学术价值和现实启示。

中国对外关系的战略心理学议题,并不仅仅包括上述诸种案例,相关的战略威慑、可信性、友谊、战略沟通、战略意图、网络空间印象管理等等内容,都是值得进一步开拓的重要方向。决策心理学需要更多的一手决策素材作为案例分析的支撑,而战略心理学能够超越这种素材的局限,剖析更为微观的中国战略心理及其行为模式。

战略分析的理论和路径繁多,中国对外关系研究的议题和方法也是层出不穷,基于战略心理学的视角分析中国对外关系,理应具有更多的知识启示和创新。无论是从问题的切入,还是理论的总结,抑或是对于现实的启发,我们都希望本书的努力有所回应。从理论上说,中国外交的进一步开拓,也是基于更为成熟的战略心理学理论的支撑。最后值得一提的是,21世纪脑科学和神经科学的突飞猛进,希冀能为中国对外关系和政治心理学的研究带来更多的有力分析武器,这对于如何理解战略意图及其策略选择具有更为直接的意义,我们也希望未来有更多相关交叉学科力量和知识的引入。

第一章　知识谱系[*]

　　战争与和平、冲突与合作是国际政治的永恒主题,因此人类诸多思想家都试图理解战争与冲突的起源,以及如何形成和平与合作。对于理解战争的起源与和平的形成问题,政治心理学能够提供真知灼见,尽管主流的国际关系学普遍忽视心理学的贡献。国际关系新现实主义大师肯尼思·沃尔兹(Kenneth N. Waltz)曾言:心理因素对于构造国际关系体系理论而言并无益处。① 毫无疑问,国家成为国际社会中的主要行为体,但是任何缺失了人的因素的国际社会,只是一个"机器人"组成的国际社会,现实中也是不可能的。在当今国际政治舞台上,大国领袖粉墨登场,连国际恐怖主义也是由活生生的人所组成的。所以,在讨论国际政治的一些常设议题(比如,安全领域的和平与战争、对外决策中的心理思维和错误知觉等认知偏差)时,"人性"因素,亦即人的心理因素是不可忽视的,这是我们理解国际政治的微观基础。② 国际社会当然也是"社会",所以社会心理因素也是影响国际政治的不可忽视的因素,如国家认同、群体关系、公众舆

　　* 本章曾以《国防政治学心理学的知识谱系》为题发表于《世界经济与政治》2011 年第 4 期。

　　① J. M. Goldgeier and P. E. Tetlock, "Psychology and International Relations Theory," *Annual Review of Political Science*, Vol. 4, 2001, pp. 67-92.

　　② Annette Freyberg-Inan, *What Moves Man: The Realist Theory of International Relations and Its Judgment of Human Nature*, New York: State University of New York Press, 2004.

论等。基于上述关于研究对象和应用领域的两种知识分类标准,本章选择性地评述当代国际政治心理学的知识谱系。

第一节　个体政治心理

心理学在国际政治层面的应用,首先是在对外政策领域,其次才是更为宽泛的战略互动和国际关系层次。[①] 传统政治科学中的理性选择论认为,一个理性的人是按照自己的成本和收益来确定自己的行动的,而诸如动机、认知和情感等心理因素是非理性的。[②] 但是,决策心理学的研究认为,人往往不是绝对理性的,而是会产生系列的认知偏差,亦即错误知觉(misperception),这些错误知觉进一步影响决策者的判断,从而产生错误的决策和行为。比如,两个原本没有战争意愿的国家,经常因为错误知觉而走向了兵戎相见。那么,在对外决策中有哪些常见的错误知觉呢? 这些错误知觉又是如何产生的? 关于决策认知偏差的最新研究进展又是什么呢?[③]

(一)常见的错误知觉

国际政治心理学中关于认知心理的研究,兴起于 20 世纪五六十年代,起源于对理性选择理论逻辑的不满,到 70 年代已发展成熟。美国著名政治学家罗伯特·杰维斯(Robert Jervis)成为这一领域的

----

① 张清敏:《国际政治心理学流派评析》,《国际政治科学》2008 年第 3 期,第 72 页。

② 唐斯:《民主的经济理论》(姚洋、邢予青、赖平耀译),上海人民出版社 2005 年版,第 3—10 页。

③ 本章主要阐述杰维斯关于错误知觉的理论以及认知决策最新进展的前景理论,而且主要集中于领导人个体决策层次,而集体决策与社会心理则归为下一节的论述内容。在对外决策领域,还有很多相关的认知偏差及其应用,具体可参阅:〔美〕丹尼尔·卡尼曼、保罗·斯洛维奇、阿莫斯·特沃斯基编:《不确定状况下的判断:启发式和偏差》(方文等译),中国人民大学出版社 2008 年版;尹继武:《认知心理学在国际关系研究中的应用:进步及其问题》,《外交评论》2006 年第 4 期,第 101—110 页;李存娜:《国际关系研究中的心理分析》,《国际论坛》2006 年第 3 期,第 1—6 页。

代表性人物和集大成者,他在 1976 年出版了认知学派的代表作《国际政治中的知觉和错误知觉》,从而将认知研究推向了一个高潮。①在这本经典的著作中,杰维斯广泛吸收 20 世纪六七十年代心理学中认知革命的成果,提出原本不希望发生冲突的国家本来存在合作的可能,为何会发生冲突和争斗、拒绝合作最终走向冲突的问题? 杰维斯的回答是,在不确定的国际社会中,国家由于受认知能力的局限、信息的不充分等诸种因素的影响,很容易产生错误知觉,这些错误知觉导致错误的判断,从而导致国家采取错误的行为。这些错误知觉大多为夸大对方的敌意,将国家看做是具有冲突意愿的对手。

　　任何正常的人,对于外界信息和环境刺激因素,都能接受这些刺激并形成知觉。但是,客观的信息和环境刺激与我们对它们的知觉是否就是等同的呢? 答案是否定的。反过来说,如果客观的信息和刺激等同于我们对它们的知觉,那么知觉问题的出现是没有意义的。我们只需要了解客观的刺激,就知道了我们对它们的知觉是什么。然而,让我们来看看希特勒的例子吧。显然,不同的人对于希特勒的威胁知觉是不同的。当希特勒将军队开进莱茵河地区时,有人就认为希特勒开始进攻了,欧洲要发生大战了,而在张伯伦看来,希特勒远没有那么恐怖,"他要求得不多嘛,我们总能满足他的"。所以,张伯伦才亲自前往慕尼黑,逼迫捷克斯洛伐克签订《慕尼黑协定》。同理,在房子起火的极端个案中,无论人的动机、情感和个性是什么,都会赶紧逃命,即行为的趋同。但是,有人从出口成功逃命出来,有人往楼上逃命,有人可能岿然不动,等等。这说明即使在极端的大火情境中,人们的知觉还是存在差异,从而行为各异。既然知觉是如此重要,而且我们又会产生各种错误知觉,那么对外决策过程中经常产生的错误知觉有哪些呢?②

　　①　〔美〕罗伯特·杰维斯:《国际政治中的知觉与错误知觉》(秦亚青译),世界知识出版社 2003 年版。

　　②　秦亚青对杰维斯的国际政治心理学思想进行了精确和权威的评述。参见秦亚青:《罗伯特·杰维斯及其国际政治心理学研究》,载秦亚青:《权力·制度·文化——国际关系理论与方法研究文集》,北京大学出版社 2005 年版,第 200—217 页。

第一,阴谋论思维的作祟。我们往往认为对手的行为是经过深思熟虑、精心策划而成的。这一点或许具有进化论上的理由支持,因为包括人在内的生物,首要的安全需要就是生存。这被杰维斯称做是"统一性知觉",即认为对方往往是铁板一块、精心谋划的。英国哲学家威廉·奥卡姆(William Occam)曾提出著名的"奥卡姆剃刀法则",即"如无必要,勿增实体",表明人们喜欢寻求最简单、最直接的原因,因为人们往往不喜欢复杂的、既是又非的解释。同理,阿尔伯特·爱因斯坦(Albert Einstein)的"相对论"其实很"简单",而且他坚持的看法是一定要用"普通民众"都能听得懂的语言和逻辑阐述观点。具体至国际政治舞台,比如美苏之间的阴谋论和"统一性知觉"就非常严重。在1960年美国U-2侦察机闯入苏联领空的例子中,任凭美国肯尼迪总统怎么解释这是一次飞机失误所造成的,苏联领导人坚持认为这是美国人的阴谋和托词。我们很容易将美国对外政策看做是铁板一块,而忽视了其"多头政体"的特性,因为美国对外决策体系包括总统、国务卿、国会等多个"山头"。①

第二,过高估计自己的影响。这里存在着基本的归因原理。即人们总是在进行原因推断,如果出现了对自身有利的情境,那么认为是自己政策和行为所致,而对于不利的情形,则可能归结为外在的原因。比如说,公鸡一叫天就亮了,公鸡还以为是自己把天叫亮的。具体至国际关系,比如,A国缓和行动、妥协和退让,但B国不认为是友好的表现,而认为这是B国所采取的政策和行动的结果,或者是A国对于B国力量的恐惧;或者是A国只是在耍阴谋。

第三,愿望思维的出现。愿望思维的逻辑是,我们所看到的,就是我们想看到的。这里主要强调我们自身的愿望对知觉产生的影响。比如,当我们特别饥渴时,我们很容易把一些似是而非的东西看做是食物和饮料,因为我们心中总是希望能饱餐一顿。在足球比赛

---

① 王栋:《超越国家利益——探寻对20世纪90年代中美关系的知觉性解释》,《美国研究》2001年第3期,第27—46页。

中,各队球迷都是看到对方球员的犯规,根据统计数字,球迷对于对方球员犯规次数的知觉比自身球队要多得多。[①] 2009 年 6 月 4 日,美国总统奥巴马在开罗大学发表演说,大声呼吁美国和穆斯林世界的团结。在美国没有改变自己的霸权主义和强权政治思维和行动的前提下,奥巴马的演说只是一种"一厢情愿"而已。

第四,认知失调现象。人们对于所认识的事物,或者说对于所接受的信息和刺激都有一定的最初认识,当我们接收到的信息与原有的认识不一致时,就会产生认知失调现象。比如,我们认为玛丽其实是一个小气的人,但她给残疾儿童捐助了 1000 元,这与我们的预期是不一致的,因而就产生了认知失调。一般来说,我们都希望保持原有的认识,那么我们就会认为玛丽其实是迫于外在面子、舆论压力而捐助,而不是真心想帮助别人,由此重新获得认知平衡。当一国准备采取某一政策时,发现对于这一政策存在诸多的批评,那么决策者就可能会寻求新的理由,不断自我证实和强化,以求达到认知平衡。

(二) 错误知觉产生的原因

领导人之所以会产生错误知觉,主要有两种原因,即外在环境的影响和决策者本身的心理因素。从外在环境来看,在危机决策中,时间紧迫,需要及时做出决断,同时决策者信息掌握得并不是很充分;从内在心理因素来看,决策者本身的认知能力、情感状态和动机以及人格等都影响错误知觉的产生。具体来说,错误知觉可以分为以下几个方面(见表 1.1)。

---

① 社会心理学家在 20 世纪 50 年代对 163 名达特茅斯学院学生和 164 名普林斯顿学生进行选择性知觉实验。在给他们看同一场两个学校橄榄球球队比赛的录像后,达特茅斯的学生观察到两队犯规行为差不多一样多(达队为 4.3,普队为 4.4),而普林斯顿的学生观察到,达特茅斯的犯规行为是普林斯顿队的两倍多(达队为 9.8,普队为 4.2)。这个实验体现了强烈的选择性知觉,同时也表现了愿望思维的影响。参见〔美〕斯科特·普劳斯:《决策与判断》(施俊琦、王星译),人民邮电出版社 2004 年版,第 16—18 页。

表 1.1　错误知觉的几种来源

理论/概念	路径	心理机制	案例
认知相符	认知心理	预期	杜勒斯
诱发定势	认知心理	记忆、认知结构	珍珠港事件
历史类比	认知心理	预期、记忆	二战、越战等
愿望思维	动机心理	愿望	张伯伦
文化差异	文化心理	文化知觉	中美关系

　　第一,认知相符机制。认知相符是指,当我们接收到关于具体事物的信息或刺激时,我们会将接收到的信息与我们头脑中已有的记忆进行比较。[①] 因为在此之前,我们可能对所要接收的信息或刺激有了一定的认识,所以,或许决策者有意或无意产生一些预期或期望。但是,当新的信息与旧的记忆不相符时,我们会有一种维持原有的认识的倾向,因此有可能会排斥新的信息,从而原有的认识不断地自我证实。这种心理机制,在认知心理学中被称为认知相符理论,与我们上述的认知失调理论紧密相关。[②] 比如,赌徒在输得越多的情况下,越不愿意放手,因为"全盘皆输"的局面实在是非自己所能接受的。美国国务卿约翰·杜勒斯(John F. Dulles)对苏联形成了非常固执的"邪恶"意象,当苏联展示某些友好的举动时,杜勒斯认为这是苏联的阴谋,而不是苏联真心示好。这就是经典的关于杜勒斯的"内在邪恶的信念"模式。

　　第二,思维定势的影响。经过不断的知觉自我证实,我们可能对于某一特定的信息和刺激形成了特定的认知结构,只要这一信息再次出现,我们就会将其纳入我们的思维结构之中,这就是思维定势或思维结构的影响。[③] 但是,这往往是错误的知觉。比如,一些长期在

---

① Robert P. Abelson, et al., eds., *Theories of Cognitive Consistency: A Sourcebook*, Chicago: Rand McNally, 1968.

② 〔美〕利昂·费斯汀格:《认知失调理论》(郑全全译),浙江教育出版社1999年版。

③ 关于政治心理学中的认知结构研究,参见尹继武:《结构、认知结构与国际政治心理学分析》,《世界经济与政治》2007年第10期,第18—28页。

原始森林中生活的"野蛮人"，由于偶然的机会被科学工作者带出森林，随着汽车驶入周边的平原地区，受自身知觉的定势影响，当这些原住民看到汽车玻璃外很远处的野牛时，认为那是一些蚂蚁。当汽车离野牛越来越近时，他们觉得惊奇和恐惧，因为"蚂蚁"越来越大了。这是因为基于他们的生活常识，在森林中视野受限，无法形成正常的空间知觉。在日本偷袭珍珠港之前，美国政府和珍珠港之间的信息沟通体现了诱发定势的差异，美国政府提醒珍珠港的肖特将军提防"敌意行动"，即来自外部的可能攻击，而珍珠港根据自己的经历和信息却理解为"破坏行动"。虽然美国政府掌握了一些重要的日本情报，但肖特将军的诱发定势没有被来自华盛顿的极端重要的信息所改变。

第三，历史类比。常言道，失败是成功之母。这条谚语的潜在逻辑是，我们可以从过去的历史经验中正确地吸取教训，从而可以防止再犯错误。这种建立在历史可以重复的基本信条基础之上的命题，在实践中并非是"屡试不爽"，而可能是错误百出。因为历史不会简单地重复。决策者往往基于历史经验来类比当下的情境，从而做出决策，但遗憾的是，历史类比并不是经常正确的。错误的历史类比产生错误知觉，从而做出错误的决策和行为。比如生活中，一只小猫在偶然往后倒退时，碰了一下门，然后门就开了。在这种简单的行为主义学习理论基础上，小猫学会了向后倒退，然后将门打开。其实，开门哪需身体后退才能开？所以，现实中，往往是成功是失败之母，而失败可能是成功之母，也可能是失败之母。

比如，第一次世界大战的爆发让我们看到了帝国主义国家之间恶性军备竞赛的结果，即将世界拉入大战之中，生灵涂炭。所以，基于这种历史教训，一战后欧洲大陆和平主义思潮盛行。这直接为20世纪30年代英、法对希特勒的绥靖政策奠定了社会土壤，即以强硬对抗强硬的话，最终冲突和战争不可避免。这种历史经验的类比成为张伯伦等人的内在心理诉求机制。当然，或许对于希特勒那样的扩张主义者，强硬和绥靖都未必能够奏效。二战后，在吸取绥靖主义政策失败的教训之后,美国对于朝鲜战争的爆发,就是用了历史类比的机制。杜鲁门总统将朝鲜局面比做是当年法西斯的局势,如果不及时加以制止,势必会引起"多米诺骨牌效应",一发不可收拾。①

一般来说,新近发生的事情,可能会对决策者产生较大影响。所以,我们看到,二战爆发之前,欧洲领导人所援引的"历史"主要是一战的经验和教训;而二战后,美国领导人则以二战爆发中对法西斯主义的态度作为对待共产主义国家的历史类比,在 1956 年的苏伊士危机中,英国也将埃及总统纳赛尔比做希特勒。同时,符合我们情感和心境,尤其是对个人或国家产生重大影响的事件,往往成为历史类比所援引的例子。2001 年的"9·11"事件,无疑成为未来美国领导人进行历史类比的重要事件,上文所述的一战和二战等,都是产生重大影响的事件。而某些特定的事件,于领导人有着特殊的"意义",往往成为领导人青睐的对象。

第四,情感和动机的影响。上文所述的三点原因,均为认知层面的影响因素。除了认知因素之外,情感和动机也会对错误知觉产生重要的影响。一些消极情感,比如,恐惧、愤怒、仇恨和厌恶等都会影响领导人的判断,从而有助于错误知觉的产生。正是基于这种视角,在西方哲学史上,情感和情绪一直是理智的对立面。情感或情绪会损害我们做出有效的决策,这一点是众所周知的。一方面,在一些高度紧张的国际危机决策中,受环境所带来的消极情绪影响,往往会影响正确判断和决策的形成;另一方面,决策者的动机因素,也是错误知觉的来源之一。比如,愿望思维,即我们所看的,往往是我们所希望看到的,但我们所希望看到的,肯定与真实的事实存在出入。②

---

① Yaacov Y. I. Vertzberger, *The World in Their Minds: Information Processing, Cognition, and Perception in Foreign Policy Decisionmaking*, Stanford, California: Stanford University Press, 1990, pp. 296-341; Yuen Foong Khong, *Analogies at War: Korea, Munich, Dien Bien Phu, and the Vietnam Decisions of 1965*, Princeton, New Jersey: Princeton University Press, 1992.

② Richard Ned Lebow, *Between Peace and War: The Nature of International Crisis*, Baltimore: Johns Hopkins University Press, 1981.

在此,必须区分认知与动机(情感)影响错误知觉的机制。认知因素往往强调我们对于事情已有的认识,形成了一定的记忆,因此会产生一定的预期。但是,动机和情感因素,更多的是产生愿望,即我们内心所愿。关于预期与愿望的区别,我们来看看二战中德国俾斯麦号战舰的例子。二战中,德国的"无敌战舰"俾斯麦号,在大西洋地区横冲直撞,"所向披靡"。美国开往欧洲的商船经常成为俾斯麦号战舰的猎物。因此,为了获得大西洋航行的主动权,盟军必须"干掉"俾斯麦号。在经历无数次的搜寻和追逐之后,盟军终于获得一次良机,在交战中,俾斯麦号战舰虽然获得军事上的胜利,但是也受损,驶往最近的法国补给站。由于偏偏损坏的是螺旋桨,所以俾斯麦号战舰只能往相反的方向航行。本来受到重创的英国舰队无望捕获俾斯麦号了,但命运却让俾斯麦号反向航行,朝着搜捕它的英国舰队驶去。而英国舰队明显不相信俾斯麦号朝着自己开来,这无异于"自首"嘛。从这里可以看出,盟军内心所愿当然是俾斯麦号自投罗网,但他们的认识却告诉他们自己,这是不可能的! 所以我们的愿望与期望不可同日而语。

第五,文化的差异。文化对于领导人知觉影响的讨论并未充分展开,因为现有大多数政治心理学研究都是基于西方文化情境,而未进入跨文化比较的层面。文化差异的基本前提在于决策者面对的是不同社会文化和政治文化的对象,而往往是基于自身的文化解读对方的信息,从而产生了错误知觉。这一点,也可以说是跨文化沟通的缺乏,或者是文化自我中心主义的表现。① 比如,美国对中国战略意图和行为的判断,就是建立于传统的霸权兴衰的逻辑之上,因此他们难以理解中国的和平主义文化以及中国提出和平崛起与和谐世界的命题。② 相对于中国和平战略文化的看法,西方学界也有不少关于中国进攻性战略文化,或者关于中国古代战争行为的文化分析的著

---

① 〔美〕理查德·尼斯贝特:《思维的版图》(李秀霞译),中信出版社 2006 年版,第1—18 页。

② 冯惠云:《防御性的中国战略文化》,《国际政治科学》2005 年第 4 期,第 1—23 页。

述。比如,江忆恩(Alexander Iain Johnston)关于中国明朝战争行为的分析,认为中国存在倾向于进攻性的战略文化;而许田波和王元刚的分析也表明,中国古代也有丰富的战争经验和传统,这些战争文化跟国家的实力和策略相关,而未必是中国的文化和意识形态环境所决定。[①] 在当代中国的外交精英和民众的社会心理中,也存在着"美国中心主义"和"中国中心主义"的差别,比如,"美国中心主义"就是以美国为所有对外工作的中心,将美国看成是中国国际环境的全部;而中国中心主义则是"自我中心主义"和"自大主义"相结合的产物。现实中,诸如中美共管的论说,忽视周边的重要性,成为上述外交心态的现实反应。[②]

(三) 前景理论

前景理论(prospect theory)是近年来决策心理学和行为经济学中最为引人注目的理论。自从 1979 年由丹尼尔·卡尼曼(Daniel Kahneman)和阿莫斯·特沃斯基(Amos Tversky)提出之后,前景理论在经济学、心理学和政治学等众多社会科学中掀起了决策模式的革命。[③] 相对于传统的效用最大化理论,即认为人们做出选择,往往是基于成本与效应的分析,追求最大化的效用——"最佳"模式,前景理论认为,人们决策的心理动机或基础,在于防止损失,而不是追求收益。这与我们如何框定问题紧密相关。因为,前景理论看重的是相

---

① Alastair Iain Johnston, *Cultural Realism: Strategic Culture and Grand Strategy in Chinese History*, New Jersey: Princeton University Press, 1998;许田波:《战争与国家形成:春秋战国与近代早期欧洲之比较》(徐进译),上海世纪出版集团 2009 年版;Yuan-kang Wang, *Harmony and War: Confucian Culture and Chinese Power Politics*, New York: Columbia University Press, 2011。

② 唐世平、綦大鹏:《中国外交讨论中的"中国中心主义"与"美国中心主义"》,《世界经济与政治》2008 年第 12 期,第 62—70 页。

③ Daniel Kahneman and Amos Tversky, "Prospect Theory: An Analysis of Decision Under Risk," *Econometrica*, Vol.47, No.2, 1979, pp.263-291.卡尼曼在行为经济学领域的重要创新(亦即提出了前景理论这一重要的科学发现)而获得 2002 年诺贝尔经济学奖。而特沃斯基于 1996 年逝世。

对价值,而不是绝对数量。如果我们框定为收益,那么我们就会规避风险;如果框定为损失,那么就会冒险。这就是人所具有的厌恶损失的心理。比如,假设今天我赚了1000块钱,在传统的理性选择理论看来,我拥有1000块钱。但如果我设定一个参照点为5000,那么我会感到难受,因为离目标还远呢。又如,人们损失1000块钱与赚了1000块钱的感觉是不对等的。损失的感觉更让人"痛不欲生"(见图1.1)。

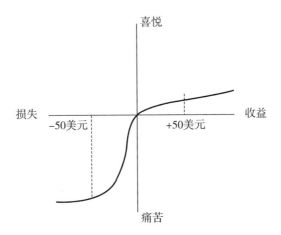

图 1.1 前景理论的收益与损失价值

资料来源:Daniel Khneman and Amos Tversky eds. , *Choices*, *Values*, *and Frames*, Cambridge:Cambridge University Press, 2000, p.34.

前景理论所提出的损失厌恶,改变了我们传统上对于收益的看法。它更强调人们决策时的心理感受的作用(基本的实验见表1.2)。不同的行为体,对于损失的敏感性和感觉存在差别。比如发达国家的国内社会,对于自己国民生命更为尊重,所以我们看到,在美国对外战争过程中,美国国内社会对于战争死亡人数特别敏感。在越南战争、伊拉克战争等中都是如此。而其他的相关国家并非如此。

相较于在政治科学中应用较少的情况,前景理论在国际关系研究中得到大量的应用,并产生了丰富的成果。在外交决策、战略互动和国际关系层面,前景理论都能带来新的启示。① 比如,美国总统罗斯福对于二战态度的转变,为前景理论提供了解释的空间。在《慕尼黑协定》签订前后,欧洲的整体政治格局和力量对比,其实并没有太多的改变。所以,从外部的权力结构来看,似乎对于美国并没有太大的影响。但是,影响到罗斯福总统对欧洲态度转变的是,当他翻阅到越来越多的来自欧洲的报告时,他越来越感受到,欧洲的局势对于美国来说越来越接近于一种"损失",所以美国不能置身事外。所以,我们看到的是,正因为罗斯福对于欧洲大陆局势认识性质的变化,才导致了他的偏好的改变,从而为美国干预欧洲大战奠定了基础。②

表 1.2　前景理论的基本实验

50% 的概率获得 1000 美元	16%	在获得的领域,人倾向于规避风险	千分之一的概率赢得 5000 美元	75%	小概率事件:获益领域,倾向于接受风险(彩票)
肯定获得 500 美元	84%		肯定获得 5 美元	25%	
50% 的概率损失 1000 美元	70%	在损失的领域,人倾向于接受风险	千分之一的概率损失 5000 美元	20%	小概率事件:损失领域,倾向于规避风险(保险)
肯定损失 500 美元	30%		肯定损失 5 美元	80%	

同理,就威慑理论(deterrence theory)的逻辑来说,传统上,国家实施影响力的手段为威慑对方(防御、强迫等都是带有威胁的意味)。但是,前景理论重新塑造了影响力手段选择的二元框架。如果我们将对手的动机进行区分的话,则可以分解出两种基本的战略动机:对手改变现状,可能是因为要追求收益,也可能是因为想防止损失。所以,如果对手挑战现状的动机在于追求收益,我们则使用传统的军事(加政治)威慑的手段,这样就能达到制止对手行为的目的;如果对手

---

① Jonathan Mercer, "Prospect Theory and Political Science," *Annual Review of Political Science*, Vol. 8, 2005, pp. 1-21; Rose Mcdermott, "Prospect Theory in Political Science: Gains and Losses From the First Decade," *Political Psychology*, Vol. 25, No. 2, 2004, pp. 289-312; 林民旺:《国际关系的前景理论》,《国际政治科学》2007 年第 4 期,第 104—126 页。

② Barbara Farnham, "Roosevelt and the Munich Crisis: Insights from Prospect Theory", *Political Psychology*, Vol. 13, No. 2, 1992, pp. 205-235.

挑战现状的动机在于防止损失,那么我们就必须选择保证的措施,这样可以让对手放心,从而不会冒险。①

上述研究,大多为将前景理论运用于国际危机、外交谈判以及威慑等领域,而鲜有对国际关系中前景理论基本理论逻辑的思考和创新。近期,理查德·勒博(Richard Ned Lebow)重新为国际关系的前景理论设定了一种解释框架,这具有很大的理论创新意义。② 他将国家的动机区分为三种类型,即欲望(appetite)、恐惧和精神(spirit),由此在三种不同的动机驱使下,国家对于收益和损失的框定与接受程度是有差别的。比如,传统上的损失规避心理,更多的是基于物质主义的欲望动机,即在收益领域倾向于规避风险,而在损失领域倾向于冒险;而在恐惧主导下的国际行为中,如果国家的框定为收益,则也是表现为风险规避的心理,但在损失的领域,则更倾向于风险接受;最后,如果荣誉、威望等精神与认同因素成为国家的根本动机,那么无论是收益还是损失,均表现为风险接受的倾向,在损失领域表现为最具冒险倾向。勒博对前景理论的重新解释,区分了三种国家动机维度,由此重新设计了六种可能的对于收益和损失的心理态度。这是国际关系学者对政治心理学理论创新的尝试,更为接近心理学范式的描述精确性特征。

第二节　群体政治心理

政治心理学的应用层次划分既有个体层次(如领袖政治人格、认知、情感与认同),也有集体层次(如投票与选举心理、民族主义与恐

---

① James W. Davis, Jr., *Threats and Promises: The Pursuit of International Influence*, Maryland: The Johns Hopkins University Press, 2000.这里关键的一个问题是,动机往往是难以清晰地辨别的或者在很多情况中,动机是混合的。

② Richard Ned Lebow, *A Cultural Theory of International Relations*, Cambridge: Cambridge University Press, 2008, pp.365-368.

怖主义等),与此相一致的是,在国际政治心理这一应用领域,既有个
人层次的,也有集体层面的国际政治心理内容。就集体层面来说,其
实就是社会心理。在决策领域,除了前述的个体(领导人)对外决策
之外,还有"领导集体"的决策;而大众政治心理也包括了公众舆论、
民意、民族主义以及社会认同对外交政策的影响。群体关系与群体
社会心理学也能够为国际政治中的冲突解决提供一定的知识和路径
启示。

(一) 小集团思维

两人以上所组成的集体可以称之为群体,群体是由个人所组成,
但是正如一般的整体和部分关系一样,群体决策具有自身的特点和
规律,而不是简单的个体决策总和。群体决策就是指群体所做出的
决策。群体决策具有系列的特点:第一,群体决策并不表示决策的质
量会更好,甚至优于个体决策。一般来说,我们都认为集思广益、见
贤思齐,在经过多方面的参照后决策的质量会更佳。但是,正如三个
和尚可能没水喝一样,群体决策未必是最佳决策。第二,群体决策
中,必须有至少两名决策者共同负责决策,这是区别于个体决策最为
本质的因素。第三,较之于个体决策,群体决策的过程一般来说更为
复杂。第四,群体决策结果是个体决策者的意见达成一致或妥协之
后得出的。第五,群体决策的质量受决策规则、个体与群体之间的关
系的影响。[①]

群体决策研究一般遵循两种路径:其一是社会心理学路径,其二
是经济学路径。社会心理学路径较为关注的是,群体决策产生的偏
差及其预防。群体具有的各种偏差有群体极化,即随着群体讨论的
深入,群体成员可能达成一致意见的倾向;群体趋同效应,即群体成
员所表现出来的从众效应。最为著名的群体决策偏差,当属美国社
会心理学家欧文·贾尼斯(Irving L. Janis)所提出的"小集团思维"

---

① 庄锦英:《决策心理学》,上海教育出版社 2007 年版。

（groupthink）群体决策模式，他通过对 1961 年美国操纵古巴流亡者入侵猪湾的决策过程，指出小范围的最高领导层所产生的群体氛围和文化，常常限制群体对现实进行客观的分析，进而做出错误的决策。①

1961 年 4 月 7 日，1400 名古巴流亡分子在美国的支持下，从古巴猪湾秘密登陆试图推翻古巴政权。结果遭到惨败，肯尼迪政府不得不出重金赎回被俘人质。为何一群聪明绝顶的外交决策群体，会做出如此愚蠢的决策？这不是一个简单的决策，而是经过数月的"精心谋划"而成。在贾尼斯看来，首先，肯尼迪政府决策中犯下了诸项错误估计，比如，他们认为一般人肯定不知道这是美国主谋的入侵行动，但计划细节早已路人皆知，甚至《纽约时报》早已撰文披露。其次，他们认为古巴空军力量已经作废，因此只需装备一点陈旧飞机就可以掌握制空权，同时他们认为古巴军队是不堪一击的，甚至能够引起连锁反应，即古巴各大城市肯定闻风而动，各地反抗现任政权的起义会遍地开花，而且他们认为古巴流亡者组成的军队肯定是士气高涨，因为他们要打回老家了！事实上，上述估计无一正确。贾尼斯指出，正是肯尼迪政府幕僚集团的"小集团思维"，才导致了这次决策和行动的失败。他认为，小集团思维是"当人们深深地卷入一种有凝聚力的群体当中，当成员追求全体一致的努力凌驾于他们实际评价行动的替代路径的动机之上，人们所运用的一种思考模式"②。所以，政策制定过程中，小群体关注的是集体的团结和凝聚力，而不是合理的政策目标，群体的成员都担心被扣上分裂小组的罪名，害怕群体分裂而不愿意、不敢提出自己的意见，这样就造成了不能客观地对现实进行分析。在这种群体文化形成之后，决策小组就不可能客观地选择并制定政策方案，最后会导致不科学的决策和后果。

小集团思维的存在也是需要一系列的先决条件的，比如群体不

---

① Irving L. Janis, *Groupthink*：*Psychological Studies of Foreign Policy Decisions and Fiascoes*，Second edition，Boston，MA：Houghton Mifflin Company，1982.

② Irving L. Janis, *Groupthink*，p.9.

允许局外人发表他们的意见,比较自负的领导一开始就已经"定调",因此难以有真正意义的讨论,而且群体并不存在鼓励考虑所有政策选择的传统以及成员背景具有高度一致性和时间压力特别大等因素。如何判断群体决策过程中是否出现了小集团思维的特征呢?贾尼斯提出了八个方面的症状。结合猪湾事件,笔者将这些症状综合表述如下①:

第一,一种战无不胜的错觉。肯尼迪幕僚认为他们是战无不胜的。肯尼迪及其顾问都认为自己神机妙算,不习惯失去任何东西。第二,全体一致的错觉。群体成员对于一些警告信息要么忽视,要么对其进行合理化。在猪湾事件的讨论会上,没人对计划提出过质疑。第三,个人质疑遭到压制。比如,阿瑟·施莱辛格(Arthur Schlesinger, Jr.)说,他当时对入侵猪湾计划存有疑问,但是因出于各种顾虑没有说出来。第四,有一些自封的心灵卫士。他们在群体决策过程中,充当心灵卫士的角色,保证决策按照设想的轨道进行。比如,罗伯特·肯尼迪(Robert Kenndy)等告诫施莱辛格不要在会议上表达他的疑问,因为总统早已下定决心实施这一计划了。第五,领导人鼓励顺从。肯尼迪总统让中央情报局主导讨论,而不是让幕僚们充分发表意见。第六,群体意见相左面临的压力。在讨论会上,幕僚们都不愿意与强烈主张这一计划的中央情报局主管发生意见冲突。

当然,小集团思维并不一定必然导致政策的失败,其他因素如官僚政治、专断的领导人等都可能会造成政策决策失误。自从小集团思维模式提出之后,在国际关系、政治学、管理学和经济学等领域,这一模式被广泛应用于分析各种群体决策问题。应该说,在对外决策实践中,小集团思维还是普遍存在的。比如,约翰逊总统的越南战争升级决策、二战之前英国首相张伯伦的"核心圈子"推动的绥靖政策、1980 年卡特政府伊朗人质危机失败等,包括 2003 年小布什政府发动

---

① Irving L. Janis, *Groupthink*, p. 9.

的伊拉克战争都可以看到小集团思维所造成的后果。① 那么，小集团思维是否可以避免呢？当然可以，比如，采取一些预防措施，领导人应该鼓励成员充分发表意见，对各种方案提出自己的质疑；领导人最好不要一开始就引导议题和态度；决策小组可以分成不同的职能区块，有助于相互之间独立思考；可以引进局外专家参加讨论；群体中应有人充当为对手辩护的角色等等。②

自从贾尼斯提出小集团思维之后，许多社会心理学家对小集团思维进行了系列的研究和发展。对于小集团的性质、政策成败标准、小集团与官僚政治因素的平衡都有一些争论。特别是要区别小组决策与小集团思维，不能将任何集体决策都看做是小集团思维。新近又有学者提出"新群体综合征"，指出新近成立的群体，更容易产生小集团思维。③

（二）公众舆论

顾名思义，公众舆论是指公众对于外部世界的认知、态度和意见。自从美国著名传播学家沃尔特·李普曼（Walter Lippmann）在20世纪20年代推出其经典的《公众舆论》著作之后，公众舆论成为政治学、社会心理学、传播学等多种学科的讨论话题。④ 当然，具体何为公众舆论？公众舆论是指公众自己所秉持的意见和态度，还是指在公众之间传播的意见和态度？进一步，公众舆论何时自身成为一种独立的力量，开始发挥作用呢？政治心理学层面的公众舆论，更多的

---

① Dina Badie, "Groupthink, Iraq, and the War on Terror: Explaining US Policy Shift Toward Iraq," *Foreign Policy Analysis*, Vol. 6, No. 4, 2010, pp. 277-296.

② 张清敏：《小集团思维：外交政策分析的特殊模式》，《国际论坛》2004年第2期，第76页。

③ Paul't Hart, Erick K. Stern and Bengt Sundelius, eds., *Beyond Groupthink: Political Group Dynamics and Foreign Policymaking*, Ann Arbor: The University of Michigan Press, 1995; Mark Schafer and Scott Crihlow, *Groupthink Versus High-Quality Decision Making in International Relations*, New York: Columbia University Press, 2010.

④ 〔美〕沃尔特·李普曼：《公众舆论》（阎克文、江红译），上海世纪出版集团2006年版。

是倾向于公众自身的态度。随着当代政治心理学中越来越多地采用现代统计方法,公众舆论的获得一般都是通过较为严格的问卷调查完成。

只要任何存在由人组成的群体的地方,就会有公众舆论的存在。但是,公众舆论与政治事务相联系,或者公众舆论成为影响政治事务,即政治决策的一个重要影响因素,这需要建立在一定的条件之上。最为根本性的因素就是,由公民组成的公众能够获得影响政治事务的渠道和条件。这首先跟政治体制的性质紧密相关。在越南战争之前,美国政治心理学界的共识是:公众舆论是不稳定的,缺乏连贯和一致性,不能为稳定与有效的对外政策提供基础,对外交政策影响也较小。① 但现代民主社会中,由于大众政治的兴起,国家政治事务越来越多地受到大众的影响,而大众也具备了影响政治的法理基础。在西方的民主代议制中,由于国家总统或总理都是由选民选举而成,反过来,国家领导人都必须为选民负责,很多政治家的第一要务或许在于延续政治生命,因此其首要的国内政治考虑非常关键。而大众要影响政治事务,中间的途径就是必须通过一定的利益集团、非政府组织的利益渠道表达,其中媒体起到了重要的作用。因为媒体本身具有采集公众舆论(民意)的功能,而媒体又可以将公众舆论的影响扩大到最大范围。

就美国例子而言,在遭受"9·11"恐怖袭击之后,布什总统的支持率达到了空前的地步。根据相关调查显示,布什总统在恐怖袭击事件之后的积极主动反应,即调动全部国家机器,将美国的国家安全战略重点转向反对恐怖主义,这为他获得了极大的声望和支持率。正是在高达80%左右的美国民众支持率下,布什总统才开始了他的反恐战争的序幕。从这个意义上说,布什总统的反恐战争是美国公众舆论顺水推舟的产物。布什的反恐战争既具有较高的公众舆论的

---

① Ole R. Holsti, "Public Opinion and Foreign Policy," *International Studies Quarterly*, 1992, Vol. 36, No. 4, pp. 439-466.

支持,同时也存在领导人操纵、引导公众舆论的一面。出于领导人个人需要、国家政治目标的需要,领导人及政府也可以操纵和引导公众舆论。当然,这需要看一个国家对于舆论的掌控能力,特别是媒体的支持和配合力度。进而,国家可以恰当地利用公众舆论作为对外关系中的一种手段。比如,美国遭受恐怖袭击之后,美国民众对于恐怖主义的人人自危情绪,可以成为美国开展对外反恐战争、对外战略布局的一个重要的国内基础。

20 世纪六七十年代成为美国公众舆论转型的一个分水岭。在经历了越南战争创伤、与苏联的战略缓和以及水门事件之后,美国社会自二战后形成的共识是:军事力量可以实现美国对外政策目标遭受到质疑。由此反映到公众的对外政策态度上,20 世纪 60 年代中期,美国民众中持国际主义态度(即积极干预全球事务)的比率达 65% 左右,而孤立主义者不到 10%。但是 10 年之后,持国际主义态度的大众仅略微超过 40%,而孤立主义者的比率上升到 20% 有余。同时,美国公众的国际主义态度的支持率具有周期性反弹特性,比如,到 1980 年前后又回升到 60% 左右。[①] 在主流的政治心理学中,对公众舆论的关注大都基于欧美国家情境,尚未进入成熟的跨文化与民族的公众舆论比较。因此,随着中国成为国际舞台上的重要一员,中国的公众舆论与对外政策之间的关系是未来值得探讨的问题。

随着现代科学技术的发展,公众舆论表达渠道的一个重要变化就是网络技术的出现。因特网技术的发展和普及,使得网络成为现代公众舆论出现并发挥作用的一个重要平台。这一点在中国表现得尤为突出。在反对日本军国主义思想、表达对美国在中国周边地区频频采取军事动作等对外事务方面,中国网络上的"公众"舆论几乎是一边倒地表达强烈的爱国情绪以及较强的民族主义立场。当然,网络上的舆论表达是否能够成为真实的公众舆论,尚待进一步的科

---

① Euregne R. Wittkopf, *Faces of Internationalism: Public Opinion and American Foreign Policy*, Durham: Duke University Press, 1990.

学考证。因为网络表达的主体受教育背景、地区限制以及话题引导等多方面的影响,难以完全囊括一般意义上公众概念的外延。但是,不能忽视的一个倾向是,中国民众在网络平台上形成自己的对外事务态度,这已是一个不争的事实。而且,网络民意成为政府决策的一个重要考量因素。同时,网络成为中国民众与政府(领导人、外交部等部委)互动的一种重要渠道。① 比如,温家宝、胡锦涛、李肇星等国家领导人曾多次与网民互动,很多主要的门户网站都有不少民意调查栏目,它们每天都会对一些争议性的话题进行简单的百分比调查。

(三) 群体认同

群体关系与国际关系有着相同的逻辑,这就是说,国际冲突与群体冲突的内在动力及其消除机制具有某种一致性。从这个意义上来说,群体社会心理学能够为国际冲突解决提供一定的理论借鉴。比如中国政府提出的和谐世界理念,为国际社会提供了一种完全不同的秩序观,但是和谐世界只是一种美好的愿景。如何消除国际冲突达到和谐世界,即从冲突走向和谐呢? 首先,在群体心理学中,一般将消除群体偏见、避免群际冲突看做是群体和谐形成的条件,而没有冲突是和谐的特征之一。和谐的重要特征之一在于它是一个过程,是没有上限的,但是和谐是有下限的,冲突的避免与缓解是和谐的一个必要条件。和谐的消极定义在于是一种"非冲突"的状态,这主要是指安全冲突,而非利益冲突。

如果以群体为标准来分析国际关系,那么必须对群体进行区分,群体社会心理学中关于群体类型划分最为经典的标准,就是内群体(in-group)与外群体(out-group)的区分。② 1906 年,美国社会人类学

---

① 王逸舟:《全球政治与中国外交》,世界知识出版社 2003 年版,第 151—190 页。对中国公众的一些国际态度、参与对外事务的经验研究,可参见卢春龙、田野:《中国城市居民对经济国际主义的支持:强度与来源》,《世界经济与政治》2007 年第 9 期,第 62—70 页;王存刚:《公众对中国外交的参与及其影响》,《外交评论》2010 年第 3 期,第 74—96 页。

② William G. Sumner, *Folkways: A Study of Mores, Manners, Customs and Morals*, Boston: Ginn and Company, 1906, pp.12-15.

家威廉·萨姆纳(William Sumner)根据人们对群体的态度与立场,将群体划分为内群体与外群体,内群体即"我群",与外群体或"他群"相对应。内群体身份的成员对自身所属群体有安全、认同、热爱以及忠诚等积极情绪。内群体身份下的群体成员情绪取决于内群体对成员利益的满足以及群体对成员的重视程度。在内群与外群两种边界区分之后,这两种群体内部的情感与认同是截然相反的,比如,内群中是友谊与和平的关系,而对于外群,则为敌意和战争。而且,与外群的对立往往会加强内群的团结与认同,所以,在这两种对立的群体类型中,内群所代表的是为群体牺牲和对群体忠诚,而对于外人则为仇恨和蔑视,这二者是相辅相成的。这就是群体心理学中典型的内群偏爱(in-group favoritism)。

与内群偏爱紧密相关的是族群中心主义(ethnocentrism),这是群体所表现出来的一种普遍的歧视态度和行为。就态度来说,它包括将自己的群体(内群)看做是美好的和优越的,自己的价值标准放之四海而皆准,而外群体则是不足挂齿和低等的。由此,与族群中心主义相连的行为是内群的合作以及外群之间合作的缺失,甚至是冲突与战争的爆发。[①] 如果从族群中心主义的视角出发,减少群体间冲突的措施包括尽量扩大知觉上内群的边界,以及建设群体之间的"连接性"的社会资本因素。[②] 群体的集体记忆问题,是与群体冲突紧密相关的另一个问题,这是群体有意识或无意识地制度化的一种群体记忆。国家群体的记忆既有理性的作用,比如,起着维系群体内部团结、巩固群体认同和凝聚力的作用以及成为群体对外部群体进行讨价还价的一种合法工具等,简言之,群体的集体记忆成为群体认同的基础;同时,群体集体记忆的强化,往往成为群体间敌意和冲突升级、紧张关系难以缓解的客观因素。群体的集体记忆的形成机制,其实

---

① Robert A. Levine and Donald T. Campbell, *Ethnocentrism: Theories of Conflict, Ethnic Attitudes and Group Behavior*, New York: Wiley, 1972.

② Ross A. Hammond and Robert Axelrod, "The Evolution of Ethnocentrism," *Journal of Conflict Resolution*, Vol. 50, No. 6, 2006, pp. 1-11.

就是一种集体情感的社会化过程,这一过程的教授者主要是国家领导人与公共知识分子,尔后通过媒体和教育等多种社会化途径,向整个群体进行教授,之后群体接受并内化。国际关系研究中,关于集体记忆的研究较多是在不同国家/族群之间历史记忆与现实冲突的互动上,比如德法、德以关系等。①

社会心理学中,早期的冲突理论立足于个体心理属性,解释由个人结合而成的集体行为。挫折—攻击论认为,攻击的发生是以挫折存在为前提,是因为基本需要没有得到满足。这一理论常用来解释两次世界大战之间欧洲的反犹主义。随后的相对剥夺理论强调只有当人们感到当前的生活水准与他们应该享受的水准不一致时,才会发生反抗和不满。比如,美国黑人运动中的领袖往往不是剥夺最为"严重"的底层人民,而殖民地解放运动中的领袖人物往往也是出身良好,或许受过西方的教育,这些都启蒙了他们的心智,让他们感知到自己的被剥夺状态。美国社会心理学家穆扎法·谢里夫(Muzafer Sherif)提出现实利益冲突论,认为冲突都是反映了不同群体真实的客观利益。比如,巴以冲突很大程度上是一种客观利益之争,即土地问题。群体心理学最新的冲突理论是社会认同理论,其创立者为亨利·泰菲尔(Henri Tajfel)和约翰·特纳(John Turner)。他们认为社会认同是"个体自我概念的一部分,源自他的特定知识,这种知识涉及一个社会群体(或多个社会群体)的成员资格以及与之相连的价值和情感意义"②。社会认同有助于提高成员的自尊,比如,在中国人心目中,北京奥运会成为中国与外部世界比较的一个维度。北京奥运会的胜利召开,每个中国人都从中获得作为一名中国人(社会认同)的高度自尊与自豪。但是,人们在追求自己群体的社会认同时,

---

① Richard Ned Lebow, Wulf Kansteiner, Claudio Fogu, eds., *The Politics of Memory in Postwar Europe*, Duham, N.C.: Duke University Press, 2006; Jennifer Lind, *Sorry States: Apologies in International Relations*, Ithaca, New York and London: Cornell University Press, 2008.

② 〔英〕鲁珀特·布朗:《群体过程》(胡鑫、庆小飞译),中国轻工业出版社 2007 年版,第 202 页。

很容易就走向了群体偏见,比如,认为自己的群体(我们)是好的,而外群(他们)就是差的,所以,如何避免冲突,走向和谐呢?

一般来说,从社会认同的追求与比较,到最后冲突的形成,要经历四个阶段,即内群认同、内群偏爱、群际竞争和群际冲突。当我们自身的社会认同遭受到其他的社会认同的威胁,而我们又无法加入到其他的群体当中,这时候弱势群体成员就倾向于通过集体行动来推翻他们认为不合理的政治、经济制度。在国内政治中表现为游行示威、政治暴动和战争,在国际政治中表现为国际冲突与战争。[①] 不同群体之间的冲突可以通过两种渠道得以避免:一是在群际互动中,通过接触减少冲突;二是通过改变比较的维度,从而避免冲突。

美国著名心理学家戈登·奥尔波特(Gordon W. Allport)在《偏见的本质》一书中提出了消除偏见的接触假设。[②] 他认为不同群体成员通过不同方式接触,是减少他们之间可能存在的紧张或敌意的最好办法。通过接触消除偏见,这是需要系列条件的,同时社会心理学中也有观点认为,群体之间的接触,可能会进一步恶化群体之间的关系。所以,问题的关键在于,如何确定群体之间的接触能否促进合作与和谐,而在什么条件下又会增加冲突。奥尔波特认为这些接触最好是长期性的,并且涉及合作性活动,而且需要正式的制度加以支持,当然同等社会地位的人,接触效果最好。接触论为美国种族隔离制度的废除提供了理由。又如,改革开放之后,中国与国际社会互动增多,人员来往、文化交流与贸易额增长迅速,为消除国际社会对中国的偏见提供了基础。北京奥运会就是一个较好的例子。当然,或许不同群体之间根本性的价值分歧难以靠接触消除。接触还具有系列的有助于减少冲突的好处,比如接触可以增加群体间个体的流动性,又如,移民流动;接触也可以产生更多的交叉群体成员,加之以个

---

① 王沛、刘峰:《社会认同理论视野下的社会认同威胁》,《心理科学进展》2007 年第 5 期,第 824 页。

② Gordon W. Allport, *The Nature of Prejudice*, New York: Doubleday Anchor Books Doubleday and Company, Inc. , 1958, pp.250-268.

体化的接触方式,更有利于消除冲突。比如,中日之间长期的民间交往对于促进双方的情感交流与正确认识有积极的作用。更进一步,如果成员可以自由流动,实现社会认同的转化或同化,即如果美国人都"成为"中国人,那么中美之间的社会认同冲突自然就消失了。日本自明治维新后,实行"脱亚入欧"的国家发展战略,力图使自己成为西方国家的一员。这种"全盘西化"的策略实际上就是一种社会流动的认同策略。二战后,美、英、法等西方大国确立将德国融入西方世界的政策,由此接受德国作为西方世界的一员,这样就消除了它们之间的身份竞争和冲突,为二战后西欧和平稳定的局势奠定了基础,而德国实行的也是融入欧洲的政策。①

就社会创造来说,国家可以改变与外部群体比较的维度。② 通俗来说,就是虽然你们在这方面比我们好,但我们在那方面比你们优秀。比如,针对西方对中国的人权批评,中国政府在历次抨击美国人权的虚伪、双重标准及问题时都强调在基本生存权上中国的努力和成就。中国"人民生活从温饱不足发展到总体小康,农村贫困人口从两亿五千多万减少到两千多万"③。此外,还可以赋予消极比较维度以积极的价值,比如,美国黑人歧视消除过程中兴起的"黑色即是美丽的"理念变化。这一点,在中国近年来重新评价儒家文化中也得以体现。与建国后全面否定与批判儒家文化不同,近年中国社会的儒家文化热及海外孔子学院的兴办,都是赋予中国传统文化以积极的评价与价值,从而达到增强中国人的社会认同的作用。中国学者甘阳提出,当今中国有三种传统,亦即改革开放形成的"市场"传统、毛

---

① 尹继武:《社会认知与联盟信任形成》,上海人民出版社 2009 年版,第 163—222 页。

② 〔英〕亨利·泰菲尔、约翰·特纳:《群际行为的社会认同论》(方文、李康乐译),载周晓虹主编:《现代社会心理学名著菁华》,社会科学文献出版社 2007 年版,第 443—444 页。

③ 胡锦涛:《高举中国特色社会主义伟大旗帜、为夺取全面建设小康社会新胜利而奋斗——在中国共产党第十七次全国代表大会上的报告(2007 年 10 月 15 日)》,人民出版社 2007 年版,第 9 页。

泽东时代的"平等"传统以及几千年来的传统文化或儒家文化。① 最后,我们还可以改变比较的对象,向"弱势"群体进行比较。比如,我们经常与印度和俄罗斯进行比较。与美欧西方发达国家相比,中国的政治经济实力差距尚大,但与"起点相似"、"社会层级"相似的印度和俄罗斯等国相比,我们可以发现自己的优越之处,中国人也能给自身更多的积极评价,从而增强自身的社会认同。

　　冷战结束后,面对美国的一超独霸地位,中国和俄罗斯均没有使用社会竞争等群体竞争或冲突的策略,比如中国采取积极融入现行国际体系、实行和平发展的对外战略。从社会认同理论的角度看来,中国和俄罗斯都是为了追求国际社会地位,采取了各种社会创造的策略。基于此,黛博拉·拉森(Deborah Welch Larson)等学者认为,如果美国采取尊重中国社会地位的政策,那么中国将在国际治理中发挥更大的作用。② 所以,从群体社会认同来说,作为群体成员的国家采取什么样的认同策略,对于冲突的消解起着至关重要的作用。如果采取社会竞争的策略,那么无疑就走向暴力与冲突,如果采取社会流动或社会创造,那么我们就可以走出冲突的困境,有助于向和谐的国际社会前进。

第三节　冲突与合作的政治心理

　　虽说战争与和平是国际政治中的永恒主题,但是纵观历史,我们发现,或许冲突与战争更多的是一种国际政治的常态,而和平尤为珍贵。比如,中国远在春秋、战国时期,就有战国七雄逐鹿中原的"国际关系",而三国演义时期也是正统国家式微,群雄并起,连年争战。正所谓天下合久必分,分久必合。在西方历史上,从古希腊历史学家笔

① 甘阳:《通三统》,生活·读书·新知三联书店 2007 年版,第 3 页。
② Deborah Welch Larson and Alexei Shevchenko, "Status Seekers: Chinese and Russian Responses to U. S. Primacy," *International Security*, Vol. 34, No. 4, 2010, pp. 63-95.

下的伯罗奔尼撒战争,到 20 世纪两次惨绝人寰的世界大战,再到冷战期间的核战争阴影始终挥之不去;本以为冷战结束后,世界会更太平,但美国奉行霸权主义和强权政治,到处充当世界宪兵,忙得不亦乐乎。一些世界热点地区,比如中东、南亚、东北亚等地区,仍处于剑拔弩张的对抗局面。那么,为何战争会爆发?为何冲突双方会处于一种恶性循环之中?冤冤相报何时了,最终能了吗?要回答诸如上述问题,就必须探讨冲突与合作的政治心理基础。

(一) 战争的起源

从心理学的角度回答冲突与战争的起源,早期几位著名的心理学家,比如西格蒙德·弗洛伊德(Sigmund Freud)和埃里希·弗洛姆(Erich Fromm)等,提供了一定的解释。他们都是基于精神分析学说的路径,从人性或深层心理层面来分析为何人类会走向冲突。精神分析理论无疑为理解冲突的起源提供了洞见,但由于精神分析学说的科学性尚差强人意,故着眼于人性的精神分析解释越来越让位于社会因素和结构因素的解释,比如,认知心理学视角的观点认为,国家领导人的错误知觉导致了两个原本没有战争意愿的国家走向了冲突。① 主流国际关系学者则认为,国际社会的无政府状态才使得国家之间的战争与冲突不可避免。这也是国际社会与国内社会的本质区别。

以精神分析学说为基础的深层心理学家、政治心理学家以及生物学家对冲突与人性之间的关系问题展开过一些细致的论述。持这一分析路径且影响最大的心理学家非弗洛伊德莫属,他是心理学历史上很少有人能与之并肩、所引起的争议也最多的学者。尽管对政治与政府事务关注不多,但他关于战争根源的论述以及人类文明的看法形成了其独特的战争心理学。

---

① 错误知觉引发战争是国际政治认知心理学的核心观点。错误知觉及其来源的问题,请参见本章第一节的论述。

弗洛伊德的本能学说认为人基本上是一些本能、冲动和驱使力量。① 人具有两种最为基本的本能,即生命本能(erotic instinct)和毁灭本能(death instinct)。毁灭本能表现为侵略、破坏和仇恨,它导致人类相互残杀和战争,文明由此走向分裂和瓦解。而生命本能则是维系人类团结和友爱的内在推动力量。尽管如此,侵略本能却是人的爱欲或生命本能的结果,尤其是生命本能遭受挫折时的表现形式。1932 年,弗洛伊德在与爱因斯坦关于战争根源的讨论信件中,阐述了他的战争观。② 一方面,他认为人类早期政治社会是起源于暴力和征服的基础之上的。随后,法律和伦理的出现替代了直接暴力的使用,但法律本身是社会中占据统治地位的人群联合压迫微弱分子和势力的结果。而在相近地区形成了各种联合力量时,人类群体之间的相互冲突便无休止地发生了。总之,弗洛伊德的战争心理学集中探讨了人类的毁灭本能和侵略本能是战争的根源。另一方面,他认为两种因素推动着人类文明进步的希望。一是文化的进步有助于减弱人类本性中所固有的破坏侵略本能,认同也维系着人际的情感连接;二是如果建立一种世界权威组织,而且存在着维护和平的可供使用的巨大军事力量,那么战争的避免不是不可能。

法西斯主义思想的发展直接促使了二战的爆发。因此,对法西斯主义的研究成了和平与冲突解决课题中的一项重要议程。心理学家弗洛姆通过对现代社会的自由的考察,从心理和社会环境层面指出了法西斯主义产生的微观社会根源。③ 中世纪社会,人的普遍特征是缺乏自由,但个体却能在社会中得到保障和安全;在文艺复兴和宗教改革的冲击下,作为个体的人在感情和宗教上获得了解放和自由,而随着资本主义经济和民主的发展,人又在政治和经济领域获得

---

① 参见弗洛伊德的三本著作:《精神分析引论》(高觉敷译),商务印书馆 1984 年版;《精神分析引论新编》(高觉敷译),商务印书馆 1987 年版;《一个幻觉的未来》(杨韶钢译),华夏出版社 1999 年版。

② Sigmund Freud, "Why War?" in William Ebenstein, ed., *Great Political Thinkers*, New York: Rinehart, 1960, pp.556-565.

③ 〔美〕埃里希·弗洛姆:《逃避自由》(刘林海译),国际文化出版公司 2007 年版。

了自由。但是,现代社会中自由带给人的不是幸福,相反,人在现代激烈的竞争社会中感到的只是孤独、恐惧、焦虑和不安等等。由此,人产生了逃避自由的愿望,或者是倾向于通过控制他人(虐待狂),或者是通过屈从于某种权威获取保护(受虐狂)。这就是二战前法西斯主义在欧洲产生和发展,并受当时大众所疯狂崇拜的社会心理根源。

国内和国际社会的种种破坏行为使人思考人的攻击倾向是否是天性的问题。很多生物心理学家、哲学心理学家通过研究动物行为,把动物攻击同类的天性应用于人际层面,指出人与动物一样具有攻击的本能,人与动物的攻击倾向出于同一渊源。① 此外,人在遭受挫折时,容易表现出一种攻击倾向。人的攻击本能在资源缺乏、出现社会组织后表现得更为突出和有组织性。关于这方面的研究出现了几种较为有代表性的理论:攻击本能论、动物行为研究、爱德华·洛伦茨(Adward N. Lorenz)的"种内攻击"说、挫折—攻击理论等。② 深层心理路径的分析强调人的无意识(潜意识)、本能和人性对人的行为的重要影响,这种解释难以证实或证伪。政治学心理学的开山鼻祖哈罗德·拉斯韦尔(Harold D. Lasswell)的政治分析直接继承了弗洛伊德的精神分析学说,他的政治理论的中心议题为"各种政治运动的生命力来自倾注在公众目的上的私人感情",即认为政治运动其实就是个人的感情导向公共渠道的结果。另一层次,他通过分析世界政治与个人的不安全的关系,指出在国际冲突中"阉割情结"的重要影响作用。③

---

① 〔奥〕康罗·洛伦兹:《攻击与人性》(王守珍、吴月娇译),作家出版社1987年版。国际关系新现实主义大师沃尔兹曾提出战争的三"意象"理论,即人性、国家性质和国际无政府状态是战争起源的三种因素,但他最终的结论是批评人性和国家的解释,而坚持国际体系的无政府性质的结构解释。参见〔美〕肯尼思·沃尔兹:《人、国家与战争》(倪世雄译),上海译文出版社1993年版。

② 对这些暴力冲突的微观理论的内容分析与述评,请参见〔美〕詹姆斯·多尔蒂、小罗伯特·普法尔茨格拉夫:《争论中的国际关系理论》(阎学通等译),世界知识出版社2003年版,第246—282页。

③ Harold D. Lasswell, *World Politics and Personal Insecurity*, New York, McGraw-Hill, 1935.

古希腊历史学家修昔底德(Thucydides)是西方第一个从心理因素解释冲突与战争起源的学者,他在经典的《伯罗奔尼撒战争史》一书中提出了战争的心理起源的解释。他指出,战争爆发的根本原因在于雅典帝国权力的增长以及由此引起斯巴达的恐惧。[1] 在这里,恐惧成为促使战争爆发的一种重要的心理因素。正因为恐惧的产生,才导致了恐惧者进一步增强自身的权力,加强防御与进攻力量,而这进一步引发了对手的不安全感及恐惧。在这种螺旋式的恶性循环中,最后双方兵戎相见,一战定胜负。雅典和斯巴达之间的权力与恐惧的互动模式,就是我们接下来所要讨论的安全困境问题。那么,是否只要双方陷入一种安全的恶性竞争之中,就是我们所说的安全困境? 安全困境的本质特性是什么? 安全困境与战争又是什么关系呢? 我们如何化解安全困境,从而走向和平的康庄大道?

表1.3 国际冲突产生的心理基础:几种观点的比较

人物	理论	核心变量	路径	案例
弗洛伊德	精神分析	死亡本能	精神分析	一战
弗洛姆	精神分析	社会心理	精神分析	法西斯主义的起源
杰维斯	认知心理	错误知觉	认知分析	冷战、中印战争
修昔底德	历史分析	恐惧	历史学	伯罗奔尼撒战争
沃尔兹	新现实主义	国际无政府状态	结构主义	一战、二战等

(二) 安全困境

首先提出安全困境概念的是国际关系学者赫伯特·巴特菲尔德(Herbert Butterfield)、约翰·赫茨(John Herz)和罗伯特·杰维斯。在巴特菲尔德和赫茨那里,安全困境是内在于人性的,也就是说由于一种对于他者意图普遍存在的不确定性,从而导致的恐惧,这是一种"人性普遍的罪恶"。在这里,他们关于人性的看法是类似于英国政治哲学家霍布斯对于自然状态的看法,即"一切人反对一切人的战

---

[1] 〔古希腊〕修昔底德:《伯罗奔尼撒战争史》(谢德风译),商务印书馆1960年版。

争"。随后,不同的学者对于安全困境起源的看法,从人性论走向了结构论,即国际无政府状态的存在,才是安全困境产生的根源,而国家在无政府状态下才难以确定其他国家的意图,由此自身采取防御性的行动,比如增加军备、修筑边防等,反而引发了对手的恐惧,从而也实行同样的军事举动。① 因而,简单来说,安全困境是指本来两个彼此都没有恶意伤害对方的国家,由于国际无政府状态下国家意图的难以确定性,一国增加自身安全的举措,被对方看做是威胁到自身的安全,从而实施同样的增加安全的举措。在这种情况下,双方增加自身权力与安全的防御性措施,使得两国陷入一种安全的恶性循环之中。但是,安全困境可以通过物质因素和心理因素加以调节。唐世平在批评西方学者关于安全困境概念的基础上,提出了安全困境所必须具备的八个特征:②

第一,安全困境的根本原因在于国际政治的无政府状态。第二,无政府状态之下,国家不能确定彼此目前和未来的意图。结果,国家往往会彼此恐惧(或另一方是一个掠夺者的可能性)。第三,安全困境在起源上是无意的:即使两个防御性现实主义的国家之间,也能存在一种真实的安全困境(亦即两国只不过是想要安全,并非打算威胁其他国家)。第四,由于对彼此意图的不确定性和恐惧,国家诉诸权力或能力的积聚,以此作为防御的手段,并且上述能力不可避免包含某些进攻性的能力。第五,安全困境的动力是自我强化并经常导致(无意的不好的)螺旋式的情境,诸如关系的恶化和军备竞赛。第六,安全困境的动力倾向于采取某些措施,以增加安全——例如,积聚不必要的进攻性能力——自我挫败,创造的是更多的权力而不是安全。第七,安全困境所产生的恶性循环会导致悲剧的结果,诸如不必要的和无效的战争。第八,安全困境的程度通过物质因素和心理因素都

---

① Robert Jervis, "Cooperation Under the Security Dilemma," *World Politics*, Vol. 30, No. 2, 1978, pp. 167-214.

② Shiping Tang, "The Security Dilemma: A Conceptual Analysis," *Security Studies*, Vol. 18, No. 3, 2009, pp. 587-623.

可以加以调节。

唐世平认为,无政府状态(这导致不确定性、恐惧和为了生存和安全的自助需要)、双方恶性意图的缺失以及一些权力的积聚(包括进攻性的能力)是安全困境的本质与必要因素。从这三个方面可以看出,关于安全困境的判定,最为根本性的要素,应该是关于国家动机的区分。因为单纯从军事及武器的增减,或者国家权力与军备的准备情况来看,是难以区分出国家的动机是进攻性还是防御性,或者说是有意要威胁他国,还是仅仅是处于维护自身安全的动机。比如,根据现有已经披露的档案来看,朝鲜战争和中印边界战争,这是由于安全困境所导致的战争与冲突。因为从中国来看,中国并无威胁美国和印度的意图,朝鲜战争时期中国的重点在于东南沿海针对国民党的军事行动以及国内的经济恢复;而对印战争时期,中国的战略重点在于东线。美国在朝鲜战争时期也没有进攻中国的意图,尽管它对朝鲜局势的干预大大恶化了中国东北的国家安全,而印度的举动尽管十分嚣张,但没有进攻中国的意图,只是对中国的战略意图判断失误,认为中国不会为了"不毛之地"而大动干戈。换言之,美国和印度均没有认识到中国对于国家安全和领土主权的敏感性,将中国的警告大多看做是"虚张声势"。[1] 反观一战,我们常常认为正是安全困境才导致一战的爆发。必须区分清楚的是,协约国和同盟国的战略动机是否仅仅在于防御性,而不是进攻性?因为安全困境的存在必须以国家的动机是防御性、并无恶意为前提。但是一战中交战双方均为帝国主义国家,那是一个弱肉强食的殖民掠夺时代。所以,我们不能认为一战之前双方阵营的安全竞争与恶化就是安全困境,而事实上那是一种安全恶化的"螺旋模式"。

"螺旋模式"是指两国安全环境的一种恶性循环,但是两国都不必然是防御性的国家,即它们的意图未必是无害于对方的。所以,安

---

[1]　沈志华:《毛泽东、斯大林与朝鲜战争》,广东人民出版社 2008 年版,第 159—207 页;〔澳〕内维尔·马克斯维尔:《印度对华战争》(陆仁译),生活·读书·新知三联书店 1971 年版,第 187—284 页。

全困境与螺旋模式的区别就在于,国家增加自身权力的动机存在差别,安全困境中国家的动机是防御性的,而螺旋模式中则未必如此,或是防御性的,或是进攻性的。因而,上述一战的例子,更符合螺旋模式的情境,而非安全困境。冷战期间美苏之间的争霸,是介于螺旋模式和安全困境之间,更多时候倾向于是一种安全困境。因为美苏之间很多无意的行为,都被对方解读为"邪恶的",是直接针对自己的。美苏领导者之间存在一种根深蒂固的偏见,即对方任何军事与政治行为,都被认为是故意的;而对于妥协和退让的行为,则被解读为对方胆小害怕的结果,而不是真的寻求合作。在许多人看来,美苏之间本来存在合作的机会,冷战得以避免,但是双方都情愿"失去机会"。①

安全困境可以通过物质和心理因素加以调节,其中最为重要的是信任建设。② 从物质调节来看,比如,在小国和大国之间权力非对称的安全困境中,大国必须注意小国对于威胁的高度敏感性,所以大国必须时刻约束自己的行为,避免刺激小国。又如,在霸权国和新兴国家之间,由于霸权国对于相对衰落的敏感性,所以新兴大国难以抚平其自身力量增长后对霸权国所造成的"恐惧";而霸权国又过于自信,意识不到自己压倒性的权力、自己的"为所欲为"对新兴大国产生的安全压力。所以,对于这种情况,新兴大国要缓解安全困境的压力更大,中美关系就是如此。

从心理调节来说,最大的问题就是如何克服恐惧,增加国家间的信任。在这里,必须要做的就是,尽量向对方展示自己的战略意图并非是进攻性的、意在伤害对方的,即如何让对方放心,尽管这是很难做到的。信任是国际关系中的一个重要问题,尤其是在国际无政府状态下,信任的原因和结果,对于促进国家间关系的发展、减缓安全

---

① Deborah Welch Larson, *Anatomy of Mistrust: U. S. -Soviet Relations During the Cold War*, Ithaca and London: Cornell University Press, 1997.

② Ken Booth and Nicolas J. Wheeler, *The Security Dilemma: Fear, Cooperation and Trust in World Politics*, New York: Palgrave Macmillan, 2008.

困境程度具有重要的意义。但是,正如亚伦·霍夫曼(Aaron M. Hoffman)所言,我们对于信任的理解,大部分局限于如何运用信任去解决问题,而信任问题本身却关注不多,比如何谓信任、信任如何形成,等等。① 理性主义者一般将信任看做是一种信念,即基于认知的角度,认为信任是相信对方不会利用自己的合作,背叛自己的一种信念,亦即不会加害于自己的一种预期。② 与此相对,社会心理学路径的信任定义更为复杂和丰富。与理性主义的纯认知和计算性路径相对的是,心理学路径的信任定义,更加注重强调诸如动机的正当性以及是否具有情感的因素。在拉森看来,"心理学意义上的信任可能涉及三种不同的意义,亦即可预测性、可信性和良好的意图"③。所以,从基本的定义路径分析,国际关系信任的定义可以区分为认知路径和情感路径。正是基于此,在联盟政治领域,我们可以对联盟信任,即盟友之间的信任区分为两种基本的类型:工具性信任和情感性信任,而联盟信任的形成机制,在于盟友之间如何解读对方的行为,而不是一些客观理性因素,比如,国家意识形态属性的相似性、不确定性和对外援助的程度等。④ 如何增加信任程度,从而减缓国家间的安全困境,这可以从很多方面的措施入手。比如,通过由点到面的逐步互惠合作,即"逐步回报战略",增加国家间的信任程度,也可以增加国家同质性的一致性以及增加相互往来的频率,比如,战略经济对话可以为增加往来和透明度提供一种渠道。

---

① Aaron M. Hoffman, *Building Trust: Overcoming Suspicion in International Conflict*, New York: State University of New York Press, 2006, p. 1.

② Andrew Kydd, *Trust and Mistrust in International Relations*, Princeton, N. J.: Princeton University Press, 2005, p. 6.

③ Deborah Welch Larson, "Trust and Missed Opportunities in International Relations," *Political Psychology*, Vol. 18, No. 3, 1997, p. 714.

④ 尹继武:《社会认知与联盟信任形成》,第101—162页。笔者提出两种基本的信任类型,其实可以存在三种基本的信任理想类型,即加上混合性信任,而混合性信任可能更为常见。

（三）威慑心理学

与武力紧密相连的威慑,是指一国部署军事力量防止对手去做某事,即如果它要做那事的话,便将对其实行让它难以承受的惩罚。① 威慑一般作为军事术语使用,在 20 世纪五六十年代美国对外战略中达到了高潮,而冷战期间的核威慑理论与实践也是层出不穷。与威慑紧密相连的相关概念包括防御、强迫和虚张声势等。应该说,威慑与防御较为类似,即都为阻止对手不要做自己所不愿意看到的事情。但是可以不存在威慑进行防御的情形,也可以不进行防御的情况下实施威慑。简言之,这两者不是等同的关系。而强迫则是指使用军事力量部署制止对手做它正在做的事情,或者它正要去做的事情(区别见图 1.2)。强迫的实施,可以是使用军事武力,也可以是和平性的。二者的区别在于武力的积极使用和消极使用。在朝鲜战争爆发后,中国领导人多次在不同的场合、通过不同的渠道发出警告,比如,周恩来在 1950 年 9 月 30 日中国人民政治协商会议全国委员会上严厉谴责美国的"帝国主义侵略行为";此外中国通过印度驻华大使潘尼迦多次向美国传达中国的底线信息,即如果在朝鲜的美国军队(联合国军)越过"三八线"往北进发,中国一定要管。② 针对美国在朝鲜的军事干预行动,中国领导人在强调国际主义和爱国主义的旗帜下,对美国实施的是威慑的战略手段。但是,在美国当时的决策者看来,中国领导人的各种外交宣言无非就是一种虚张声势,即中国不可能会干预朝鲜战争的局面的。③

---

① 〔美〕罗伯特·阿特:《武力的政治使用》,载〔美〕罗伯特·杰维斯、罗伯特·阿特编:《国际政治——常在概念与当代问题》(时殷弘、吴征宇译),中国人民大学出版社 2007 年版。

② 周恩来:《周恩来外交文选》,中央文献出版社 1990 年版,第 20—27 页。

③ 沈志华:《毛泽东、斯大林与朝鲜战争》,2008 年版。

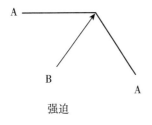
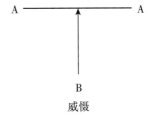

（1）A国在做B国不能容忍的事

（2）B国发起反A国行为，以便使之停止其不可容忍的行为

（3）A国停止其不可容忍的行为，而后B国停止自己的行为（或两方同时停止）

（1）A国当前不在做B国不能容忍的事

（2）B国告诉A国：如果A国改变自己的行为，做某件不可容忍的事，B国就会惩罚它

（3）A国继续不做B国觉得不可容忍的任何事情

图 1.2 强迫与威慑的区别

资料来源：引自〔美〕罗伯特·阿特：《武力的政治使用》，载〔美〕罗伯特·杰维斯、罗伯特·阿特编：《国际政治——常在概念与当代问题》（时殷弘、吴征宇译），中国人民大学出版社 2007 年版。

这就涉及威慑何时奏效的问题。威慑的两个首要的基本条件是：威慑者所具备的能力和意愿或决心。如果有能力，而缺乏实施威慑的意愿，那么不能称之为威慑；如果没有能力，而具备实施威慑的决心，那么对手就不太容易相信威慑的实施。就军事威慑来说，若要实施威慑，首要取决于两个因素：（1）它与对手之间的武力数量对比；（2）武力质量对比。从实力（武力的数量和质量比较）来看，这是比较容易看得清楚的部分，因为关于世界军事力量的分析已经有较为成熟的数据可以参考。其实，最为关键的是，如何去评估威慑者到底有多大决心进行武力惩罚。如果仅仅遵从有多大的实力就有多大的决心的逻辑，那么无疑会产生错误的判断和决策。

美国和印度领导人对于中国决心的判断，就出现了这种失误。朝鲜战争期间，中国领导人再三警告（威慑），在美国人看来无非就是外交辞令而已，因为中国的军事力量和综合国力与世界超级大国相距甚远。的确，从实力对比来看，中国军队的装备数量和质量都落后于美国数十倍至数百倍，中国的综合国力也是美国的几百分之一。

但是,美国决策者错误估计了中国领导人对于朝鲜战争的敏感性以及战斗的决心和意志。同理,尼赫鲁在中印边界问题上的得寸进尺,也是建立在对中国能力和决心的错误判断之上。他一方面认为中国不会为了"不毛之地"而放下和平的旗帜,这明显忽视了中国人对于领土主权的情感感受;另一方面,当时中国经济上处于困难时期,对外关系上与美苏两个超级大国交恶,印度则错误地认为中国决不可能"与其争锋",所以毫不收敛自己在边界问题上的进攻态势。① 由此可以看出,即使具备威慑的能力和决心,又如何让对手知道自己的实力和决心呢?

威慑成功的重要影响因素在于承诺的可信性。对于威慑可信性问题,传统的理论可归类为"过去行为理论",即当前我们所实施的威慑行动的可信性,取决于对手对过去经验所进行的类比和学习,所以,为了不让自身未来的威慑可信性降低,当前的威慑行动必须信守承诺,而不能一再"虚张声势"。但是,社会心理学的观点认为,威慑可信与否,并不取决于过去行动的成败,而在于当前威慑主体的力量与决心。② 所以,威慑过程中,我们要让自己的实力和决心"广而告之",尤其是让对手知道并相信,在某一问题上如果继续前行会付出难以承受的代价,从而不得不中止或收敛其行为。这样威慑才算成功或奏效。那么,如何加强自己决心与承诺的可信性呢?

第一,注意信息传递与信息隐匿的结合。孙子云:知己知彼,百战不殆。这就意味着,如果我们掌握对手越多的信息,就越有利于我们占据有利形势;而自身的意图与信息应尽量少透露给对手。现实中这并非是"铁律"。比如,2008 年 8 月,格俄之战爆发,格方的战略"突袭"无疑出人意料:西方大国在战争爆发后数日,仍是一片静寂。格方出其不意,大打出手,但最后以格方的尴尬收场,因为格总统高

①　林民旺:《选择战争:基于规避损失的战争决策理论》,世界知识出版社 2010 年版;〔澳〕内维尔·马克斯维尔:《印度对华战争》,生活·读书·新知三联书店 1971 年版。

②　Daryl G. Press, *Calculating Credibility*: *How Leaders Assess Military Threats*, Ithaca and London: Cornell University Press, 2005.

估了自己在美国中亚战略中的地位。事实上,在战略博弈或谈判中,有时拥有更多的信息未必是件好事。譬如,夫妻俩在电话中为吃饭地点争吵不决,如果妻子表态后立刻挂断电话,那么无休止之争得以解决;小孩犯错后,都知道避免与父母眼神交流,因为若交流,肯定要受惩罚。一反"常理",诺贝尔经济学奖得主托马斯·谢林(Thomas C. Schelling)提出,如果我们能够准确判断自己的优势,并对自己能够预见的谈判结果充满信心,那么就可以设法破坏沟通渠道,或拒绝提前为相关问题与对方进行任何有效的协商。①

第二,郑重"广而告之",通过立法与制度化的形式,增强承诺的可信度。中国政府通过《反国家分裂法》即为佳例。尽管该法通过后,中国的战略选择机会大大受限,但消弭了人们对于中国政府在突发事件中的态度和行为的疑虑。此外,与理性的博弈游戏不同,情绪表达对于战略信息传递,具有非常好的效果。2008 年美国宣布对台湾地区价值 64 亿美元的军售方案,中国外交部、全国人大、政协和国防部齐声愤怒谴责美国的行径,实属罕见。这是再一次向美国表明:台湾问题是中国的核心利益! 情绪表达的效力,从根本上还是由博弈各方的权力结构决定。所以,"黎叔很生气,后果很严重"——即使黎叔心平气和如是说,就已经威震"天下"了。

第三,识人识面,更要识心。传统的威慑理论均强调"大棒"的功效,而忽视了"胡萝卜"有时比"大棒"更有效。手提"大棒",使用威胁的策略,更多的是针对对手一味追求收益,而对于某些出于害怕损失的对手来说,或许"胡萝卜"能起到更好的效果。② 然而,即使我们具备了威慑的能力和决心,而且也让对手知道了威慑的代价所在,是否威慑就一定能成功呢? 在几种特殊的情况下,威慑并非是万能良药。首先,威慑方的强硬代价过高,则会影响威慑承诺的可信性。比如一国政府具有强烈的国民保护意识,或者战争的国内代价与成本

①　〔美〕托马斯·谢林:《冲突的战略》(赵华等译),华夏出版社 2006 年版。
②　关于这一点更为具体的说明,请见本章第一节关于前景理论应用的讨论。

很高等。其次,对手让步代价较高。比如,如果对手让步涉及的是国家核心利益,或者影响到领导人或国家的声誉与民族情感,即如果让步与服从威慑的话,会让领导人与整个国家感到巨大的耻辱。那么对手不会轻易遵从威慑。

与威慑紧密相关的另一重要问题就是决心声誉(reputation for resolve)问题。特别是在盟友和对手的情境之中,决心声誉关涉我们自身的行动能否获取盟友的感恩戴德以及自己的威慑能否具有可信性。乔纳森·默瑟(Jonathan Mercer)在其里程碑式的著作《声誉与国际政治》①中,运用社会心理学的归因理论,指出传统威慑理论关于声誉的观点是错误的,亦即如果我们要获取盟友的决心声誉,那么就得积极行动。他在运用归因理论重新解读决心声誉的形成逻辑时指出,我们自身决心声誉的形成,必须要建立在两个条件之上:首先,对方将行为归因为属性,而不是外在情境所迫;其次,这种行为必须具有未来可重复性。但是,联盟一般认为是建立在外群体认同基础之上的战略性组织,因而盟友的积极行动,只会归因为外在环境,而非盟友的良好意图和性情。所以,默瑟的结论是,盟友之间的决心声誉是无法形成的,所以,我们没有必要为了追求盟友的决心声誉,而采取各种积极行动,这样是得不偿失的。这对于美国及其他大国的战略行动来说,具有重要的意义,即到底美国应该为了保护盟友,追求盟友的决心声誉而积极行动,还是这种积极行动本身无法让盟友感激,因而只是无用功而已。这种现象也即唐世平所指出的"声誉迷信"问题②,他基于结构主义的逻辑,认为在冲突关系中,声誉的无法形成,在于国际无政府状态下的不确定性和国家的恐惧,而不是国家自身的心理归因,国家追求与崇拜声誉反而会激发与升级国际冲突。

---

① Jonathan Mercer, *Reputation and International Politics*, Ithaca and London: Cornell University Press, 1996.

② Shiping Tang, "Reputation, Cult of Reputation, and International Conflict," *Security Studies*, Vol.14, No.1, 2005, pp.34-62.

第四节 小 结

国际政治心理学的主要内容,实质上是政治心理学的基本理论和概念在国际关系和对外决策层面上的应用。基于这种逻辑,国际政治心理学具有如下特点。其一,心理学路径引入国际关系分析,最大的功效在于有利于国际关系理论的创新,而并非在于心理学理论创新,比如国际政治心理研究更多的是运用政治心理理论分析国际关系问题,而在理论创新上并没有太多的进展,包括杰维斯、默瑟等均是如此,但是近期有些学者重新思考国际关系研究中政治心理学的理论逻辑,而且这也是未来的发展趋势之一,比如勒博对于前景理论的重构,唐世平运用进化心理学解释恐惧和信任的理性功能以及重新解释归因理论等。① 其二,早期国际政治心理研究中一些理论路径的引入,更多的是为主流的国际关系理论提供一种补充和微观基础,而不是作为一种替代选择。新近心理学路径的引入,更多的学者希望致力于重新思考理性选择理论的基本命题和逻辑,以及更为精准地描述国际关系事实和提供更有说服力的解释,比如情感理性有助于思考重新理性选择理论,也使得国际关系事实更为丰富多彩。② 其三,由于国际政治本身具有多种层次,比如,国家领导人的个体层次、社会大众层次以及国际关系发展的体系层次等,所以国际政治心理的内容的层次也是非常丰富的。可以说,政治心理学在国内政治层面所具有的层次,都能在国际政治心理中找到,这决定了国

---

① Richard Ned Lebow, *A Cultural Theory of International Relations*; Shiping Tang, "The Social Evolutionary Psychology of Fear (and Trust): Or Why is International Cooperation Difficult?" manuscript; Shiping Tang, "Dimensions of Uncertainty and Their Cognitive Challenges: Toward an Integrated Framework of Attribution in IR," manuscript.

② Rose Mcdermott, "The Feeling of Rationality: The Meaning of Neuroscientific Advances for Political Science," *Perspectives on Politics*, Vol. 2, No. 4, 2004, pp. 695-696; Jonathan Mercer, "Emotional Beliefs," *International Organization*, Vol. 64, No. 1, 2010, pp. 1-31.

际政治心理内容既丰富,但是也过于庞杂。就国际政治心理的主体
内容来说,一条基本的主线就是从有限理性解释,逐步走向如今的理
性与心理相结合的解释,比如未来发展趋势之一便是情感的理性讨
论,以及探讨情感与情绪因素在国际政治中的作用。① 在社会心理
学的应用层面,关于认同冲突的辩论成为如何看待社会认同与国际
关系的一个重要的学术分歧点。② 概言之,众多的心理学流派,如精
神分析学说、认知心理学、动机心理学、社会心理学等等,都可以在国
际政治层面找到应用空间。在个体层面的一些心理特质,比如领导
人的人格与对外决策的关系,在整个政治心理学学科体系中,更多地
归入政治心理学的“国内政治”讨论之中。此外,国际政治心理学的
研究方法中历史案例与定性研究较多,只有在社会心理层面,比如公
众舆论等以及大样本决策研究中,定量方法才得以广泛运用,但是国
际政治心理学的方法论仍来源于政治心理学,具体来说,则是对政治
学、心理学和社会学等基本方法论的综合。③ 从这个角度来说,国际
政治心理学也符合“外交是内政的延伸”这一经典论断。

---

① 〔美〕乔纳森·默瑟:《人性与第一意象:国际政治中的情绪》(尹继武、陈高华
译),《世界经济与政治》2006 年第 12 期;尹继武:《社会认知与联盟信任形成》,上海人民
出版社 2009 年版。

② Jonathan Mercer, "Anarchy and Identity," *International Organization*, Vol. 49, No. 2, 1995, pp. 229-352. Peter Hays Gries, "Social Psychology and the Identity-Conflict Debate: Is a 'China Threat' Inevitable?" *European Journal of International Relations*, Vol. 11, No. 2, 2005, pp. 235-265.

③ 关于政治心理学的方法论评述,参见蒲晓宇:《政治心理学》,载华世平主编:《西
方人文社科前沿述评:政治学》,中国人民大学出版社 2007 年版,第 180—205 页。

第二章　认知结构[*]

科学研究中"结构"概念及其影响无处不在,如原子结构、分子结构、解剖结构甚至是宇宙结构等等。因此,有学者认为"如果没有采用结构的概念,那么建构任何科学探究的思路将是寸步难行"①。人文社会科学研究领域,"从结构到解构"成为 20 世纪西方哲学思潮的主线之一,这也是 20 世纪法国思想发展的主流。② 在国际关系理论研究中,自肯尼思·沃尔兹借鉴微观经济学中的结构概念,创立结构现实主义理论后,结构主义一直成为主流国际关系理论建构的方法论基础。然而,对于何谓结构及其作用机制等基本问题,国际关系学界尚无系统的学理研究。基础理论研究工作的缺失,一定程度上造成了国际关系理论研究中结构概念使用的混乱,以及对于结构理论的众多误解。此外,现有国际政治结构理论研究主要集中于国际体系层次,而对微观个体层次关注不够。有鉴于此,我们借鉴相关社会

---

　* 本章曾以《结构、认知结构与国际政治心理学分析》为题发表于《世界经济与政治》2007 年第 10 期。

　① 　Neil J. Smelser, "Social Structure," in Neil J. Smelser ed., *Handbook of Sociology*, Newbury Park, California: SAGE Publications, Inc., 1988, p.103.

　② 　〔法〕弗朗索瓦·多斯:《从结构到解构:法国 20 世纪思想主潮》(季广茂译),中央编译出版社 2004 年版。关于人文社会科学领域结构主义思想的兴衰与评述,请参阅:〔英〕约翰·斯特罗克编:《结构主义以来:从列维－斯特劳斯到德里达》(渠东等译),辽宁教育出版社、牛津大学出版社 1998 年版;〔瑞士〕皮亚杰:《结构主义》(倪连生、王琳译),商务印书馆 1984 版;徐崇温:《结构主义与后结构主义》,辽宁人民出版社 1986 年版等。

科学的研究成果,试图提供一种系统的结构概念化框架,在此基础上进一步评析个体认知结构的国际政治相关性,并以图式理论为中心,在理论比较的架构中系统梳理国际政治认知结构的基本问题及进一步研究方向。

第一节　结构的概念化

关于结构概念的定义问题,西方哲学与社会科学学界众说纷纭,莫衷一是,尚未取得学理共识。在国际关系理论发展史中,对结构概念进行系统阐述的当属结构现实主义的代表人物沃尔兹。沃尔兹提出了一个经典的国际政治结构定义,即"首先,结构根据系统的排列原则来定义;其次,结构根据不同单元的特定功能来定义;再次,结构根据单元间能力的分配来界定"①。当然,沃尔兹结构定义的简约美感是以其单薄性为代价的,许多学者对沃尔兹结构概念进行了批评,指出由于简化带来了结构内容的单薄与缺失:具体为强调结构的共时性,而忽视了历时性,因而只是静态的结构;忽视了行为主体间的交往密度(dynamic density);忽视了历史因素,没有将社会与生产等要素考虑进去,等等。②

冷战后兴起的社会建构主义国际关系理论,对沃尔兹的结构理论进行了修正和发展。主要有两方面:将国际政治的"深层结构",即国际无政府状态视为变量而非常量,由此产生了三种无政府状态形态——霍布斯文化、洛克文化和康德文化;将国际政治权力结构发展为国际文化/观念结构,强调观念、规范和价值等文化因素在国际政

---

① Kenneth N. Waltz, *Theory of International Politics*, New York: McGraw-Hill, Inc., 1979, Chapter 4: Political Structure, pp.100-101.

② 这些批评集中于〔美〕罗伯特·O.基欧汉主编:《新现实主义及其批判》(郭树勇译),北京大学出版社 2002 年版。

治中的基本作用。① 温和建构主义并未从本源上重新审视结构现实主义的结构概念与结构观，只是对结构的内容进行了修正。此外，国际关系理论史中"施动者—结构"（Agent-Structure）问题的提出与发展，也未对结构概念进行系统的阐述②。基于以上分析，本章认为有必要对现有的结构概念进行系统的比较分析，从而抽象出一种更为普遍适用的结构概念框架。明确界定核心变量，有助于学术共同体从不成熟科学向成熟科学研究的进步。

笔者认为，主流国际关系理论对国际政治结构的研究存在逻辑应用不当。从理论上分析，作为一种抽象的逻辑概念，结构的概念化应是理论导向（theory-driven），而不是经验事实导向（data-driven）。③国际政治结构理论既有的国际结构定义与研究则遵循事实导向，即由下向上的研究路径。这种自下而上的结构定义，笔者认为其弊病在于"经验事实"的单一，即由于研究者对国际政治本质的不同认识，以权力结构、文化结构来定义一般国际政治结构（这里我所指的是定义国际政治结构，而不是结构）。为打破这种研究逻辑的悖论，笔者选择瑞士心理学家皮亚杰（Jeans Piaget）和美国社会学家尼尔·斯梅

---

① 〔美〕亚历山大·温特：《国际政治的社会理论》（秦亚青译），上海世纪出版集团2000年版。

② "施动者—结构"问题与"层次分析法"（Levels of Analysis）是国际关系理论发展史中最为经典的两种范畴，也是推动国际关系研究科学化与精细化的重要力量。关于"施动者—结构"问题的经典文本，请参阅：Alexander Wendt, "The Agent-Structure Problem in International Relations Theory," *International Organization*, Vol. 41, No. 3, Summer 1987, pp. 335-370. David Dessler, "What's at Stake in Agent-structure Debate?" *International Organization*, Vol. 43, No. 3, Summer 1989, pp. 441-473. W. Garlsnaes, "The Agency-Structure Problem in Foreign Policy Analysis," *International Studies Quarterly*, Vol. 36, No. 3, 1992, pp. 245-270. Gil Friedman and Harvey Starr, *Agency, Structure, and International Politics: From Ontology to Empirical Inquiry*, London; New York: Routledge, 1997.

③ 这两种不同的研究路径的逻辑基础是归纳和演绎的区别，笔者认为，对于结构概念问题的研究，比较理想的途径是遵循理论导向/自上而下的演绎论证逻辑。但从现实研究来说，既有的结构定义都来源于对经验事实的归纳与总结，如列维－斯特劳斯的人类学结构定义、皮亚杰对结构的经典定义等。由此，我们认为进行系统的结构概念化工作不可避免要运用归纳法，但如果我们从"大样本归纳"出结构定义，则可以减少归纳法所带来的不当。

尔瑟(Neil J. Smelser)关于结构概念的经典定义,通过综合比较这两种不同视角的定义,为国际政治的结构分析提供一种更为普适的结构概念化框架。

皮亚杰对结构概念的定义,是一种对人文社会科学既有结构研究的一般特点的抽象。在考察数学结构、逻辑结构、物理学结构、生物学结构、心理学的结构、语言学的结构主义以及社会研究结构主义的基础上,他认为"结构是一个由种种转换规律组成的体系。这个转换体系作为体系(相对于其各成分的性质而言)含有一些规律……总而言之,一个结构包括了三个特性:整体性、转换性和自身调整性"①。同时,他认为结构应该可以形式化。所谓结构的整体性,是指结构的内在连贯性与一致性,且这种一致性能为结构的基本单位所共同感知,此(整体性)为共时性特征;所谓结构的自身调整性,是指结构固有的各种转换不会越出结构的边界之外,只会产生属于这个结构并保存该结构的规律的成分,由此带来了结构的守恒性和某种封闭性,此(自身调整性)为共时性特征;所谓结构的转换性,是指结构并不是静态不变的,它有自身的动力变化来源和机制,此(转换性)为历时性特征。

斯梅尔瑟非常清晰地界定了社会学意义结构的基本组成部分。他并未进行结构概念界定工作,而是根据《牛津英语字典》关于结构的七条定义,从中抽象出结构的具体组成部分。我们认为,这是对结构概念化工作的重要贡献,因为它使抽象的结构概念具体化以及可操作化。他将结构细分为六个基本组成部分,即分析的基本单位(units of analysis);单位之间特殊或有机的关系(relationships);特定时空中这些单位之间的重复(repetitive)互动;结构内单位之间的关系与单位与结构外的关系的不同(different from);结构的情境性(structure-in-environment),即结构与环境的关系;结构的原因(causes)。②

---

① 〔瑞士〕皮亚杰:《结构主义》(倪连生、王琳译),商务印书馆1971年版。

② Neil J. Smelser, "Social Structure", in Neil J. Smelser ed., *Handbook of Sociology*, pp. 104-105.

这六个方面,可以简化为四个基本要点:单位以及它们之间的关系;结构内部以及结构之间的关系;结构的情境性;结构起源的原因。①综上,我们可以综合借鉴皮亚杰和斯梅尔瑟两位学者的定义,提出一个较为全面的结构概念。上述两种定义具有相通之处,包括了结构概念的各个层面,如斯梅尔瑟定义的前两方面为强调结构的整体性和自身调整性,后两方面强调结构的转换性。因此,我们可以将两种定义有机结合,提出一个更为完整的结构定义框架,这个框架也是我们评价国际政治中各种结构理论的标准(表2.1)。我们认为,皮亚杰将结构视作运算(operation)而非实体的做法在实际分析中窒碍难行,结合斯梅尔瑟的概念化工作,本章将皮亚杰的结构定义加以修订,提出:结构是由一些实体(功能单元)的排列组合而形成的体系,具有整体性、转换规律和自身调整性。皮亚杰的结构定义突出规律为分析的基本单位(规律只是实体关系的表现形式),而我认为结构的基本单位为实体,这些实体之间的排列组合形成结构内外不同的关系,而结构内发生的重复性变化(实体之间联系方式的重复性)就是转化的规律,由此形成的体系具有整体性。②实体或功能单元有两种形式,心理学中结构的基本成分为需要(needs)、感情(feelings)、态度(attitudes)以及认知(cognition)等,这些属于属性概念;社会学中结构分析的基本单位为:个体互动所产生的关系特性(relational characteristics),如角色关系(父母—小孩),以及群体层面的群体之间的关系,这些都是关系概念。③由此可知,实体或功能单位包括属

①　Judith A. Howard, "A Social Cognitive Conception of Social Structure", *Social Psychology Quarterly*, Vol. 57, No. 3, Special Issue: Conceptualizing Structure in Social Psychology, Sep. , 1994, pp. 218-220.

②　关系是基本的分析单位之间排列组合的方式、规则的集合。金刚石和石墨的基本单位/元素相同,但基本单位之间排列组合的方式即结构不同,从而导致二者物理特性(如硬度)的不同。当然,本章并未否定沃尔兹在国际政治理论建构中对结构定义的杰出贡献,相反,笔者所提供的结构概念化框架与沃尔兹的结构定义并不矛盾,而是发展了他的定义,试图建构一种更为完整和系统的框架。

③　Neil J. Smelser, "Social Structure," in Neil J. Smelser, ed. , *Handbook of Sociology*, pp. 104-106.

性概念和关系概念。对于结构的基本组成部分,我接受斯梅尔瑟提出的六个方面。

表 2.1　结构的概念化框架

	整体性	转换性	自身调整性
共时性	分析的基本单位 单位之间的关系		结构内单位之间的关系与单位与结构外的关系的不同
历时性		结构与环境的关系 特定时空中单位之间的互动 结构起源的原因	

资料来源:皮亚杰:《结构主义》(倪连生、王琳译);Neil J. Smelser,"Social Structure"。

在确定了结构的基本概念和定义之后,接下来我将对结构进行层次分析。笔者对国际政治结构研究进行层次分析的基本假定为:国际政治结构理论并不等于国际体系理论,换言之,国际体系结构理论只是国际政治结构理论的一种,而在各个研究层次都可以建立国际政治结构理论。当然,自沃尔兹对国际政治理论与对外政策理论的区分后,主流国际关系学界一般认为国际政治结构理论只有在体系层次才能建构,与单元理论相对。其实,我认为可以从两个不同的角度理解国际政治结构理论,其一为前述层次分析意义而言的国际政治结构理论,亦即体系理论;其二为属性分析意义而言的国际政治结构理论,亦即,如果个体或单元层次的结构分析具有国际政治相关性,那么我们也可以称之为国际政治结构理论①。

结构的层次分析的"层次"有两种,首先是从社会学与社会心理学意义上对结构进行层次分析,基本维度为"社会层次"与"个体层

---

① 这是在个体与单元国家层次建构的结构理论。我无意否认国际关系学界关于国际政治结构的看法。但是,我所做出的区分,或许有助于丰富我们对国际政治结构的认识。体系结构理论是解释国际体系的变化发展,个体结构理论则更多的是解释国际政治行为。如果按照沃尔兹的划分,个体结构理论更倾向于为一种对外政策理论。

次",这是对结构的实体属性的归类;其次是对结构的存在空间进行层次分析,这可结合国际关系学中的"层次分析法"进行,即从基本的"个体—单位—体系"三个层次进行归类,具体至国际关系分析领域则为"个体—国家—国际体系"三个基本层次。其中个体和国家都是行为体。基于以上两种基本层次划分,国际政治研究中的结构分析可以在"行为体—体系"基本范畴上展开[①],即包括单元的结构理论与国际体系的结构理论。单元结构,即个体与国家层次上的结构又具有社会和个体两种基本属性:个体结构包括社会结构与个体自身认知结构,国家结构包括国际体系结构和国家自身结构(政治、经济与认知结构等[②])。其实,单位国家的社会结构理论就是国际体系结构理论。单位国家结构理论中的国际体系理论不研究国家本身的结构,认为这属于普通政治学理论研究范畴;国际政治体系理论的基本变量关系为国际体系的结构影响政治行为,而这种结构为宏观社会结构,如权力、制度与文化等。如此而言,主流国际关系理论均为国际体系结构理论,基本分歧在于对分析的对象(即基本单位的首要属性[③])的认识不同,如结构现实主义强调权力,新自由制度

---

① 这也是布赞关于层次属性的看法。他认为,如果把层次看作是分析对象的不同解释来源,那么个体、国家和体系层次都存在结构、进程以及互动能力这几个因素。Barry Buzan, "The Level of Analysis Problem in International Relations Reconsidered," in Ken Booth and Steven Smith eds., *International Relations Theory Today*, Cambridge: Dolity Press, 1995, pp. 198-216.

② 国家作为一个分析单元,是否具有一些心理属性,如国家是否具有认知、理性、意图以及信念等,这存在分歧意见。如果我们将国家类比于个体,那么国家则具有个体的心理属性(当然这种层次的转移需要十分严密的论证,以及做出系列假定)。事实上,如果我们把国际关系类比为群体关系,那么国家作为群体成员也是具有群体心理属性的。温特曾经详细论述作为个人的国家,参阅 Alexander Wendt, "The State as Person in International Theory," *Review of International Studies*, Vol.30, No.2, 2004, pp.289-316。

③ 在沃尔兹结构观中,结构是以单元之间能力的分配而定义。这里必须注意的是,结构是由单元属性(能力、观念与知识等)的分配/组合而定义,但结构的受体却是单位国家或个体,而不是国家或个体属性。如认知结构的基本单元为知识,而受体却是个体。正如蒲晓宇所指出的,体系结构理论可能会指出,认知结构并不是一种真正的结构,而是个体单元的属性。其实,体系理论的这种批评混淆了认知结构的组成,亦即知识的排列组合成了结构,而并非知识本身就是结构。

主义强调制度,社会建构主义中结构的基本单位则为共有观念
(shared ideas)①。

　　个体层次,结构概念则可细分为社会结构与个体自身认知结构
两种。具体而言,个体层次的社会结构主要是指个体所处社会环境,
如家庭结构、官僚政治的角色结构等;个体自身的认知结构则为个体
对某类认知实体形成的心理结构。本章主要探讨结构与单元行为之
间的关系,亦即我把结构当作一种自变量。于认知结构而言,社会结
构实质为一种结构的外在环境因素。鉴于此,社会结构成为个体认
知结构的一种外在环境,同时也是个体认知结构变化的一种影响变
量。个体层次上的结构主义理论的基本变量关系则为社会结构或认
知结构与个体决策者的政治行为之间的关系,也就是说,研究外在因
素或内在因素对决策者行为的影响。② 需要指出的是,国际关系领
域的结构一般指层次分析意义上的结构概念,亦即国际结构为国际
体系结构③;而我却倾向于在属性层次上使用国际结构概念,亦即国
际结构不仅包括国际体系结构,同时也包括认知结构,因为认知结构
具有国际政治相关性。本章并不打算对主流国际关系理论中的体系
结构理论进行评判,而是运用前文所提出的结构概念框架,对微观或
个体层次的认知结构进行理论评析。接下来,我将具体阐述认知结

---

　　① 西方学界一般将新现实主义、自由主义以及马克思主义国际关系理论等归类为
国际关系结构理论谱系,关于这几种结构理论的比较分析与评估,请参阅:Bruce Bueno de
Mesquita, *Principles of International Politics: People's Power, Preferences, and Perceptions*,
Washington, D. C.: CQ Press, 2000, pp. 56-94;Stephan Haggard, "Structuralism and Its Crit-
ics: Recent Progress in International Theory," in Emanuel Adler and Beverly Crawford, eds.,
Progress in Postwar International Relations, New York: Columbia University Press, 1991, pp.
403-437.

　　② 鉴于这种研究目的,在此并未详细讨论社会结构对个体认知结构的影响。关于
社会结构与个体之间关系的研究,请参阅:James S. House & Jeylan Mortimer, "Social Struc-
ture and the Individual: Emerging Themes and New Directions," *Social Psychology Quarterly*,
Vol. 53, No. 2, Special Issue: Social Structure and the Individual, Jun., 1990, pp. 71-80.

　　③ 这些观点的代表,请参阅周方银:《国际结构与策略互动》,《世界经济与政治》
2007 年第 10 期,第 6—17 页;薛力:《从结构主义到国际关系理论》,《世界经济与政治》
2007 年第 10 期,第 29—40 页。

构的国际政治相关性。

第二节　认知结构的"结构功能"分析

社会科学研究中关于"施动者—结构"关系范畴的探讨,在认识论上的意义为:由个体的属性来解释个体的行为,还是以结构(体系)为导向?[①] 由此产生了方法论层次上方法论个体主义和整体主义的分野。同理,关于行为体行为归因(attribution)的心理学理论,其分歧表现为属性论还是情境论之争。总体而言,整个科学研究进程中都存在着原子论和整体论的争执,心理学元理论发展中也不例外。

客观而言,方法论结构主义在社会研究中占据主导地位。"一切有关社会研究的形式,不管它们多么不同,都是要导向结构主义的:因为社会性的整体或'子整体',都从一开始就非作为整体来看不可;又因为这些整体是能动的,所以是转换的中枢;还因为这些整体的自我调节,能用社群所强加的各种类型的限制和种种标准或规则这样一个有特殊性的社会事实表现出来。"[②]当然,这只是皮亚杰所称的整体性结构主义,要进一步成为方法论结构主义,还须寻求结构的基本分析单位的相互关系及作用,寻找演绎性的解释。关于"认知结构"的研究也是一种"社会研究",因为认知结构存在于特定的社会文化背景之中,我们所探讨的认知是一种社会认知(social cognition)

[①] Alexander Wendt, "The Agent-Structure Problem in International Relations Theory", pp. 355-357.

[②] 〔瑞士〕皮亚杰:《结构主义》(倪连生、王琳译),第 68 页。一般意义而言,结构决定论很难普遍成立,如"社会学一个最基本的思想是人在结构中的地位影响人的行为……在 18 至 19 世纪欧洲向资本主义过渡的过程中,在德国和法国都出现过一个中产阶级的知识分子阶层……虽然他们的结构位置相同,但是他们的行为是不一样的。所以,所谓结构导致人们的行为这个论断不是一个毋庸置疑的道理,而是一个需要解释的问题。"参阅:周雪光:《组织社会学十讲》,社会科学文献出版社 2003 年版,第 122 页。

及政治认知（political cognition）①。由此可见，探讨认知结构对政治判断与行为的影响，体现了微观层次上的方法论结构主义。

依据前文所述的结构概念化框架以及结构的层次分析，我们将认知结构定位于个体与群体/国家层次，以及心理维度的一种结构。本章的分析集中于个体层次，并未将群体/国家的认知结构纳入分析的架构。所以我们可以认为（个体）认知结构是由一些认识/知识（knowledge）实体的排列组合而形成的体系，具有整体性、转换规律和自身调整性。认知结构的概念架构中，基本的单位为认识/知识实体，即个体对认知对象（信息、刺激等）所形成的基本知识或概念，这些知识或概念的既有组合排列，形成了个体的认知结构。

接下来，我们遵循社会学家斯梅尔瑟提出的结构六个基本成分学说，对认知结构的内容或认知结构的"结构"进行分析。认知结构具有共时性的属性，这表现为结构的整体性与自身调整特性。首先，如上文所述，认知结构中的基本构成单位为知识/认识，即个体对刺激或信息形成的一些基本概念，获取途径为本能、学习、同化与社会化等。② 这些知识/认识建立在先前的实践基础上。其次，不同的知识/认识之间的相互关系或变化规律。认知结构中知识之间是一种等级制的关系，即各种紧密相关的知识在认知结构中所处的位置不一。有的知识处于核心地位，有的知识无关紧要。一般而言，处于核心地位的知识决定着整个认知结构的性质，也是影响认知过程的核心因素。③ 第三，认知结构内外关系的不同。由于不同认知结构中

① 社会认知理论是介于认知心理学与社会心理学之间的交叉学科。因此，社会认知是在社会文化背景下探讨人的认知心理。David F. Barone, James E. Maddux, and C. R. Snyder, *Social Cognitive Psychology*：*History and Current Domains*，New York：Plenum Press，1997. *What's Social about Social Cognition?*：*Research on Socially Shared Cognition in Small Groups*，Thousand Oaks，Calif.：Sage Publications，1996.

② 皮亚杰认为，认知结构的形成与发展，同化和调节起着重要的促进作用。参阅：〔瑞士〕皮亚杰：《发生认识论原理》（王宪钿等译），商务印书馆1981版；〔瑞士〕皮亚杰：《生物学与认识》（尚新建等译），生活·读书·新知三联书店1989年版。

③ Jerel A. Rosati, "The Power of Human Cognition in the Study of World Politics," *International Studies Review*, Vol. 2, No. 3, Autumn 2000, p. 64.

知识单位的组合规律不同,由此产生了不同的结构秩序,这也是不同结构之间的边界所在。从这种意义来说,一种结构即意味着一种秩序。具体而言,认知结构具有一定的封闭特性,亦即不同认知结构之间难以相互同化与吸收,不同结构所产生的秩序不同以及不同结构之间难以相互转化。

认知结构还具有历时性的一面,即认知结构具有转换性。具体言之,首先,认知结构与情境的关系。一定的认知结构总是置身于一定的社会文化情境之下,如家庭环境、社会文化环境、社会政治制度环境等等。必须说明的是,外部情境与环境的变化,会对认知结构的变化产生重要影响。这也是认知结构发生变化的根源之一。如"9·11"恐怖袭击事件的发生,对美国人的安全认知结构产生决定性的影响,可以说改变了美国的安全观念与认识。其次,特定时空下知识单位之间的互动。这种互动也是一种竞争关系。事实上,这也是认知结构的动力与过程,即结构变化的内在根源。正因为如此,"结构和进程是同一事物的两种不同的表现形式:结构是建立在对基本分析单位之间重复不断互动的观察基础上的一种概括,而进程则是结构的行为显露"①。如前文所述,认知结构中的知识单位之间是一种等级制的关系,这也意味着不同的知识单位的地位不一,而在互动进程中不同知识单位之间的位置会发生改变,由此导致认知结构的变化。第三,认知结构起源的原因。对于认知结构或认识的发生学问题,学界一直存在三种大相径庭的观点,即预成论、偶然创造论,或者构造论(建构论)②。现今认知科学学界的主流观点为认识的过程为一种不断建构的过程,这是一种建构主义的观点,而且认为认知结构的发展为从比较简单的结构向更复杂的结构过渡。③

对认知结构的分析包括两个部分,首先为上文的共时性与历时

---

① Neil J. Smelser, "Social Structure," in Neil J. Smelser, ed., *Handbook of Sociology*, p.104.

② 〔瑞士〕皮亚杰:《结构主义》(倪连生、王琳译),第42—47页。

③ 〔瑞士〕皮亚杰:《发生认识论原理》(王宪钿等译),第96—106页。

性分析,即结构的"结构"(即成分或功能单元)分析;此外,还应进行认知结构的功能分析,即认知结构如何作用于外在的情境。具体言之,包括个体的认知结构与外在情境、(政治)判断与行为之间的关系。这种相关/因果关系链条的心理学机理为认知结构对信息加工的作用①以及认知相符理论(Cognitive Consistency Theory)。关于认知结构的功能分析将在后文图式理论(Schema Theory)中详细论述。

第三节　认知结构与国际政治

国际政治分析中的认知结构研究主要有两种:信念体系(Belief Systems)与政治图式(Political Schema)。本章对认知结构的国际政治相关性,即国际政治研究领域中的认知结构理论的分析分为两个部分。首先,以政治图式理论为中心,揭示与解释政治图式理论与国际政治历史类比之间的关系。其次,进一步对现有的两种认知结构理论进行理论比较,明晰国际政治认知结构研究的理论演进的内在逻辑。

(一)认知结构的国际政治相关性I:图式理论分析

图式的概念自西方哲学源头始有之,但真正提出这一概念的则是德国哲学家康德,而在心理学发展史中的分析始于格式塔心理学(Gestalt Psychology)和思维发展心理学,主要代表人物为巴特莱特

①　Shanto Lyengar and Victor Ottati, "Cognitive Perspective in Political Psychology," in Robert S. Wyer, Jr. & Thomas K. Srull, eds., *Handbook of Social Cognition*, second edition, Volume 2: Applications, Hillsdale, New Jersey: Lawrence Erlbaum Associations, Inc., 1994, p.146.

（Frederic C. Bartlett）与皮亚杰等。① 20 世纪 70 年代以来，认知心理学中的图式理论兴起，并在政治科学分析中广泛应用。

现实世界的复杂性决定了人们认识世界时，必须寻求简化认知的手段，其中图式便成为手段之一。因此，图式是一种信息加工的工具。"当新的信息可利用时，个体就试图将新信息纳入过去在同样情境下他所使用的模式，来对信息进行解释。"②对于认知结构与知识结构的关系，心理学学界尚存分歧，但一般认为，图式是一种认知结构，它代表着关于一个特定概念或某类刺激的有组织的知识，既包括这些概念和刺激的属性，也包括这些属性之间的关系。③ 这是认知心理学中关于图式较为经典和通用的定义。我们根据前文对结构/认知结构的界定，对图式这种认知结构进行概念化工作。图式概念中基本的分析单位为知识，这些知识是关于特定概念或某类刺激所形成的知识，而且知识单位之间有机的排列组合，形成了某种有组织的知识体系。图式概念中的基本分析单位知识实体，依据功能不同的标准，可以细分为四种类型，即鉴定知识（Identification Knowledge）、细节知识（Elaboration Knowledge）、计划知识（Planning Knowledge）和执行知识（Execution Knowledge）。④ 图式结构中不同的知识实体之间排列组合方式的变化，会导致图式内部结构的变化。知识单位之间的关系与转换规律，成为图式的整体性与连接性属性的来源。同理，不同的知识单位在图式内部的排列顺序不同，因为作为一

① 关于图式概念的发展历史，请参阅：Sandra P. Marshall, *Schemas in Problem Solving*, New York：Cambridge University Press, 1995, pp.3-36；〔英〕弗雷德里克·C. 巴特莱特：《记忆：一个实验的与社会的心理学研究》（黎炜译），浙江教育出版社 1998 年版；〔瑞士〕皮亚杰：《结构主义》（倪连生、王琳译）；〔瑞士〕皮亚杰：《发生认识论原理》（王宪钿等译）。

② Robert Axelrod, "Schema Theory：An Information Processing Model of Perception and Cognition," *American Political Science Review*, Vol. 67, No. 4, Dec., 1973, p. 1248.

③ Susan T. Fiske and Shelley E. Taylor, *Social Cognition*, second edition, New York：McGrw-Hill, Inc., 1991, p. 98. 图式可分为他人图式（Person Schema）、自我图式（Self-schema）、角色图式（Role Schema）、事件图式或剧本（Event Schemas or Scripts）、自由内容图式（Content-free Schemas），具体定义与分析参阅：Susan T. Fiske and Shelley E. Taylor, *Social Cognition*, pp. 117-121.

④ Sandra P. Marshall, *Schemas in Problem Solving*, pp. 39-42.

种认知结构,图式内部基本单位之间是一种等级制的关系,在知识等级金字塔的顶端,是最为抽象和一般化的信息。不仅如此,图式的基本组成成分或单位同样也反映其他的一些组织特质。最后,必须指出的是,图式并不是一个孤立存在的认知结构,其背后还存在一种类似于等级制的社会结构或认知结构网络。①

探究图式的形成及其原因的问题,是认知神经科学(Cognitive Neuroscience)的任务。② 与认知结构起源的原因一致,图式的形成机制主要为四个方面:"图式是由个体所建构的,既有知识的基础是图式形成的必要条件;图式形成的过程中,包括了注意和选择性的过程;图式起源于相似经验的重复;图式具有独一无二的特性。"③图式的发生学与图式的功能学所要解决的问题不同。对于政治图式理论的研究而言,它所要着重解决的任务是政治图式的功能问题,即政治图式如何作用于政治世界与政治行为。具体至国际政治分析领域,这一问题转换为政治图式对国家外交政策形成的影响。因此,政治图式的世界政治意义的核心在于揭示政治图式是如何影响信息加工以及外交政策的制定。

图式的功能体现为,在刺激—反应/行为链条中间,图式发挥中间变量或干预变量的作用。行为主义者的分析逻辑为 S →R,而图式理论则为 S(A) R。总体而言,图式对社会认知的影响的核心议题在于既有的知识与新的刺激、信息之间的相互作用,即图式影响新信息的编码,对旧信息的记忆,以及对信息遗忘的推断。④ 具体言之,信息加工过程中,图式的功能表现在以下五个方面。首先,注意、编码

① Pamela Johnston Conover & Stanley Feldman, " How People Organize the Political World: A Schematic Model," *American Journal of Political Science*, Vol. 28, No. 1, Feb. , 1984, p.97.

② 认知神经科学主要研究认知发展及其过程的生物学与医学基础,关于认知神经科学的基本概况与研究议题,请参阅:罗跃嘉主编:《认知神经科学教程》,北京大学出版社2006 年版。

③ Sandra P. Marshall, *Schemas in Problem Solving*, pp.37-62.

④ Susan T. Fiske and Shelley E. Taylor, *Social Cognition*, pp.121-139.

和检索功能。即对于信息的接受、编码和储存,图式起着过滤的作用,产生有选择性的过程。其次,整合功能。即个体通过认知图式将外部信息与已有知识进行比较和综合。第三,理解、推论功能。不同的认知图式对于相同的信息、对于外部信息刺激的范围等的理解不同。此外,图式能够补充某些欠缺的信息。第四,计划、预期功能。图式决定了个体在环境中有计划、有目的地寻求信息,也会产生对未来的预期。第五,情感驱动功能。当某些图式被激活和提取时,会伴随着特定的情感反映。①

　　政治图式运用于国内政治心理分析较多,如政治选举、种族问题与性别歧视等,但国际政治层面的理论与经验研究尚未系统化。政治图式研究具有两个特性,首先是以概念/理论导向为主,而非事实导向;其次,由于缺乏统一的政治图式度量标准,政治图式的经验研究远远滞后于理论建构工作。目前,政治图式的国际政治效应主要集中于对外政策分析层面。一般来说,外交政策制定者持有两种类型的政治图式或知识结构。第一种为常规的总体知识,这种类型的图式能让决策者对任何国家的行为保持一般性的认知,即具备明白、理解和解释的能力。原因很简单,国际环境中的主权行为体具有常规的行为规则和模式,这已是不言而喻。第二种结构知识能使决策者轻而易举地对相似情境做出判断。当他面临某类先前已有一定直接经验的事件时,不需多少信息加工就可做出相似处境的判断。②图式对政治世界、外交决策行为产生影响的主要途径为作用于信息加工过程。然而,这种作用背后的认知/心理机制又是什么呢? 这就必须探讨(政治)图式的类比思维(analogical reasoning)功能,以及在类比思维过程中核心概念可用性(availability)和表征(representative-

---

　　① 　乐国安、李绍洪:《心理定势发生机制的模型建构》,《心理学探新》2006 年第 2 期,第 5 页。

　　② 　Yaacov Y. I. Vertzberger, *The World in Their Minds*: *Information Processing*, *Cognition*, *and Perception in Foreign Policy Decisionmaking*, Stanford, California: Stanford University Press, 1990, p. 157.

ness)的作用(图 2.1)。

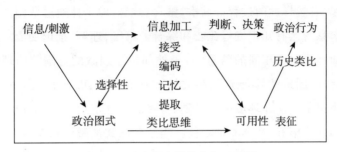

图 2.1　政治图式的信息加工模型

　　(政治)图式的类比思维,或者说个体运用类比思维的心理动力为:图式是一种认知结构,由简化的知识和重复的经验组成。当个体接受新的信息时,往往将信息纳入到既有的联合模式(cohesive pattern)之中,既存的知识结构对新信息起着整合的作用。换言之,图式会检验新信息和刺激与既有的认知结构与归类是否相符。这种类比思维使个体往往将新的信息置于原有的知识与经验所建构的模板之中。① 这也是图式所具有的社会分类(social categorization)功能。图式具有社会分类的功能,所以图式中的基本分析单位是抽象的知识,而不是对具体客观对象的表征。

　　上文所述的图式及其类比思维的政治相关性或政治意义是什么呢? 图式的类比思维与表征功能能够影响政治决策与政治行为,这反映在政治实践中即为历史类比(historical analogy)。政治决策者进行安全决策时,对于所接受的政治信息与刺激的判断经由决策者的政治图式的过滤与制约。决策者的政治图式的类比思维特性,将政治实践中新的信息或刺激与原有的知识结构比较,从而进行社会归类。必须说明的是,由于政治行为受外在的政治环境的限制,在具体的国家政治判断与决策过程中,政治图式所具有的表征类比功能并

---

① Sandra P. Marshall, *Schemas in Problem Solving*, pp. 55-56.

非如实验室研究中如此普遍。① 外交决策分析中关于历史类比的研究成果已是汗牛充栋②,但对于类比心理机制的分析架构中,政治图式的作用并未受到普遍重视,并且存在不少误解。

类比思维的形式化表述为:"AX∶BX∷AY∶BY"。具体言之,如果事件 A 与事件 B 二者都具有 X 的属性,同时 A 又具备 Y 的属性,因此我们就可以推断 B 也具有 Y 的属性。这是一种亚里士多德式的三段论推论。以最为经典的"慕尼黑类比"为例,历史类比的基本逻辑如下:在慕尼黑的绥靖政策是因西方国家的绥靖态度造成,在越南的绥靖政策是西方国家的绥靖态度而成;慕尼黑的绥靖政策导致了一场世界大战,因此在越南的绥靖政策也会导致一场世界大战。③决策过程中,类比具有系列的分析判断功能,具体为:第一,有助于对决策者所面临环境的判断;第二,有助于评估风险;第三,提供"政策处方";第四,预测成功的机会与可能性;第五,对他们的道德正当性进行评估;第六,预防与警告政策选择所带来的风险。④ 类比作用的逻辑路径为理论导向,或者说是自上而下的路径,其原因在于历史类

① Robert Jervis, "Representativeness in Foreign Policy Judgments," *Political Psychology*, Vol. 7, No. 3, 1986, pp. 483-505. 认知心理学领域关于表征的研究,请参阅:Daniel Kehneman & Amos Tversky, "Subjective Probability∶ A Judgment of Representativeness," *Cognitive Psychology*, Vol. 3, 1972, pp. 430-454; Amos Tversky & Daniel Kehneman, "Judgments of and by Representativeness," in Daniel Kahneman, Paul Slovic, Amos Tversky eds., *Judgment under Uncertainty∶ Heuristics and Biases*, Cambridge; New York∶ Cambridge University Press, 1982, pp. 84-98.

② Robert Jervis, *Perception and Misperception in International Politics*, Princeton∶ Princeton University Press, 1976; Yuen Foong Khong, *Analogies at War∶ Korea, Munich, Dien Bien Phu, and the Vietnam Decisions of 1965*, Princeton, New Jersey∶ Princeton University Press, 1992; Jack S. Levy, "Learning and Foreign Policy∶ Sweeping a Conceptual Minefield," *International Organization*, Vol. 48, No. 2, Spring 1994, pp. 279-312; Yaacov Y. I. Vertzberger, "Foreign Policy Decisionmakers as Practical-Intuitive Historians∶ Applied History and Its Shortcomings," *International Studies Quarterly*, Vol. 30, No. 2, Jun. 1986, pp. 223-247; Michael C. Desch, "The Myth of Abandonment∶ The Use and Abuse of the Holocaust Analogy," *Security Studies*, Vol. 15, No. 1, January-March 2006, pp. 106-145.

③ Yuen Foong Khong, *Analogies at War∶ Korea, Munich, Dien Bien Phu, and the Vietnam Decisions of 1965*, p. 7.

④ Ibid., p. 10.

比发挥作用的基础为政治图式的影响。历史类比的出现或唤醒,主要取决于两种认知机制:可用性与表征。可用性是指行为体对事件可能性的判断,取决于他毫不费力所能回忆起的相似实例。这也决定了最新发生的事情,最容易被回忆起。在美国政府决策者的历史类比实例中,这一点得到明显的体现。如杜鲁门、艾奇逊在朝鲜战争中,以及艾森豪威尔在印度尼西亚危机中错误估计了中国领导人的政治人格及中国的力量和能力,而随后肯尼迪政府在老挝危机中由于吸取了前两任政府的历史教训,采取了正确的战略行动。① 表征是指一种概率的判断,具体为人们对一种信息或刺激与社会类别的相似性的判断,即这一信息或刺激是否属于这种特定的类别②。图式与态度、归因的区别之一在于后者并不强调表征的作用。我们认为,表征是图式功能发挥作用的心理机制之一。表征对新接受的信息与刺激的社会类别做出概率归属判断,这是政治图式归类作用的基础。

外交政策分析领域,关于图式理论与历史类比之间的关系,存在一些误解。如前文所述,心理学关于图式理论的研究表明,图式与类比思维是一种属性关系,即类比思维是图式认知结构的功能属性。从这个意义而言,图式比类比思维更为抽象,而类比思维则涉及具体事物之间相似性与概率的判断。"一种图式与一种类比的区别在于,类比是明确的和具体的,而图式则是抽象的和一般的。"③这也是结构与功能之间的区别,即结构为抽象的,功能则为具体的。1950 年,当朝鲜战争爆发时,美国总统杜鲁门发表宣言:"这并不是第一次发生强者攻击弱者之事",他进一步说道:"让我们回想一下一些早先的事例吧——满洲、埃塞俄比亚、奥地利。"一般认为,杜鲁门总统的第

---

① David M. Lampton, "The U. S. Image of Peking in Three International Crises," *The Western Political Quarterly*, Vol. 26, No. 1, 1973, pp. 28-49.

② Amos Tversky & Daniel Kehneman, "Judgment under Uncertainty: Heuristics and Biases," *Science*, New Series, Vol. 185, No. 4157, Sep. 27, 1974, pp. 1124-1131.

③ Yuen Foong Khong, *Analogies at War: Korea, Munich, Dien Bien Phu, and the Vietnam Decisions of* 1965, p. 26.

一句话是一种图式,第二句话则是一种类比,亦即抽象与具体之别。上述区分具有合理之处,但并未分别出图式与类比二者的实质关系。我们认为,杜鲁门总统的图式为"强者攻击弱者"的认知/知识结构,这是一种抽象的知识组合;而历史类比则表现为社会归类的功能,即将朝鲜战争双方的行为归类为已有的知识结构类型。

(二)认知结构的国际政治相关性Ⅱ:理论比较分析

信念体系分析的核心议题为:信念体系的特性为何?领导人的信念体系是封闭性的,还是开放性的?个体的信念体系如何影响知觉(perception)以及政治行为?信念体系的概念在解释国家政治行为变化时的有效性如何?等等①。具体而言,信念体系的应用细化为以下几个自变量,即操作码(operational code)和认知图(cognitive map)等。操作码研究的内容在于揭示领导人对于政治生活的根本认识与态度②,而认知图研究则运用图示方式,梳理领导人决策过程中的正负因果关系与过程③。从概念到方法论问题,信念体系的研究面临系列有待解决的难题。如果我们把信念体系的研究归为国际政治认知结构研究的第一代理论 T1,那么关于政治图式的研究为第二代理论 T2。国际政治认知结构研究的理论演进,即 T1 →T2 的发展,其主要动力来源于三个方面。第一,二战后,由于"认知革命"(cognitive revolution)的影响,心理学元理论视角由行为主义(Behav-

---

① Steve Smith, "Belief Systems and the Study of International Relations," in Richard Little and Steve Smith, eds., *Belief Systems and International Relations*, New York: Basil Blackwell Ltd., 1988, pp. 11-36.

② Alexander L. George, "The 'Operational Code': A Neglected Approach to the Study of Political Leaders and Decision Making," *International Studies Quarterly*, Vol. 13, No. 2, Jun. 1969, pp. 190-222; Stephen G. Walker, "The Evolution of Operational Code Analysis," *Political Psychology*, Vol. 11, No. 2, June 1990, pp. 403-418; Stephen G. Walker, "Operational Code Analysis as a Scientific Research Program: A Cautionary Tale," in Colin Elman and Miriam Fendius Elman, eds., *Progress in International Relations Theory*, Cambridge, MA: MIT Press, 2003, pp. 245-276.

③ Robert Axelrod, ed., *Structure of Decision: The Cognitive Maps of Political Elites*, Princeton: Princeton University Press, 1976.

iorism)转变为认知心理学(Cognitive Psychology)。其中,认知心理学的分析范式也发生了重要的转变,变化之一为由认知相符理论到社会认知理论(Social Cognition Theory)。由此,认知主体也从"一致寻求者"(consistency seeker)转化为"认知吝啬者"(cognitive miser)。建立在信息加工基础之上的图式理论研究已成为当今心理学学界理论研究的主流(当然,信息加工与联结主义是认知心理学的两种研究取向,不同时期占主导地位的取向不同)。"的确,几乎所有的心理学领域的理论家都日渐清楚地认识到,图式的建构已成为心理学理论的基石。"①此外,三种心理学领域已经将图式作为他们的核心解释概念或变量:认知心理学家研究概念的形成与记忆,人工智能学者和认知心理学家试图制造出能够理解语言能力的机器,而社会心理学家则研究"无意识"与日常社会互动。②

第二,我们认为,图式理论研究对信念体系研究的发展,主要体现为对认知结构的功能的理解与解释不同。具体言之,信念体系研究的对象为认知结构的内容,如操作码、意象等研究,其目的在于揭示不同国家领导人的政治认知内容;而图式理论的研究对象为认知过程,即图式如何作用于领导人的信息加工过程。信念体系研究在于寻求认知的一致性,图式理论的功能机制则为影响信息加工过程。信念体系研究的心理学理论基础在于认知相符理论,而图式理论的心理学理论基础为信息加工理论或社会认知理论。信念体系研究的心理动力为动机取向,因为行为体的认知动机在于寻求认知一致性,而图式理论的心理动力则为信息加工取向。总体而言,图式理论研究与信念体系理论研究的区别并不在于认知结构的基本成分或功能单位,而在于对认知结构的功能的不同研究取向。正如美国政治心理学家德博拉·拉森(Deborah Welch Larson)指出,图式解释的有效

① Richard Nisbett and Lee Ross, *Humane Inference: Strategies and Shortcomings of Social Judgment*, Englewood Cliffs, New Jersey: Prentice-Hall, Inc., 1980, p.36.

② Deborah Welch Larson, *Origins of Containment: A Psychological Explanation*, Princeton, New Jersey: Princeton University Press, 1985, p.51.

性根源于人类内在的认知局限,图式理论研究关注的是人类短期记忆局限下知识是如何组织和使用的;而信念体系研究并不关注知识是如何结构化的,并且在记忆中如何排序,而只关注信念的稳定与变化。① 其实,这两种认知结构研究的演进也反映了认知心理学研究范式从认知平衡理论到社会认知理论的过渡。因此,从认知结构内容上说,信念体系研究与图式理论研究差别不大,这也是国际政治认知结构研究中二者使用混乱的缘由。在两种认知结构理论中,知识实体的组织原则都是等级制的,即不同知识实体的地位不同,处于中心地位的知识实体具有不可变性(难以发生变化)。但两种理论研究的路径不同,一种为强调保持认知结构平衡的动力,一种为强调认知结构的信息加工功能。② 除此之外,对于结构与环境的关系问题,上述两种认知结构理论的观点不一,如信念体系与意识形态紧密联系在一起,而图式却与意识形态是异质的关系。③

第三,比较而言,在国内政治分析层面,图式理论比信念体系理论具有更大的解释力和应用空间。图式理论对政治心理学的贡献之一在于它为理解公共舆论和政治行为提供了另一种选择。因为图式理论比信念体系能更有效地理解和解释美国国内公众舆论和政治行为。④ 除此之外,在外交政策分析领域,图式理论的理论解释力强于信念体系理论。德博拉·拉森对这两种理论进行了详细的比较⑤,她指出这两种理论都是分析外交决策者的信息加工模型(其实,信念

---

① Deborah Welch Larson,"The Role of Belief Systems and Schemas in Foreign Policy Decision Making," *Political Psychology*, Vol. 15, No. 1, March 1994, p. 22.

② Yuen Foong Khong, *Analogies at War: Korea, Munich, Dien Bien Phu, and the Vietnam Decisions of* 1965, pp. 41-43.

③ Deborah Welch Larson,"The Role of Belief Systems and Schemas in Foreign Policy Decision Making," p. 21.

④ Pamela Johnston Conover & Stanley Feldman,"Where is the Schema? Critiques," *American Political Science Review*, Vol. 85, No. 4, Dec., 1991, p. 1368.

⑤ Deborah Welch Larson,"The Role of Belief Systems and Schemas in Foreign Policy Decision Making"; Rose Mcdermott, *Political Psychology in International Relations*, Ann Arbor: The University of Michigan Press, 2004, pp. 111-112.

体系的分析并非严格意义上的信息加工/认知过程分析,这也是与图式理论的区别所在),但不同的学者对此偏好不一。心理学家更倾向于运用图式理论,而政治科学家一般使用信念体系。与信念体系理论相比,图式理论的概括简约程度更高,而且更接近于复杂的认知过程。因此,在研究信息加工、记忆以及决策者时,图式理论具有更大的优越性。基于此,对图式理论的广泛运用,有助于在政治学家和心理学家之间架构一座研究认知结构的桥梁。在理论运用范围、理论本身的逻辑精练程度以及解释力等方面,图式理论具有明显优势。如图式理论在理论导向和事实导向的信息加工效应(effects)上都能提高精确性,此外,于认知结构的变化而言,图式理论能够提供更为具体可行的预测。这也表明,仅仅进行认知内容(信念体系)的研究是不够的,我们需要进一步深入研究信息加工过程与变化(图式理论)。信念体系和图式两种认知结构的基本成分相差无几,但是两种认知结构理论的功能分析却大相径庭(具体比较见表2.2)。这反映了当代心理学元理论理论演进的路径和趋势。鉴于以上比较分析,我们认为分析图式理论在国际政治分析中的应用,可以彰显国际政治认知结构理论的一般特性与问题。

表2.2　国际政治中的两种认知结构研究比较

	比较单位	信念体系	图式理论
结构比较	分析的基本单位	认知/知识实体	认知/知识实体
	单位之间的关系	单位相似,中心—外围/竞争关系	单位相似,中心—外围/竞争关系
	结构内部的关系	结构内为等级制	结构内为等级制
	结构之间的关系	不同结构的排列组合方式不同	不同结构的排列组合方式不同
	结构与环境的关系	环境影响结构的稳定与变化	环境影响结构的稳定与变化
	结构起源的原因	建构论、知识/经验的不断重复	建构论、知识/经验的不断重复

	比较单位	信念体系	图式理论
功能比较	研究内容	认知内容	认知过程
	功能机制	影响知觉	影响信息加工
	心理动力	动机导向	信息加工/情绪导向
	中间变量	寻求一致	社会归类
	理论基础	认知相符理论	信息加工理论
比较总结	政治解释力	稍弱	稍强

第四节　小　结

有效减少理论研究传统中的概念问题和反常,这是科学研究进步的标准之一。现今国际关系结构理论研究,甚至是社会科学结构研究,对于结构的基本概念界定以及结构作用的机制等问题,仍是各执一端。由此表明,关于结构理论的研究仍处于前科学阶段,学术研究共同体对于基本的概念问题尚未达成共识。笔者认为,有效地解决概念问题的争端,是促进国际关系理论科学研究进步的重要动力之一。

有鉴于此,我们在批判借鉴相关学科研究的基础上,提出一个全面的结构概念框架,以此作为评判国际关系结构研究的基本标准。运用这一结构概念框架,我们进一步分析了微观个体层次的结构理论,并在比较理论的框架下,对信念体系与图式理论两种认知结构理论进行了理论比较。实际上,美国政治心理学界对于信念体系和图式理论的异同,仍存在认识分歧,鲜有学者对二者进行系统的理论比较分析,更多的是不加区别地使用。然而,我们通过梳理认知结构研究的学术传统与理论逻辑后,发现图式理论的心理学理论基础为信息加工理论,而信念体系研究的心理学理论基础更多为认知平衡/相符理论。基于对政治心理学理论研究视角的考察:二战后政治心理学理论研究进展之一为由认知相符理论到社会认知/信息加工理论，我们认为两种认知结构研究的理论演进符合当代政治心理学研究的发展趋势。当然，如果从层次分析来说，认知结构理论或许不能成为沃尔兹所说的国际政治结构理论；但是，如果从属性分析来说，认知结构具有国际政治相关性。如此，认知结构理论可以成为一种国际政治结构理论。

基于上述比较分析，我们认为图式理论在国际政治研究中具有广泛的应用空间。但如前文所述，国际政治层次的图式理论研究尚未产生大量的经验性研究成果。所以，关于国际政治认知结构的进一步研究，仍需处理好以下基本问题。首先，关于概念的界定与操作化问题。[1] 现有研究往往是将图式直接从心理学理论谱系中直接借鉴及运用，但尚未进行清晰的概念界定。由此导致了将图式与态度、意象（images）、公众舆论等相关概念混淆使用，并未严格分清不同概念的边界。而且，关于如何操作化与度量问题，在政治科学学界尚未取得共识。[2] 这在一定程度上妨碍了经验研究工作的开展。笔者认为，应借鉴社会心理学中关于图式概念的界定与操作化指标，同时综

[1] Richard R. Lau & David O. Sears, "Social Cognition and Political Cognition: The Past, the Present, and the Future," in Richard R. Lau & David O. Sears, *Political Cognition: The* 19th *Annual Carnegie Symposium on Cognition*, Hillsdale, New Jersey: Lawrence Erlbaum Associates, Inc., 1986, p. 361. 关于概念问题，即使西方学者也存在不少混淆使用的情况，相关分析参阅: James H. Kuklinski, Robert C. Luskin, John Bolland, "Where is the Schema? Going Beyond the 'S' Word in Political Psychology," *American Political Science Review*, Vol. 85, No. 4, Dec., 1991, pp. 1341-1356; Milton Lodge, Kathleen M. Mcgraw, Pamela Johnston Conover, Stanley Feldman and Arthur H. Miller, "Where is the Schema? Critiques," *American Political Science Review*, Vol. 85, No. 4, Dec., 1991, pp. 1357-1380.

[2] 关于信念体系与政治图式的度量问题，政治学与国际关系学界已有不少努力与成果，总体的趋势为定量方法的运用与操作。具体可参阅: Pamela Johnston Conover & Stanley Feldman, "How People Organize the Political World: A Schematic Model"; John M. Bolland, "The Structure of Political Cognition: A New Approach to Its Meaning and Measurement," *Political Behavior*, Vol. 7, No. 3, 1985, pp. 248-265; Stephen G. Walker, Marker Schafer, Michael D. Young, "Systematic Procedures for Operational Code Analysis: Measuring and Modeling Jimmy Carter's Operational Code," *International Studies Quarterly*, Vol. 42, No. 1, Mar., 1998, pp. 175-189; Huiyun Feng, "The Operational Code of Mao Zedong: Defensive or Offensive Realist," *Security Studies*, Vol. 14, No. 4, Oct. -Dec., 2005, pp. 637-662.

合考虑政治情境中的特殊性。此外,应在信息加工的背景中运用政治图式理论。关于概念界定问题,笔者在本章中的结构概念化工作试图提供这样一种努力。其次,关于研究取向问题。一般认为,国际政治心理学的研究其实就是应用心理学理论进行国际政治/外交政策分析。笔者遵循这一主流认识,因为政治心理学研究的目的不在于为认知结构和信息加工研究提供或发展一般意义的模型。但是,应用心理学理论进行政治分析的动机应该是更有效地理解和解释政治现象,而不是简单地应用特定的心理学理论。[①] 因此,关于认知结构的发生学以及个体如何处理政治信息等基础性研究仍不可少,这也是本章详细探讨结构以及认知结构的基本理论的缘由;在此基础上,我们必须细致讨论个体心理因素的国际政治相关性。第三,关于认知结构的变化发展问题。认知结构/政治图式发生学研究,其生物学基础为认知神经科学的发展,社会学基础则为社会心理学的发展。情绪/情感(emotion)与认知的关系及其对政治世界的影响,已成为2000 年以来政治心理学研究的重点[②]。所以,情绪/情感对认知结构的影响及其政治后果应是今后进一步研究的方向。[③] 最后,就政治心理学的应用问题领域而言,目前仍局限于安全研究问题范围。关于是否应拓展心理学理论解释与应用的问题领域,政治心理学界已

---

① Pamela Johnston Conover & Stanley Feldman, "Where is the Schema? Critiques," p. 1368.

② G. E. Marcus, "Emotions in Politics," *Annual Review of Political Science*, Vol. 3, 2000, pp. 221-250; Neta Crawford, "The Passion of World Politics: Propositions on Emotion and Emotional Relationships," *International Security*, Vol. 24, No. 4, 2000, pp. 116-156; David O. Sears, Leonie Huddy, Robert Jervis, eds., *Oxford Handbook of Political Psychology*, New York: OXFORD University Press, 2003; Rose Mcdermott, "The Feeling of Rationality: The Meaning of Neuroscientific Advances for Political Science," *Perspectives on Politics*, Vol. 2, No. 4, 2004, pp. 691-706; Jonathan Mercer, "Human Nature and The First Image: Emotion in International Politics," *Journal of International Relations and Development*, Vol. 9, No. 3, 2006, pp. 288-303; Andrew A. G. Ross, "Coming in from the Cold: Constructivism and Emotions," *European Journal of International Relations*, Vol. 12, No. 2, 2006, pp. 197-222.

③ 邝云峰(Yuen Foong Khong)对战争类比机制的探讨中并未涉及情绪作用的分析。关于情绪对认知结构影响的最新著作为:Stephen Peter Rosen, *War and Human Nature*, Princeton and Oxford: Princeton University Press, 2005.

有部分讨论,但尚未形成一致且强烈的呼声。笔者认为,今后一个有趣且具有挑战性的发展方向为:在国际政治经济学领域系统探讨认知结构及其他认知心理因素的地位与作用。① 这一研究工作的开展,需要系统重构国际政治研究中的理性假定,即分析从传统的理性假定到有限理性假定的转变,以及 20 世纪 90 年代以来关于情绪之于理性的积极意义的讨论。

---

① 感谢科维特在与笔者的通信中指出这一点。在国际政治经济学领域,已有部分作品应用心理学路径的分析,以及有学者提出结合国际政治经济学与政治心理学两个领域的研究。相关文献请参阅:John S. Odell, *U. S. International Monetary Policy: Markets, Power, and Ideas as Source of Change*, Princeton, N. J.: Princeton University Press, 1982; Peter Hall, ed. , *The Political Power of Economic Ideas: Keynesianism across Nations*, Princeton, N. J.: Princeton University Press, 1989; Paul Kowert, *Groupthink or Deadlock: When do Leaders Learn from their Advisors?* Albany: State University of New York Press, 2002; Deborah Kay Elms, "International Political Economy, Behavioral Economics and Political Psychology," Paper prepared for the International Studies Association Annual Meeting, San Diego, California, March 23-25, 2006; Mark Schafer and Stephen G. Walker, eds. , *Beliefs and Leadership in World Politics: Methods and Applications of Operational Code Analysis*, New York: Palgrave Macmillan, 2006.

第三章 和谐秩序[*]

冷战结束后,对于国际关系的未来走向问题,西方学者提出了不少理论,诸如"历史终结论""文明冲突论"等等。这些理论,与西方主流国际关系理论一起,为我们提供了一幅未来世界秩序的图景,或为悲观冲突论,或为民主大同论,或为建构合作论。[1] 而 21 世纪初,中国提出和谐世界的理念,为国际社会提供了一种完全不同的秩序观。当前,中国国际关系学界对和谐世界理念的研究不胜枚举,然而鲜有从国际关系理论角度的思考,更多的是基于对外战略与政策的探究,这恰恰忽略了它所具有的国际关系知识增量及话语力量。有鉴于此,我们从国际关系性质的分析出发,探讨和谐世界的可能及条件。2001 年,美国"9·11"恐怖袭击事件凸显了认同与心理冲突在国际政治事务中的影响。为此,我引入了一种社会心理学的视角,认为国家对社会认同(social identity)的追求,并不必然会导致国际冲突,由此说明建构一种和谐世界是可能的。

---

* 本章曾以《和谐世界秩序的可能:社会心理学的视角》为题发表于《世界经济与政治》2009 年第 5 期。

① 〔美〕福山:《历史的终结及最后之人》(黄胜强等译),中国社会科学出版社 2003 年版;〔美〕塞缪尔·亨廷顿:《文明的冲突与世界秩序的重建》(周琪、刘绯等译),新华出版社 1999 年版。西方的世界秩序理论,参阅潘忠岐:《世界秩序:结构、机制与模式》,上海人民出版社 2004 年版。

第一节　和谐概念及条件

追问"和谐是什么？"是一种积极定义方式。为更好地理解和谐的内涵，我们需要回答什么不是和谐，即寻找一种和谐的消极定义方式。① 群体心理学中，一般将群际偏见消除、群际冲突避免，看作是群体和谐的形成，这也是人际冲突与和谐关系的认识。如果将人类基本关系的主要状态划分为冲突、合作与一体化等，那么和谐的特征之一变为非冲突；当中，竞争关系在人类关系连续谱中始终存在（图3.1）。中国首次表达和谐世界理念时，认为和谐世界是"各种文明兼容并蓄"②。所以，和谐的根本特征在于和平共处、互相尊重及民主合作，但这不否认现实世界是一个竞争与比较的世界。中西文化中有很多种和谐界定，我认为和谐的重要特征之一在于是一个过程，亦即和谐是没有上限的，这说明很难探寻一种和谐的充分条件；但是和谐是有下限的，也就是说和谐必须具有系列的必要条件，我认为冲突规避和缓解是和谐的一个必要条件。所以和谐必然是一个没有冲突的世界，但没有冲突并不必然意味着是和谐世界，因为和谐还包括其他多种维度，亦即"冲突避免"并不是和谐的充分条件。由此，和谐的消极意义在于一种"非冲突"的状态。必须指出的是，冲突包括军事

---

① 概念的定义与操作，常用的方式有充分必要条件路径与家族相似性路径等。我们在此并没有过多地讨论"和谐"的概念问题，而是将"冲突避免"作为"和谐"的一个必要条件。探讨"和谐"的充分必要条件过于复杂，即使单独探讨充分条件也一样。所以，我只分析"冲突避免"的条件，作为一种必要条件来分析，以此说明和谐世界的可能，而不是必然。关于国际关系中的概念建构讨论，参阅：Gary Goertz, *Social Science Concepts：A User's Guide*, Princeton, New Jersey：Princeton University Press, 2005.

② 胡锦涛：《努力建设持久和平、共同繁荣的和谐世界》，《人民日报》2005 年 9 月 15 日。我对和谐概念的分析，是基于中国政府（领导人）的文本表述，而不是像诸多学者一样，从中国文化典籍中寻求答案。这是因为，我们研究的是当前中国政府对和谐（世界）的理解和表述，进一步的问题才是探讨中国文化中的和谐思想渊源是什么。区分上述二者，是研究和谐世界理念的重要一环。而且中国传统文化中的和平思想，难以构成中国政府和谐世界理念的条件和基础。

层面上的冲突和利益层面的冲突。和谐社会和世界并不排斥利益冲突,这是一种竞争关系的表征,但和谐状态与军事冲突却是水火不容的。基于此,我偏重军事与安全角度,论证消除与规避冲突的机制对于和谐的意义。所以,我们建构和谐世界的努力之一,就在于消除与缓解冲突,促成和平共处与合作;而和谐世界研究的任务之一,就在于揭示国际社会冲突消除与避免的条件与机制。只有掌握这些条件和机制,我们才能在特定的情境中,知道如何促进国家间的合作,避免冲突。换言之,在何种条件下国家追求绝对收益,在何种条件下又是追求相对收益。综上,我认为国际冲突的避免,是和谐世界秩序形成的条件之一。这就表明,消除冲突成为和谐秩序形成的一种可能,但并不是必然。

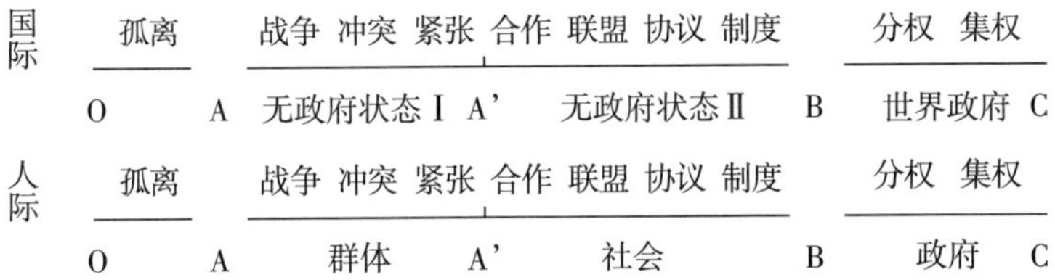

国际	孤离	战争 冲突 紧张	合作 联盟 协议 制度		分权 集权
	O	A 无政府状态Ⅰ A'	无政府状态Ⅱ	B	世界政府 C
人际	孤离	战争 冲突 紧张	合作 联盟 协议 制度		分权 集权
	O	A 群体 A'	社会	B	政府 C

注:1. 和谐的消极界定:A'C

2. 竞争贯穿于人际与国际关系谱始终(除了孤离状态之外)

图 3.1 人际与国际关系结构图谱

本图借鉴了景跃进对人类关系图谱的划分,具体可参阅景跃进:《从假设到理论的演进——从一个特殊角度谈〈霸权的兴衰〉》,《中国书评》(香港)1998 年第 3 期,第 50—55 页。

国家间关系到底会不会走向冲突?这一本体问题决定我们对国际无政府状态性质的判定。一般而论,国际关系的本质特征,亦即与国内社会的根本不同在于国际无政府状态。以现实主义为代表的理性主义者认为,由于国家追求绝对收益,无政府状态下的国际社会是一个霍布斯的丛林世界,权力和利益成为国家的终极目标,由此国家间不可避免会走向冲突。① 自由主义或理想主义者认为,人性中善的本质决定人类可以共存合作,避免冲突,而制度主义者认为国际制度与规范可以制约国家之间的攻击性。② 以温特为代表的温和建构主义者在二者之中走一条中间道路,认为"无政府状态是国家造就的",并且提供了三种基本的无政府状态文化,即霍布斯、洛克和康德文化。基于人类追求获取承认的根本动机,他进一步提出国际体系发展的进化论观点,认为世界国家有可能成为未来的国际治理形式。③ 以上诸种理论中,现实主义者多为悲观冲突论,自由主义者往往持乐观合作信念,而建构主义者持中庸立场,强调施动者的能动作用,但本质上建构主义也是一种进化论或进步的历史观。

中国政府的和谐世界理念表达了中国对于国际社会持一种乐观的进化态度。正因为如此,不少学者提出和谐世界理念代表了一种新国际秩序观。④ 从国内已有的研究来看,和谐世界理念的研究包括两大路径。其一,从中国外交的角度分析和谐世界的历史与文化根基。如追溯中国古代的和合文化,或和平的战略文化,为中国的和

---

① 〔美〕汉斯·摩根索:《国家间政治:权力斗争与和平》(徐昕等译),北京大学出版社 2006 年版;〔美〕肯尼思·华尔兹:《国际政治理论》(信强译),上海世纪出版集团 2003 年版。

② 〔美〕罗伯特·基欧汉:《霸权之后——世界政治经济中的合作与纷争》(苏长和等译),上海世纪出版集团 2003 年版。

③ Alexander Wendt, "Anarchy is what States Make of it: The Social Construction of Power Politics," *International Organization*, Vol. 46, No. 2, Spring 1992, pp. 391-425;〔美〕亚历山大·温特:《国际政治的社会理论》(秦亚青译),上海世纪出版集团 2000 年版;〔美〕亚历山大·温特:《世界国家的出现是历史的必然》(秦亚青译),《世界经济与政治》2003 年第 11 期,第 57—62 页。

④ 秦亚青:《和谐世界:中国外交新理念》,《前线》2006 年第 12 期,第 30—32 页;吴建民等:《和谐世界与中国外交》,《外交评论》2006 年第 2 期,第 15—20 页;王公龙:《"和谐世界":国际秩序的新构想和新范式》,《现代国际关系》2007 年第 3 期,第 56—62 页。孙学峰敏锐地观察到现有诸多优秀研究,然而缺少从国际关系理论角度来分析和谐世界命题,见孙学峰:《和谐世界理念与中国国际关系理论研究》,《教学与研究》2007 年第 11 期,第 55—60 页。有人将和谐世界看作是不同于国际无政府状态的一种更为良好的国际社会性质,我认为我们讨论的前提是在无政府状态下如何建设和谐世界,因为国际无政府状态是为国际关系的根本性质。段小平:《从无政府状态到和谐世界秩序的建构》,《国际论坛》2006 年第 4 期,第 42—46 页。

谐世界理念提供历史文化基础;分析周恩来的外交思想对于当今和谐世界政策的启示。也有学者论述中国政府提出和谐世界理念的政策意义,认为这是中国外交的一种新理念、新国际秩序观和全球治理观。① 其二,从理论命题的角度分析和谐世界理念的内在逻辑与机制。比如,有学者从哲学与经济学,具体为博弈论的角度分析从冲突到和谐的可能,探讨从冲突走向和谐的人类关系连续谱的演进机制。② 此外,有学者从国际政治与国内政治关系的角度分析二者的理论相关与政策联系。③

在和谐世界的内涵、意义以及与具体问题领域的相关性等方面,现有研究取得了很大成就。但是,既有研究的理论路径与问题意识各异,论证逻辑也大不相同;对于和谐世界问题的过程与机制分析,虽有研究但并不充分。正如王逸舟所指出的,和谐世界理念的具体政策内容尚不明确,难以落实到操作层面。④ 这也与既有研究的特点紧密相关,如大部分研究只停留于对和谐世界概念的文本和历史诠释,而没有转化为国际关系命题。具体来说,第一,鲜有从冲突到和谐的关系连续谱的界定与操作。换言之,多数研究并没有仔细界定何谓和谐,而是一概接受了从政策到学术界的"共识",即从政治、经济、安全以及文化和生活方面对和谐的理想描述。第二,现有研究大多停留于政策分析与诠释,并未从中总结出国际关系规律,提炼国际关系理论知识。第三,理论路径较为单一。如从历史文化中寻求和平文化,这很容易陷入为论点找论据的片面之嫌;除了博弈哲学

① 江西元:《从天下主义到和谐世界:中国外交选择及其实践意义》,《外交评论》2007 年第 4 期,第 46—53 页;张敏:《和谐世界理论的中国文化寓意》,《学术论坛》2008 年第 1 期,第 52—54 页;王家云:《周恩来外交思想对建设和谐世界的启迪》,《毛泽东思想研究》2008 年第 2 期,第 1—5 页;陆晓红:《和谐世界:中国的全球治理理论》,《外交评论》2006 年第 6 期,第 63—68 页。

② 赵汀阳:《冲突、合作与和谐的博弈哲学》,《世界经济与政治》2007 年第 6 期,第 6—16 页。

③ 阎学通:《和谐社会和和谐世界的政策关系》,《国际政治研究》2006 年第 1 期,第 14—15 页。

④ 王逸舟:《中国外交新高地》,中国社会科学出版社 2008 年版,第 14 页。

外,少有引介较为成熟的理论路径分析的努力。第四,问题意识不够明确。对于"和谐世界"所承载的国际关系学术问题,其内在可能与必然机制等,现有研究较少涉及。

有鉴于此,我在上文简述和谐与冲突关系基础上,即认为冲突的规避是和谐秩序形成的一种可能(并非必然)途径,进而引入社会认同理论的路径,分析国家对社会认同的追求,会不会必然引发国际冲突;换言之,在认同冲突的逻辑中,如何避免冲突,或走向和谐的国际秩序。人类冲突的起源,或为物质利益的追求与竞争,或为符号认同的追求与竞争。我抛开物质主义的路径,转向认同路径,探究人类追求社会认同,是否必然会导致人际与群际冲突。由于我将国际社会类比为群体社会,由此群体对认同的追求,与国家对认同的追求,其内在逻辑相同。① 所以借助于群体心理学的分析,我们可以对国际关系是否必然走向冲突得出新的结论,从而论证和谐世界的可能与条件。

第二节　社会心理与群际冲突

群体冲突及国际冲突起源分析存在诸多流派。早期理论立足个体心理属性,解释由个人集合而成的群体行为。挫折—攻击论认为,攻击行为的发生往往以挫折存在为前提,任何妨碍基本需求满足的挫折都可以唤起攻击行为。通常攻击不是直接指向挫折的真正源

---

① 关于社会认同理论(社会心理学)在政治科学(国际关系学)领域应用的正当性与相关性问题讨论,请参阅:Leonie Huddy, "From Social to Political Identity: A Critical Examination of Social Identity Theory," *Political Psychology*, Vol. 22, No. 1, 2001, pp. 127-156; Herbert C. Kelman, "Social-Psychological Approaches to the Study of International Relations: The Question of Relevance," in Herbert C. Kelman, ed., *International Behavior*, New York: Holt, Rinehart and Winston, 1965, pp. 565-607。

泉,而是寻求某些"替罪羊"。① 挫折—攻击论曾被用来解释两次世界大战期间,欧洲反犹主义情绪的增长。但是,这一解释的问题在于,为何犹太人成了攻击的对象,即替罪羊,而不是其他种族? 后续的研究表明,或许挫折并不是攻击的充分和必要条件,况且,由个人的挫折状态上升为集体攻击行动面临诸多质疑;它也难以解释群体之间的合作与友善。紧接挫折—攻击论之后,关于群际冲突的另一解释是相对剥夺(relative deprivation)理论。"相对剥夺理论的核心命题是,当人们感知到他们当前享受的生活水准与他们认为他们应当享受的生活水准之间的不一致时,人们就开始变得不满和具有反抗精神。"②相对剥夺强调社会知觉因素,即具有冲突和攻击性的一方,他们知觉与感受到一种被剥夺的状态,无论是否真实被剥夺。譬如,20世纪60年代美国黑人运动中,种族暴动中的黑人权利支持者,并非是被"剥夺"最严重的黑人,而是中上等阶层的黑人。在殖民冲突中,被殖民地的觉醒往往是在知识启蒙之后,当地民族资产阶级、知识分子扮演着唤醒广大被压迫者的被剥夺感的作用。从第三世界的独立和崛起以及南北运动,到国际共产主义运动中,都可以发现知识启蒙与被剥夺知觉形成的相关性。这种被剥夺感是社会阶层、社会群体以及国际关系冲突的根源之一。

相对被剥夺感的重要来源之一,就是社会群体和阶层之间的比较。如果没有比较,就无法产生"相对的"感觉,社会比较是群体竞争与冲突的必要阶段。如果群体之间无法产生比较,是否就可以避免冲突呢? 答案显然是否定的。人类最基本的生活动机之一在于自尊

---

①　对暴力冲突的微观理论的详细总结,请参阅:〔美〕詹姆斯·多尔蒂、小罗伯特·普法尔茨格拉夫:《争论中的国际关系理论》(阎学通、陈寒溪等译),世界知识出版社2003年版,第246—282页。微观理论的解释力受到诸多限制,如今的运用范围不如原先广泛。

②　〔英〕鲁珀特·布朗:《群体过程》(胡鑫、庆小飞译),中国轻工业出版社2007年版,第152页。内群体(ingroup)与外群体(outgroup)的区分是群体分类的一种标准。内群体即"我群",与外群体或"他群"相对应,皆由美国社会人类学家萨姆纳(William Sumner)于1906年提出,他根据人们对群体的态度与立场,将群体划分为内群体与外群体。内群体身份的成员对自身所属群体有安全、认同、热爱以及忠诚等积极情绪。内群体身份下的群体成员情绪取决于内群体对成员利益的满足以及群体对成员的重视程度。

的追求,这是一个普遍接受的假定。① 对于人类、群体及个体的动机种类的争议不少,但自尊追求的重要地位,这已无太多争议。就此而论,个体的社会比较是人获得自尊的一种重要手段。早期群际冲突的解释路径,过多地从个体心理属性层次来解释群体之间冲突的起源,与此相对,二战后社会心理学关于群际冲突的理论更多是从群体成员资格层面分析对个体行为的影响。这是因为,个体往往是行动者,而不是群体。基于此,关于群体冲突的解释主要为两种,一种是理性主义解释,一种是符号互动解释。②

美国社会心理学家谢里夫(Muzafer Sherif)开创了现实利益冲突论(realistic conflict of interests),认为群体冲突反映了群体之间的利益冲突,群体成员的群际态度和行为反映了群体间的客观利益。③这在当今国际冲突热点个案中能找到现实的原型。比如,巴以冲突的重要来源为土地之争。不论历史与现实的缘故,双方对于土地的利益之争,很大程度上是一种零和博弈,这是一种客观利益冲突。在谢里夫著名的"夏令营"实验中,随机分配的两组队伍经历群体形成、群际冲突和冲突降低三阶段。当涉及一些"客观利益"竞赛时,两个群体间的敌意会增多,而内群偏好(ingroup favorites)也特别明显。尤其是,那些挫折较少的成员,事实上表现出更多的攻击性,即对外群成员的偏见。而这是挫折—攻击论所无法解释的。这种理性主义的群际冲突分析路径,客观上彰显了冲突的政治经济来源;但是,现实中有些冲突并不一定来源于真实的利益冲突,也可能是一种可知觉

① 〔美〕乔纳森·布朗:《自我》(陈浩莺等译),人民邮电出版社 2004 年版,第 167—201 页。

② John Duckitt, "Prejudice and Intergroup Hostility, " in David O. Sears, Leonie Huddy, Robert Jervis, eds. , *Oxford Handbook of Political Psychology*, New York: Oxford University Press, 2003, pp.559-600; Marilynn B. Brewer & Rupert J. Brown, "Intergroup Relations, " in Daniel T. Gilbert, Susan T. Fiske and Gardner Lindzey, eds. , *The Handbook of Social Psychology*, Fourth Edition, Vol. II, New York: McGraw-Hill, 1998, pp.554-594.

③ Michael A. Hogg and Dominic Abrams, *Social Identifications: A Social Psychology of Intergroup Relations and Group Process*, London and New York: Routledge, 1988, pp.42-48.

的利益冲突。这就是符号互动路径,即社会认同冲突论。①

社会认同冲突论的创立者为泰菲尔(Henri Tajfel)与特纳(John Turner)。根据他们的定义,社会认同是"个体自我概念的一部分,源自他的特定知识,这种知识涉及一个社会群体(或多个社会群体)的成员资格以及与之相连的价值和情感意义。"②如上所述,从人类追求积极的自尊的假定出发,我们可以推论出人必然会追求社会认同。换言之,如果人们更喜欢拥有积极而非消极的自我概念,社会认同过程就会发生。社会认同起源于群体成员的自尊追求,形成于社会比较的过程中,社会认同的过程包括社会归类、社会比较和积极区分(positive distinctiveness)。比如,在中国人心中,北京奥运成为中国与外部世界比较的一个维度。由此,北京奥运的"胜利召开",每个中国人都从中获得作为一个中国人(社会认同)的高度自尊与自豪。这就是为什么中国人如此高热情支持奥运的缘由。社会中的个人均归属一定的群体,从而必然会追求积极的社会认同,那么,社会认同的追求是否必然会形成不同群体之间的竞争,甚或是冲突?对此问题,早期的社会认同论倾向于一种冲突论。

泰菲尔的最简群体范式(Minimail-Group paradigm)论证了群体间偏见的最小条件。③ 在这个实验中,不同的个体以一种最为自然的条件组成群体,即群体成员没有利益冲突,群体成员间不曾有过社会互动,没有群体的内在结构,群体间没有任何过去和文化。这就类似于温特所说的,国家互动前的纯自然状态。然而,只要群体中的成员知觉到群体分类,他们就会产生群体取向的知觉和行为,给予自己群体更多正面评介及对外群成员分配较少资源及负面评价,亦即内群偏向和外群歧视。当这种歧视足够严重时,就容易走向竞争甚至冲突。而上述群体偏见的来源,主要来源于提高自尊,积极的自尊来

---

① 〔英〕鲁珀特·布朗:《群体过程》,第167—168页。

② 同上书,第202页。

③ Michael A. Hogg and Dominic Abrams, *Social Identifications*:*A Social Psychology of Intergroup Relations and Group Process*, pp.48-51.

源于内群体与外群体的有力比较。从这种意义上来说,我们是"好的"必然意味着他们是"差的"。① 这与温特的观点相异,因为温特认为自我和他者从自然状态中可以造就各种身份。

　　从个体属性到现实利益,再至符号认同的冲突解释路径,给我们展现了一幅比较悲观的冲突决定论或必然论图景。是否认同的追求不可避免地导致冲突? 从认同到冲突的机制中包括哪几个部分? 如何探寻避免冲突的条件? 这就是接下来我们所要讨论的内容。

第三节　社会认同与群际和谐

　　基于上述分析,我们可以得出,社会认同的追求容易导致群体关系走向紧张、敌意与对抗。这就是现实主义者的逻辑。然而,群际和谐是社会认同论的另一面,尽管较之于群际冲突它所受到的关注较少。探究群际和谐,即避免群际冲突的条件,是我们分析和谐世界的可能的理论基础。为了便于分析,我们将社会认同到冲突的逻辑过程分解为四个部分:内群认同、内群偏爱、群际竞争与群际冲突。② 群体关系和国际关系互动中,不同群体之间的互动和比较,很容易形成内群认同和内群偏爱。但是,群体社会认同理论的最近研究表明,竞争与冲突两个阶段是非决定性的。易言之,我们对内群认同的追求,会导致我们更加喜欢自己(我们),但是,进一步是否会憎恨外群成员(他们),产生群体之间的竞争与冲突,这并不是必然的。③ 如此,问题的关键在于,在什么条件下,上述四个阶段才具有因果性,是一种线性关系;反之,我们可以通过什么条件与机制避免群际竞争与

---

① Miles Hewstone, Mark Rubin, Hazel Willis, "Intergroup Bias," *Annual Review of Psychology*, 2002, Vol. 53, pp. 575-604.

② Henri Tajfel, *Social Identity and Intergroup Relations*, Cambridge: Cambridge University Press, 1982.

③ Marilynn B. Brewer, "The Psychology of Prejudice: Ingroup Love or Outgroup Hate?" *Journal of Social Issues*, Vol. 5, No. 3, 1999, pp. 429-444.

冲突。

　　与积极追求社会认同相伴而生的是,群体成员的社会认同也会受到威胁。社会认同威胁是指,个体通过与外群体相比较,不能得到肯定、积极的评价,无法确定自己处于一定的社会群体、社会类别,对个体社会认同的威胁。① 近现代中国与西方(外部)世界打交道的过程,就是中国人的认同不断受到威胁和挫折的过程。从东亚病夫到体育强国的演进,以及 2008 年"神七"上天,都对提高中国人的社会认同起到了重要作用。如果个体的社会认同受到威胁,而且群体间的边界不可渗透时,这时弱势群体成员就倾向于通过集体行动,来推翻他们认为不合理的政治经济制度。这就是社会认同理论的社会竞争(social competition)策略。② 社会认同威胁下竞争策略的政治后果,即为在国内政治中,可能形成各种弱势群体的游行示威、政治暴动与战争,在国际政治中可能引发国际冲突与战争。如此而言,无论优势群体还是劣势群体,对于社会认同的追求,都有可能导致群际竞争与敌意增加,甚至是冲突与战争。所以,从群体社会学的角度,如何减少群际竞争、避免冲突呢?

　　我们可以从两个层次来分析避免冲突的条件。首先从社会认同宏观层次,亦即从整个群际互动的层面来看,通过接触减少冲突;其次从社会比较层面,改变比较的相关维度,从而不同群体的竞争和冲突得以避免。

　　美国著名心理学家奥尔波特(Gordon W. Allport)在《偏见的本质》一书中提出了消除偏见的接触假设(contact hypothesis)。③ 接触假设认为,不同群体成员通过不同方式的接触,是减少他们之间可能存在的紧张或敌意的最好方法。他的接触假设建立于系列的前提条

---

　　① 王沛、刘峰:《社会认同理论视野下的社会认同威胁》,《心理科学进展》2007 年第 5 期,第 822 页。

　　② 同上,第 824 页。

　　③ Gordon W. Allport, *The Nature of Prejudice*, New York:Doubleday Anchor Books Doubleday & Company, Inc., 1958, pp. 250-268.

件之上,他认为这样才能达到通过接触消除偏见的作用。① 首先,接触不应是偶然的,而是长期性的,并涉及合作性活动。其次,应有正式的制度框架支持融合新政策。第三,应是同等社会地位的人的接触,这样效果最为理想。接触假设为美国种族隔离制度的废除,提供了很好的理论基础。因为越是将相关群体隔离开来,越是不利于不同社会群体偏见的消除。改革开放后,中国与国际社会互动增多,为中国与外部世界改善关系、消除偏见提供了机会;同理,北京奥运会后西方对中国正面评价增多,这也得益于体育外交的接触功能。当然,不同群体间或许具有根本不同、难以消弭的价值和态度。由此,接触假设的效力可能具有限度。

　　与接触假设紧密相关,我们可以得出几个推论,即推论1:接触同样可以增加群体间的个体流动性,从而社会冲突的可能性降低。如移民流动导致认同变化。推论2:接触假设所导致的交流,会产生交叉群体资格,而这有助于群际冲突的减少。② 例如,在前殖民时代,宗主国与被殖民国是一种金字塔权力结构,而这更容易引起内在的冲突。推论3:与群体层次接触相比,群体如果坚持去范畴化(decate-gorization)的策略,即个体化的接触方式,能降低群际竞争与冲突。③当然,这点在国际政治舞台上不容易做到。譬如,中日关系一直受民族主义认同与情绪的干扰;但是,中日民间交流在规避敏感的政治与认同问题后,进行得较为顺利,也比民族国家间的交流与对话见效。推论4:认同同化或多元化有助于降低冲突。④ 认同同化即社会认同论的社会流动(social mobility)策略,指不同的社会认同由于流动性缘由,相互之间的封闭性程度较低,由此可能转化为同一种认同。在较长时段的中国历史中,各少数民族被汉化,民族认同界限模糊,由此种族冲突走向终结。认同多元化看到了文化的多样性以及不同价

①　〔英〕鲁珀特·布朗:《群体过程》,第221页。
②　同上书,第222—224页。
③　同上书,第224—228页。
④　同上书,第228—230页。

值体系的包容性,这也正是中国所提倡和谐世界的内涵之一。

在社会比较层面,通过改变比较的相关要素,从而群际竞争得以避免。根据泰菲尔和特纳的论述,主要有两种方式:其一为社会流动,其二是社会创造(social creativity)。就社会流动而言,它的基本假定为:"个体所生活的社会是有弹性的和可渗透的,因此无论出于什么原因,只要他们对其所属的社会群体和社会范畴的成员身份所带给他们的生活状况不满意,他们就可能个体性地转移到更合适他们的群体中,无论通过天赋、努力、运气或其他方式。"①社会创造指通过重新界定或改变比较情境的因素,群体成员可以为内群体寻求积极的特异性,包括多种形式:第一,改变比较的维度。② 比如,北京奥运会中我们着重比较金牌总数,而不是奖牌总数,以此突出中国的成就,增强民族自尊心。第二,改变群体品质所附有的价值,变消极比较为积极比较。典型的例子,就是美国"黑色是美丽"的变化,黑人的认同和自尊得到增强。③ 第三,改变比较的目标,特别是避免把高地位的外群作为比较框架。④ 这有点类似 AQ 式的自我满足。必须注意的是,群体的社会创造并不意味着它与外群相比,实际的社会位置及对客观资源的接近发生了变化。

综观群体社会认同理论的发展,一条基本的线索是,由先前着重强调群际冲突走向强调群际和谐的研究,由一种冲突决定论走向冲突非决定论,由非理性走向理性分析。⑤ 在这种转变当中,对内群的偏爱与外群的歧视、敌意之间关系的认识已发生变化,即早期社会认

---

① 〔英〕亨利·泰菲尔、约翰·特纳:《群际行为的社会认同论》(方文、李康乐译),载周晓虹主编:《现代社会心理学名著菁华》,社会科学文献出版社 2007 年版,第 430 页。

② 同上书,第 443 页。

③ 同上。

④ 同上书,第 443—444 页。

⑤ Michael A. Hogg and Dominic Abrams, *Social Identifications*：*A Social Psychology of Intergroup Relations and Group Process*；Rupert Brown, "Social Identity Theory：Past Achievements, Current Problems and Future Challenges," *European Journal of Social Psychology*, Vol. 30, No.6, 2000, pp.745-778；张莹瑞、佐斌:《社会认同理论及其发展》,《心理科学进展》2006 年第 3 期,第 475—480 页。

同论认为,内群偏爱必然导致外群歧视,进一步产生群际冲突;但是新近理论与经验证明,二者并没有直接和必然的因果关系。只有在特定条件下,内群的偏爱才会进一步产生群际仇恨和敌意。这些条件包括:道德优越性;对于资源或权力的知觉威胁;不同群体追求的目标及价值一致;以及社会比较条件等。① 此外,在一种二元对立的价值观和意识形态下,群际社会认同更有可能走向竞争与冲突。因为在二元对立价值下,缺乏接触与认同转化的渠道,而不同认同的排斥性也强。② 这从另一个侧面说明,与西方文化传统中强调二元区分不同,东方文化中的中庸和融合特色,可以成为和谐世界的一种哲学渊源。

在论述由群际冲突到群际和谐的理论变迁之后,接下来的问题是,在国际政治世界,社会认同的追求是否会导致一个霍布斯的冲突世界,还是可以建设一个和平共处的和谐世界?

第四节　社会认同与和谐世界的可能

社会认同论对于冲突的观点,更倾向于是一种情境论。这种逻辑与建构主义对理性主义的挑战一致,亦即建构主义强调作为国家的能动性,国家可以建构一种冲突的政治文化,也可以建构一种和谐的政治文化。但是,对于何时社会认同的追求,会导致国家间的冲突,温特并没有深入研究,而且他尚未从经验层次提供有力的证据。③ 基于群体认同的视角,我们可以从国家的能动性、和谐与情绪及其国际关系理论意义两个层次,论述社会认同视角下如何避免冲

---

① Marilynn B. Brewer, "The Psychology of Prejudice: Ingroup Love or Outgroup Hate?" pp. 435-438.

② 这一点,在当今美国身上体现无疑。由于美国天生的道德优越感、全球利益网以及反恐战争中严重的二元对立区分等因素,美国的反恐战争事实上加重了美国与外部世界的竞争与对立,甚至是冲突。

③ 〔美〕亚历山大·温特:《国际政治的社会理论》。

突与建构和谐世界。

（一）国家的能动性

如上所述,在社会认同与冲突之间,必须历经社会比较和竞争两个阶段。根据美国学者格里斯(Peter Gries)的研究,内群的认同不可避免会导致对自身群体的正性评价,但并不总是会产生群际的竞争。进而,社会认同产生群际竞争的条件包括三个层次:显著性(salient)、因果性(consequential)以及零和博弈。① 就显著性而言,它表明了我们积极向上比较的愿望。比如,在中国与外部世界的关系中,西方主要大国成为中国人的社会认同比较对象;就如20世纪90年代中期被西方视为中国民族主义情绪高潮的《中国可以说不》②,其说"不"的对象即为美欧西方世界。特别是同为东亚文化的日本,最容易成为中国人进行社会比较的显著因素,而诸如太平洋岛国则无足轻重。因果性与零和博弈事实上涉及的是一种认同的"利益"之争,即在一种物质主义的社会认同比较视角下,社会认同更容易产生紧张的关系。我们所在意的,决定着我们进行比较的对象;我们不会去比较我们不在乎的东西。③ 对于中国人而言,我们经常强调中华民族文化传统受到诸如英语语言文化的侵蚀,这就是一种社会认同威胁的表现。零和博弈是指这种社会比较是如何框定(frame)的。根据社会心理学家的研究,问题框架决定着人的态度和行为。如果我们将问题框架为一种损失,则容易产生较为激进和冒险的心理;如果

---

① Peter Hays Gries, "Social Psychology and the Identity-Conflict Debate: Is a 'China Threat' Inevitable?" *European Journal of International Relations*, Vol. 11, No. 2, 2005, p. 240.

② 宋强等:《中国可以说不:冷战后时代的政治与情感抉择》,中华工商联合出版社1996年版。

③ Leon Festinger, "A Theory of Social Comparison," *Human Relations*, Vol. 7, No. 2, 1954, pp. 117-140.

框架为一种收益,则容易产生规避损失的心理。① 比如损失五百块钱的感觉远远大于挣了五百块钱的感觉,所以人有一种厌恶损失的偏好。无疑,零和博弈的问题框架,是群际竞争与冲突的一副催化剂。

在国际政治领域,社会流动策略的适用受到一定限制,需要视外群的认同边界严密程度以及自身的主观愿望而定。日本自明治维新后,实行"脱亚入欧"的国家发展战略,力图使自己成为西方国家的一员。这种"全盘西化"的策略事实上就是一种社会流动的认同策略,至今仍有深厚的社会土壤。② 二战后,美英法等西方国家确立将德国融入西方世界的政策,由此接受德国作为西方世界的一员,这就消弭了二者符号身份上的竞争与冲突,为战后西欧和平稳定的局势奠定了基础。德国实行的也是融入欧洲的政策,而不是一种改变现状与否认自身作为西方国家一员的社会竞争策略。③ 就社会创造而言,国家改变与外群比较的相关维度,则可以避免进一步的竞争与冲突。改变比较维度,通俗来说,就是"虽然你们在这方面比我们好,但我们在那方面比你们优秀"。针对西方对中国的人权批评,中国政府历次抨击美国人权的虚伪、双重标准及问题,都强调在基本生存权上中国的努力和成就,比如中国"人民生活从温饱不足发展到总体小

① Daniel Kahneman and Amos Tversky, "Prospect Theory: An Analysis of Decision under Risk," *Econometrica*, Vol. 47, No. 2, 1979, pp. 263-291. 前景理论在政治科学研究中的应用,基本的研究综述参阅:Jonathan Mercer, "Prospect Theory and Political Science," *Annual Review of Political Science*, Vol. 8, 2005, pp. 1-21; Rose Mcdermott, "Prospect Theory in Political Science: Gains and Losses From the First Decade," *Political Psychology*, Vol. 25, No. 2, 2004, pp. 289-312;林民旺:《国际关系的前景理论》,《国际政治科学》2007 年第 4 期,第 104—126 页。

② 《"脱亚入欧"有市场,七成日本人不认为自己属于亚洲》,《环球时报》2005 年 8 月 26 日。

③ 尹继武:《社会认知与联盟信任形成》,中国人民大学 2007 年博士学位论文,第 148—149 页;辛薷:《融入欧洲——二战后德国社会的转向》,上海社会科学院出版社 2005 年版。

康,农村贫困人口从两亿五千多万减少到两千多万"①。赋予消极比较维度以积极的价值,这在近年中国重新评估儒家文化中得到体现。与建国后全面否定与批判儒家文化不同,近年中国社会的儒家文化热以及海外孔子学院的兴办,都是重新赋予中国传统文化以积极的评价与价值,从而达到增强中国人的社会认同的作用。近期甚至有学者提出,当今中国有三种传统,亦即改革开放形成的"市场"传统、毛泽东时代的"平等"传统以及几千年来的传统文化或儒家文化。②至于改变比较的对象,向"弱势"群体进行比较,这从我们经常与印度和俄罗斯的比较中略见一斑。与美欧西方发达国家相比,中国的政治经济实力差距尚大;但是,与起点相似、社会层级相似的印度和俄罗斯等国相比,我们可以发现自己的优越之处,中国人也能给自身更多的积极评价,从而增强自身的社会认同。

　　上述诸种社会流动和社会创造策略表明,社会认同的追求未必会导致社会竞争,遑论冲突发生(图3.2)。在这一机制当中,起决定作用的是作为群体成员之国家的能动性。正如格里斯对中美关系具体案例所比较的,1999年炸馆事件和2001年EP-3事件,就显著性、因果性和零和性来说差别不大,但中美关系的走向却大相径庭。两次危机中,对于中国来说,美国都成为中国的显著因素,而且中美竞争程度相当激烈,接近零和博弈性,就是一方所得都被对方看成是另一方所失,这就是因果性和零和性。但是相较于炸馆事件后走向对抗和冲突的情形,2001年撞机事件却得到较为平稳的解决,重要的原因在于社会创造策略不同,这就是格里斯所提出的自我胜利法,亦即双方在道歉外交中,基于不同的文化都宣称获得了胜利,从而将危

---

①　胡锦涛:《高举中国特色社会主义伟大旗帜、为夺取全面建设小康社会新胜利而奋斗——在中国共产党第十七次全国代表大会上的报告》(2007年10月15日),人民出版社2007年版,第9页。针对美国每年的无理指责,中国政府在强调中国人权的处于历史上最好时期之时,也对美国进行了回击,从美国官方、媒体公布的数据,指出美国的种种人权问题。国务院新闻办公室:《2007年美国的人权记录》,北京,2008年3月13日。

②　甘阳:《通三统》,生活·读书·新知三联书店2007年版。

机转化为社会认同增强,避免了对抗与冲突。① 不仅在社会认同比较层面上,中美危机与冲突可以避免,有学者认为领导人的错误知觉因素也是影响 20 世纪 90 年代的中美关系走向的重要因素。国家利益博弈不一定会直接导致中美冲突,而特定时期领导人如何解读对方意图和行为可能更关键。②

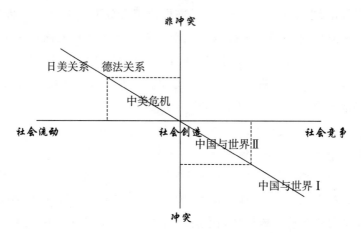

注:图中的经验实例均指二战后时段;中国与世界Ⅰ、Ⅱ两个时期以改革开放前后为分界;中美危机是指本章所分析的冷战后的两次危机。

图 3.2　社会认同与国际冲突图谱

(二) 情绪表达与情感政治

情绪在国际政治研究中一直受到忽视,但近年来有复苏之势。③建设和谐世界、避免国际冲突的过程当中,情绪的作用不能忽视。无论是体系和谐、权力和谐还是利益和谐和观念和谐,均离不开对国际

---

① Peter Hays Gries, "Social Psychology and the Identity-Conflict Debate: Is a 'China Threat' Inevitable?" pp. 253-256.

② 王栋:《超越国家利益——探寻对 20 世纪 90 年代中美关系的知觉性解释》,《美国研究》2001 年第 3 期,第 27—46 页。

③ Neta C. Crawford, "The Passion of World Politics: Propositions on Emotion and Emotional Relationships," *International Security*, Vol. 24, No. 4, Spring 2000, pp. 116-156; Jonathan Mercer, "Rationality and Psychology in International Politics," *International Organization*, Vol. 59, No. 1, winter 2005, pp. 77-106.

社会负面心理的理性疏导与化解,仇恨心理与不信任是阻碍和谐世界建设的微观心理根源。① 格里斯认为,在竞争走向冲突的阶段,即第三阶段到第四阶段之间,情绪起着重要的作用。② 相对于国际关系学界的鲜有探究,情绪的丰富社会学研究可以给我们带来诸多启示。

社会群体在比较中,为了获得合意的比较结果,会采取各种比较与竞争策略,达到增强社会认同的效果。比如自豪起源于常常追溯过去,是克服未来不确定性,并获得积极的自我评介与信心的一种方式。这表明,正性认同能产生积极的情绪体验。与此相反,在社会比较与竞争中,社会认同受到威胁的群体,亦即弱势群体会感受到一种情感上的伤害,由此产生较为激烈的负面情绪与行为。在冷战后多次中美危机中,中国人的情绪表达在系列口号上得以充分展现,如"打倒美帝国主义""中国人民不可辱""血债血还",等等。由此,格里斯提出应特别注意,除了关注情绪所表达的自尊受到伤害之外,情绪还具有工具性的一面,亦即情绪可能是一种权力关系的体现与表达。③ 诸如愤怒的情绪表达,是对不平等的权力关系的一种心理反抗。伊斯兰世界在社会认同受到美国霸权主义的威胁时,就会表现出一种仇恨与愤怒的情绪,这从另一个侧面反映了西方世界与伊斯兰世界冲突的来源,即根源于全球层面二者极为不平等的权力结构与关系。从这个意义上说,情绪具有理性的战略功能,它可以向战略对手传递自己的战略意图;而这一点,在理性选择框架中是受到忽视的,因为理性主义者的理性人排除了"非理性"心理因素。这也是情绪心理研究者所认为的情绪战略功能,即积极情绪,如爱、忠诚等起着确保合作可信的功能,而消极情绪,如愤怒、仇恨等起着确保威胁

---

① 李旭东:《论国际社会的怨恨心理与和谐世界的构建》,《国际论坛》2008 年第 1 期,第 34—39 页。

② Peter Hays Gries, "Social Psychology and the Identity-Conflict Debate: Is a 'China Threat' Inevitable?" pp. 256-257.

③ Ibid., p.257.

可信的功能。① 所以,我们不能简单把国家行为体看成是理性博弈者,应注意它们的情绪表达及其含义,而情绪表达也往往具有理性作用。

在化竞争与冲突为和谐的过程中,情绪的作用不可忽视。如上所述,情绪既起着战略信息传递的作用,也向外群表露了自身的敏感点和脆弱点。比如,李登辉访美引发大陆强烈的抗议和愤慨,这向美国决策者表明台湾问题在中国对外战略中的至关重要地位。这也提醒我们,在防止冲突阶段,要注意情绪表达所寓含的意义,消极情绪可能传递了对方的权力与心理感受。其次,如何化解国际社会的负面情绪,比如不信任、仇恨和怨恨等,这是在国际体系与国际社会层面建设和谐世界的重要一环。无论是亨廷顿所鼓吹的"文明冲突论",还是现实中美国"9·11"恐怖袭击事件的发生,都表明不同文明社会之间情绪对立的巨大消极效应。改变比较维度只是策略权宜,建设和谐的群际情绪的根本路径,在于增强不同群体之间的认同融合与包容,而这需要增强交往、接触与理解。在国家互动过程中,一种可能的集体情感建设也很重要,这一点,中国传统文化中的儒家关系主义可以提供很好的启示。因为西方文化基于理性传统,通过契约确立秩序和规则,而中国文化强调关系,以关系建立身份和和谐。② 这表明情感政治在中国国际关系理论建构过程中具有很大的应用空间。

默瑟(Jonathan Mercer)运用社会认同理论,为沃尔兹的新现实主义理论提供了微观基础,他试图论证国家对社会认同的追求,很可能

---

① Robert Frank, *Passions within Reason: the Strategic Role of the Emotions*, New York: Norton, 1988;〔美〕乔纳森·默瑟:《人性与第一意象:国际政治中的情绪》(尹继武、陈高华译),《世界经济与政治》2006 年第 12 期,第 49—51 页;Todd Hall, *Emotional States? Emotional Idioms and International Relations*, dissertation manuscript, Chicago University, 2008;尹继武:《社会认知与联盟信任形成》。

② 黄光国:《儒家关系主义——文化反思与典范重建》,北京大学出版社 2006 年版;杨国枢、黄光国、杨中芳主编:《华人本土心理学》,重庆大学出版社 2008 年版;黄光国、胡先缙等:《面子:中国人的权力游戏》,中国人民大学出版社 2004 年版。

导致竞争与冲突。这为理性主义者的国家自私动机提供了证明。[1]
但是,格里斯却从冲突非决定论出发,分析国家竞争与冲突避免的各
种社会认同机制,如社会流动和创造策略。借助于社会心理学的理
论发展,我们也参与了国际关系理论中关于能动性与冲突关系的讨
论。总而言之,"群际关系的社会心理学有助于解释在特定情境中,
它们是否将选择合作还是冲突"[2],这种冲突非决定论,为我们探讨
和谐世界的机制提供了理论参照,也使得和谐世界成为可能。

第五节　小　结

不同的人可以对中国提出的和谐世界理念进行多不同的解读。
我认为和谐世界研究的关键,在于探究和谐的条件是什么,因为和谐
只是一种愿景目标,而不是客观实在。基于此,我引入社会心理学的
路径,在国际关系理论中关于认同与冲突关系讨论的背景下,探究和
谐世界的国际关系"问题意识"与机制条件。其实,社会心理学中关
于群际关系(冲突)的讨论,与国际关系理论中关于国际关系(冲突)
讨论的理论逻辑如出一辙。基于这种类比,我们的分析与结论都建
立在群体心理学的理论之上。

这里需要特别指出的是,我仅将冲突避免的机制作为和谐世界
秩序的一种可能。这一方面说明,即使国家间冲突消失,并不意味着
和谐世界的形成。更进一步的问题是,如何确立和谐形成的充分条
件与机制,这才是和谐世界研究的重点所在。基于中国政府对于和

---

[1]　Jonathan Mercer,"Anarchy and Identity," *International Organization*, Vol. 49, No. 2,
Spring 1995, pp. 229-352. 沃尔兹认为结构导致竞争,温特认为竞争起源于进程,而默认的
结论是国家追求积极认同的认知和愿望产生竞争。默瑟在与笔者的通信中指出(2007 年 6
月 5 日),与格里斯的批评不同,他事实上认为群体间的竞争是不可避免的,而不是冲突;
竞争可以是合作型的,也可以是威逼型的。

[2]　Peter Hays Gries,"Social Psychology and the Identity-Conflict Debate: Is a 'China
Threat' Inevitable?" p. 257.

谐世界的操作性内涵与政策落实表达存在模糊之处,我们难以从政策文本中获得直接的指标与变量。所以,我从国际关系问题出发,仅探寻和谐的可能机制,以冲突的角度分析建构和谐秩序的一种可能途径。但这远不是一种和谐必然形成的机制与路径。①

当然,作为中国所提出的一种国际关系话语与概念,和谐世界在西方主流国际关系理论框架中尚未有合适的概念相对应。因此,或许有人批评我的分析,是借用西方理论来分析中国的概念,陷入一种"理不屈而词穷"的尴尬境地。② 其实这是当代中国社会科学发展的一个宽泛问题,也是国际关系理论本土化的问题之一。我的基本假定在于,和谐世界所具有的"问题意识"可以从现有的国际关系理论中找到"原型",诸如冲突的缘由与合作的机制等。本章的问题转换,也是建立在这一认识之上,而不是简单陈述和谐世界理念的内涵、意义与缘由。如果将和谐世界的道义优势转化为细致的学术研究,则可以从学理层面进一步为中国的外交与国际关系话语增添更多的力量。正因为此,赵汀阳先生认为,和谐世界研究的重点在于在什么条件下促成和谐③;而格里斯的论断无疑为我们提供了另一面观照,即"通过探究什么条件促进群际冲突,什么条件消弭冲突,社会认同论有助于我们学会和平相处"④。

---

①　和谐世界秩序形成与国际冲突避免二者不是必然的线性关系,这更接近于一种或然或非决定性关系。正是基于这种考虑,我以冲突为切入点,分析和谐的可能,而非必然。这里存在一种逻辑上的"裂痕",其根本原因在于和谐概念的不确定性以及和谐的充分条件难以揭示。

②　相蓝欣:《传统与对外关系——兼评中美关系中的意识形态背景》,生活·读书·新知三联书店 2006 年版;相蓝欣:《理不屈而词穷》,《读书》2007 年第 12 期,第 32—38 页。肖佳灵在评述国内中国外交研究时,也指出要恰当处理中国问题与国外理论之间的关系。肖佳灵:《当代中国外交研究"中国化":问题与思考》,《国际观察》2008 年第 2 期,第 1—15 页。

③　赵汀阳:《关于和谐世界的思考》,《世界经济与政治》2006 年第 9 期,卷首语。

④　Peter Hays Gries, "Social Psychology and the Identity-Conflict Debate: Is a 'China Threat' Inevitable?" p. 257.

第四章　关系信任[*]

自从冷战结束以来,国际关系的信任研究日益增多,然而总体上我们仍缺少一个成熟的国际信任理论;就理论分析路径而言,理性选择理论、博弈论成为主导的分析范式,而社会学和心理学路径虽有研究,但并未形成统一的主导理论;就经验分析来说,欧美的国际关系信任事实成为主要分析对象,而鲜有比较分析中国及东亚信任实践的著述。① 然而在人际信任研究层面,中国社会心理学者已经开展了大量本土社会信任的理论和经验分析,从而为我们探讨国际信任提供了一种文化视角借鉴。② 有鉴于此,本章将引入一种文化视角的国际信任研究,探讨国际信任生成的社会逻辑,其一分析文化变量对于国际信任形成的影响,其二讨论作为一种文化因素和理论的国

＊ 本章曾以《文化与国际信任——基于东亚信任形成的比较分析》为题发表于《外交评论》2011 年第 4 期。

① 国家间信任研究综述,参见尹继武:《社会认知与联盟信任形成》,上海人民出版社 2009 年版,第 101—116 页。

② 这方面的著作,可参阅郑也夫等:《中国社会中的信任》,中国城市出版社 2004 年版;杨中芳等:《中国人的人际关系、情感与信任》,远流出版事业股份有限公司 2001 年版。首先简要说明本章所使用的"文化"的层次和含义。总体来说,"文化"概念过于宏大和宽泛,因此使用较为随意。本章倾向于文化心理学和文化社会心理学意义上的"文化",指中观和微观层面,即个体和社会层面所表现出来的、反映某一社会成员或全体所具有的思维特性、行为规律和心理机制等。在理论建设意义上,本章所讨论的文化与国际信任命题,其实更多的是探讨国际信任的社会逻辑(暗含着与理性逻辑相对,但核心的概念及变量关系是结合了中国社会心理学的研究)。

际信任具有哪些特性,又是如何形成的? 随后将以中国在东亚地区的信任形成和发展为案例,探讨我们所提出的国际信任文化解释框架的经验适用性和理论意义。最后,基于不同的知识维度和谱系,总结国际信任的文化视角的理论价值和应用范围,同时揭示对中国对外关系的实践意义。

第一节　国际信任的关系模式

我们提出国际信任的文化视角研究,将探讨两个层面的问题。首先,就国际信任的形成和发展而言,文化因素是如何发挥作用的;换言之,如果将国际信任看做一种文化和社会变量,那么如何提出一种与经济理性路径相对的文化信任理论? 其次,在经验层面,我们试图回答,为何冷战后中国—东南亚与中日国家间信任的发展呈现截然相反的结果? 而这两组信任关系中,经济利益和理性交换的情况却是类似的? 对此,如何进行国际信任形成和发展的理论解释?

国际关系信任研究的主流路径为理性选择理论。概言之,信任产生于理性人之间的利益博弈,这缘于欧美文化的理性传统——信任是委托人对于未来利益不受损害的一种认知信念。[1] 这种路径的信任形成解释,具有几个特性,比如在博弈论视角下,信任更多的是一种策略或工具性信任,而忽视了信任的情感性以及道德性特征;主要强调信任委托关系中利益的归因倾向,而不是人格特质的归因,后

---

① 理性主义典型的信任定义为:"对方倾向于相互合作而不是从利益的角度利用自己的合作信念。"参见 Andrew Kydd, *Trust and Mistrust in International Relations*, Princeton, N. J.: Princeton University Press, 2005, p. 6. 对信任的理性主义解释路径,还可参见〔美〕肯尼思·阿罗:《组织的极限》(万谦译),华夏出版社 2006 年版;〔美〕詹姆斯·S. 科尔曼:《社会理论的基础》(邓方译),社会科学文献出版社 2008 年版;James D. Fearon, "Rationalist Explanations for War," *International Organization*, Vol. 49, No. 3, Summer 1995, pp. 379-414; Andrew Kydd, "Trust, Reassurance, and Cooperation," *International Organization*, Vol. 54, No. 2, Spring 2000, pp. 325-357。

者是社会和文化信任理论着重强调的信任归因特性。如此而言,理性选择论的逻辑,忽视信任形成和发展过程中文化和社会因素的作用,也不认为信任关系是一种社会关系,而更多地强调是一种经济关系。国际信任的理性选择模式,比如交易成本学说认为信任是克服交易成本,形成合作的一种工具,这是一种"契约信任"模式,其实践表现之一即为追求制度的约束,信任是社会交换的结果。现实中,欧安会机制成为信任建设的楷模,即通过制度建设的力量,达到信任的结果。①

相对来说,国际信任的社会心理学路径较为分散,尚未产生占主导地位的理论。社会心理学路径更多地将信任形成的社会认知过程纳入进来,分析信任主体之间的社会认知因素和过程,强调意图、可预测性以及认知偏差等心理过程的影响。这种路径认为,国家间信任难以产生的原因,在于双方决策者的错误知觉、历史学习和认同因素。比如,受一些认知机制的影响,行为体会错误认知对方的动机和意图,从而错失本来存在合作的机会。这些认知机制包括归因偏差、知觉时滞等。由此,信任的形成关键在于如何减少行为主体之间的错误认知因素,比如通过由点及面的逐步回报战略,可以促进信任的形成。但学者们并没有讨论信任因素的社会文化本体属性以及文化如何影响社会认知等议题。②

在东亚信任的实践分析方面,现有研究主要探讨西方信任理论对于东亚/中国区域安全建设的借鉴意义,或分析欧洲信任安全模式

---

① 朱立群、林民旺:《赫尔辛基进程 50 年:塑造共同安全》,《世界经济与政治》2005 年第 12 期,第 16—20 页;英·基佐:《建立信任措施:欧洲经验及其对亚洲的启示》(张志新译),《现代国际关系》2005 年第 12 期,第 45—48 页。

② Deborah Welch Larson, *Anatomy of Mistrust*: *U. S. -Soviet Relations During the Cold War*, Ithaca and London: Cornell University Press, 1997;Aaron M. Hoffman, *Building Trust*: *O-vercoming Suspicion in International Conflict*, New York: State University of New York Press, 2006;Shiping Tang, "The Social Evolutionary Psychology of Fear (and Trust): Or Why is International Cooperation Difficult?" manuscript;尹继武:《社会认知与联盟信任形成》。

对于东亚的启示,以及提供一些简要的政策建议等。① 这些著述大多倾向于经验研究,将信任问题作为一种解决现实问题的药方,一方面缺乏理论建构的意识,并没有讨论信任形成的过程和机制,另一方面,受西方主流信任理论的影响,并没有深入探究信任的文化维度。同时,现有关于中日和中国—东盟关系的经验研究,大都忽视国际信任以及比较研究的视角。基于此,我们只能探究理性选择、社会心理和文化信任的逻辑对于东亚信任问题的理论预期和解释力。

比如,运用理性主义信任理论分析东亚的安全困境和中国对外政治信任经验,即营造良好的周边安全环境,建立与周边国家的战略、政治信任,具有一定的合理性,比如制度建设确保信任。但理性主义路径难以解释中日经贸发展、援助的数量与政治信任不成正比的问题,这是不符合理性社会交换逻辑的。东北亚政治信任难以形成,中国与东南亚的政治信任却取得长足进展,安全困境相对得到缓解;中国与东南亚国家经济交易频率的增大,伴随的是政治信任的增长——相对于 20 世纪 90 年代"中国威胁论"的盛行,中国在东南亚树立了负责任大国的身份。这就是本文的经验问题:中日政治信任与中国—东南亚政治信任结果为何不同。有鉴于此,接下来,我们综合中国本土社会心理学中关于信任形成的分析,探索一种国际信任形成和发展的社会逻辑框架。

第二节　文化与国际信任的分析框架

理论和经验上的困惑,需要我们去探寻一种新的信任生成解释

---

① 曹云霞、沈丁立:《试析欧洲的信任建立措施及其对亚太地区的启示》,《世界经济与政治》2001 年第 11 期,第 28—33 页;石家铸:《南海建立信任措施与区域安全》,《国际观察》2004 年第 1 期,第 42—47 页;江旋:《建立信任措施,构建东北亚区域安全机制》,《东南亚纵横》2005 年第 8 期,第 16—19 页;李淑云、刘振江:《信任:东北亚区域安全合作的关键因素》,《外交评论》2007 年第 2 期,第 80—85 页。

模式。这也反映了西方国际关系学界的信任理论在与东亚国际关系相结合时存在契合度问题。基于此,我们将理论源泉转向本土的社会心理学研究。具体来说,中国(儒家)关系主义思想为解释东亚政治信任生成提供了一种文化基础。① 在此,我们借鉴中国社会心理学中关于信任建构的研究,提出不同于西方"契约信任"理论的"关系信任"理论。② "关系信任"是一种动态模式,亦即信任不是常量,而是变量。信任连续谱的两端为特殊信任和普遍信任,中间包括混合性信任。信任具有时间性、非对称性和情境性特性。关系基础、同质性和关系交往是"关系信任"生成的影响变量。③ 具体到国际关系层面,我们提出信任形成和建设的三个命题:

命题1:假定其他因素不变,当国家间关系基础增强时,国家间的信任就更容易形成。

与人际关系一样,国家间关系可以依据多种标准划分,有历史上的关系基础,比如中国和日本是侵略国和被侵略国的关系,中国和东南亚一些国家是宗主国和朝贡国的关系。从意识形态的角度来看,国家之间存在同质性差异的"先验"关系基础,一般来说,不同政治制度和意识形态国家之间,由于关系基础差异太大,从而信任较难形成。基于各种关系之间的情感性基础不同,关系可以具体细化为情感性关系、混合性关系和工具性关系。④ 人际关系中的关系基本种类有亲属、同乡、同学、同事、同道、世交、老上司、老部下、老师、学生、

---

① 黄光国:《儒家关系主义》,北京大学出版社2006年版;翟学伟:《中国人的关系原理——时空秩序、生活欲念及其流变》,北京大学出版社2011年版。

② 中国社会政治文化中,关系取向占据支配性的地位。这表明,信任的建立与维持与关系紧密相关。关系信任成为中国人的"人己"关系的基础。

③ 这几种变量的选择,亦即中国本土信任的建构机制分析,主要吸收了中国社会心理学学者的既有研究。可参见杨宜音:《"自己人":信任建构过程的个案研究》,《社会学研究》1999年第2期,第38—52页;杨宜音:《关系化还是类别化:中国人"我们"概念形成的社会心理机制探讨》,《中国社会科学》2008年第4期,第148—159页;彭泗清:《信任的建立机制:关系运作与法制手段》,《社会学研究》1999年第2期,第53—66页。

④ 黄光国、胡先缙等:《面子:中国人的权力游戏》,中国人民大学出版社2004年版,第6—11页。

同派、熟人、朋友和知己等。① 在国际关系层面,可依据多种标准划分关系,如可分为孤立、敌对、紧张、伙伴、盟友等关系状态。这里所讲的关系基础增强,包括两个层面。其一是阻碍信任形成的关系基础的改善,比如中日历史问题的解决,这是消极关系基础;其二是有助于信任形成的关系基础的加强,比如法德由于历史问题和意识形态问题的解决,在苏联外在威胁的压力下,进一步增强了彼此的政治认同和信任,这是积极关系基础。如此,衡量关系基础变化(增强)包括正反两个方面。所以,中日历史上侵犯者和受害者的关系基础不加以解决,两国是很难形成政治信任的。

命题2:假定其他因素不变,当国家间同质性增大时,国家间的信任就更容易形成。

在人际信任中,理性的信任者基于对被信任者人品和特质的观察,才能决定信任对方与否。在国际关系中,国家间的同质性成为影响信任形成的一个重要变量。② 国家同质性可以区分为作为理性变量的同质性和作为认知变量的同质性;我们还可以从政治意识形态、宗教、文化和价值观等多方面细化同质性指标,同质性还包括对国家意图和品质的考察。比如,政治体制(政治制度、价值观与意识形态)不同的国家间信任可能更难形成。

同质性更大的国家之间可能更容易形成一种集体身份,同时在国家间合作关系中,更有利于降低交易成本。同质性之所以有助于国家间信任的形成,还通过一些中介性的途径。同质性相似程度越大的国家,相互之间的不确定性就相对越小,彼此沟通和理解的潜在可能和基础就越大,而且它们之间的互动频率和往来就更多,如此就能增加国家间战略意图的透明度。比如,西方发达国家之间的透明度,明显要高于它们与社会主义国家之间的透明度,所以彼此的战略不确定性就小。基于上述逻辑,我们认为同质性的增大表明信任更

---

① 乔建:《关系刍议》,载杨国枢主编:《中国人的心理》,江苏教育出版社2006年版,第83—84页。

② 相关分析参见尹继武:《社会认知与联盟信任形成》,第119—121页。

容易形成。此外,在我们所设定的解释框架中,同质性的另外一个维度就是在信任主体归因时,往往会将正性结果归因为对方的人格特质。尤其重要的一点是,同质性存在差异的国家之间,信任仍然会形成,但是信任的情感程度是存在差异的。现实中,信任的前提就是对被信任者的人品的考察(同质性的核心部分)。在此,我们更倾向于以作为一种信念的同质性,而不是作为一种理性观察对象的同质性来分析与信任形成的关系。

命题3:假定其他因素不变,当国家间的关系交往增多时,国家间的信任就更容易形成。

如果相关国家的既有关系基础不存在积极情感,或者不多,甚至是消极情感,比如仇恨和不信任,那么相关国家可以通过关系交往的形式,增强双方的同质性信念程度、意图的透明度等。[①] 这当然是基于国家对同质性的信念而言,而不是上文所说的理性变量同质性,后者系作为观察者身份而言。一如人际关系,当国家间的关系交往增多时,国家间的信任就更容易形成,"外人"有可能变成"自己人"。国家间关系交往增多,有助于国家间信任的形成,具有一些理论上的理由。

依据社会交换理论对于信任产生的叙述,信任最初产生于作为一种回报的社会交换,这是一种互惠的视角,也是一种良性的互惠产生信任的过程。其次,正如合作理论的研究表明,最佳的合作模式就是"一报还一报",这是最为理性的合作模式,也是有助于信任的产生的。[②] 第三,信任产生的心理学机制之一,在于行为体之间对于相互行为的归因解读,尤其是在一些重要和关键性的事件上,比如国际危机时期。这也表明了信任的产生,是伴随着社会交往进程而逐渐由

---

① 其实,这里的关系交往,与西方社会科学中的社会交换理论具有一定的相似之处。社会交换亦是信任形成的一种因素,同时信任也是社会交换继续的促进因素,二者是相辅相成的关系。关于社会交换与信任的关系,参见〔美〕彼德·布劳:《社会生活中的交换与权力》(张非、张黎勤译),华夏出版社1987年版。

② 〔美〕罗伯特·阿克塞尔罗德:《合作的进化》(吴坚忠译),上海人民出版社2007年版。

点到面的一种社会交换的过程,类似于奥古斯德所提出的信任形成
"逐步回报战略"。[1] 运用"进程"或"实践"的观点来看,只有通过社
会交往这个过程,行为体之间的关系基础和同质性信念才会改变和
增强,由此信任才有产生的空间和可能。这也与信任问题产生的缘
由之一即时间因素紧密相关。衡量国家间关系交往这个要素,可以
从经贸往来、对外援助、社会互动和文化交流等指标考察。

上文确定信任形成的三个命题,亦即关系基础、同质性和关系交
往三种核心的影响变量之后,我们必须进一步确定三种变量的相互
作用及影响机制。换言之,能否进一步判定这三种因素是如何相互
作用的? 最重要的是哪种因素? 人际信任与社会信任的一个最为核
心的前提就是:我们对被信任者的品性的乐观态度。这里必须区分
信任的类型,根据信任主体对客体的信任动机的不同,可以区分出两
种不同程度的国际信任,即普遍信任和特殊信任。[2] 普遍信任就是
一种"自己人"感觉之内的信任,这种信任就是相信陌生人;而特殊信
任则建立在对信任客体的信息认知基础之上,这是一种社会学习理
论视角下的信任,即基于对行为体既往行为的判断,出于利益无害的
认知而产生的信任。[3] 所以,普遍信任和特殊信任的分野在于信任
的动机是利益还是世界观。这就是尤斯拉纳(Eric Uslaner)所称的道
德信任和工具信任的区分。理性主义视角的信任形成,更多的是基
于利益无害的工具性信任;而作为文化的信任,我们更多的是强调信
任的普遍和道德特性,这是一种情感性信任。所以,反映到国际关系
层面,普遍信任形成的最重要要素就是国家同质性的判定,亦即当且

---

[1]　Charles Osgood, "Suggestions for Winning the Real War with Communism," *Journal of Conflict Resolution*, Vol. 3, No. 4, 1959, pp. 295-325; Charles Osgood, *Alternative to War or Surrender*, Urbana, Ill: University of Illinois Press, 1962.

[2]　〔美〕埃里克·尤斯拉纳:《信任的道德基础》(张敦敏译),中国社会科学出版社2006年版;Brain C. Rathbun, "Before Hegemony: Generalized Trust and the Creation and Design of International Security Organizations," *International Organization*, Vol. 65, No. 1, 2011, pp. 243-273。

[3]　Julian B. Rotter, "Interpersonal Trust, Trustworthiness, and Gullibility," *American Psychologist*, Vol. 35, No. 1, 1980, p. 1.

仅当信任者认为被信任者是"自己人"时,作为一种情感的信任才会形成;反之,或者是不信任,或者是一种工具性信任。

总体上,关系基础与关系交往是同质性的基础(图4.1)。具体来说,我们可以大致判定,在关系基础较好的情况下,同质性较大的判定的可能性就较大;关系交往增多的情况下,同质性较大的判定的可能性就较大。但是关系基础和关系交往的增多,未必能增大行为体之间的同质性认知,而可能只是增强双方对于利益兼容或利益无害的认知。中国社会心理学所讨论的"关系信任"更偏向于一种普遍信任,因为关系信任的逻辑在于通过关系基础改善和交往,达到增强"我们的"认同感,这更多的是强调信任互动双方同质性的维度。①从这种意义来说,关系信任在国内社会层面是比较容易形成的,因为人们的各种身份和关系具有多重性和交叉性,容易找到共同之处;但在国际层面,由于国家间关系和同质性差异的相对恒常性,由此决定了国际"关系信任"或普遍信任比较难以形成。这里所潜藏的基本逻辑就是,要形成国际普遍信任,就得在同质性认知上减少差距。而这相对来说较为困难。相反,仅仅通过关系交往,形成利益兼容和互惠的结果,从而形成特殊信任,是更容易达到的目标。

图4.1 文化信任形成的变量关系

从上述分析可见,关系信任的形成,关系交往(社会实践和交换)

---

① 尤斯拉纳强调普遍信任是一种对陌生人的信任,是一种乐观主义的世界观。这似乎跟我们强调同质性信念增大而形成的"我们"之间的信任相矛盾。实际上,这并不矛盾,因为他强调的信任陌生人,其实就是你没有通常的"人己"区分,因为建立在乐观主义的世界观和道德观基础上,信任主体对于陌生人并非认为是"外人"。正因如此,在国际关系层面,普遍信任是更难形成的,因为国际关系领域的同质性差异更大,意识形态竞争更为激烈,现代民族国家也大都是"自私的"。

处于一种支配性的地位,而同质性或品性(个人和国家)是我们决定信任与否的基础。当然,在国际关系层面也有一些暂时性的、工具性的信任成分存在,这些信任只是作为一种战略工具或策略,而并非建立在情感和道德基础之上。① 事实上,关系基础和关系交往是先赋性关系和交往性关系的区别。先赋性关系是既定的,其对角色的要求是应有之情和身份责任,交往性关系是后天努力形成,其角色要求是真有之情和自愿互助。依据这两种关系维度,我们可以将国际关系信任的生成进一步细化,而同质性是作为中介变量(影响变量和归因变量)出现的(表4.1)。由此,我们通过社会实践和交换的维度,对国家间的信任关系进一步区分为先赋性信任和交往性信任。但是,关系交往的增多,并不一定会改善关系基础,进而并不能增大同质性程度的信念。这表明,与理性人的假定不同,社会人或情感行动者的假定,要求关系交往必须建立在尊重对方的心理需求的前提下,尤其是自尊与情感要求。这就是中日之间信任与经贸互动不成正比的缘故。

表4.1　关系视角下的国际关系信任互动模型

| | | 交往性关系 | |
		强	弱
先赋性关系	强	情感性信任(自己人)	身份性信任
	弱	交往性信任	不信任或工具性信任(外人)

注:本表根据中国社会心理学学者杨宜音关于"自己人/外人"的关系模式修改而成。需要指出的是,道德信任或情感信任是一种先赋性或身份性信任,比如美国对欧洲的安全义务中所体现的国际信任是建立在他们共同的同质性基础之上的。

接下来要说明的方法论问题是:如何确定国际信任的变化程度,

---

① 笔者对联盟信任的类型化分析,就指出了两种基本的联盟信任类型,即工具性信任和情感性信任(当然可以加上第三种混合性信任类型)。参见尹继武:《社会认知与联盟信任形成》,第101—114页。

包括对不同的信任关系进行比较?① 虽然进行国际信任程度的测量是非常困难的,难以精确化和数值化,但我们可以对不同信任关系的变化及其程度差别进行定序度量。具体来说,下文提出的一些基本方法包括:(1)双方的互动频率情况。比如首脑之间的互访频率以及等级,首脑互访和往来是否机制化。(2)双方签署的条约的定性分析。比如双方是否有较为机制化和制度化的合作条约,这些条约的性质和重要性如何。(3)双方所签署的外交声明和公报情况。比如是否签署一些相互谅解和合作的声明和公报等。(4)双方的争端和摩擦及其解决情况。② 从双方的争端和摩擦发生的频率观察双方是否存在基本的信任渠道和解决机制,特别是在解决问题过程中,对于合作结果的达成,双方是否会归因为对方的内在属性(良好人格特质),这是反映信任程度和类型的重要指标。③ 接下来,基于冷战后中日和中国—东盟之间的信任变化情况分析,我们将验证理性交换逻辑和文化信任模式的解释力。

第三节　基于东亚信任形成的比较分析

信任是一种关系概念,但由于信任具有非对称的特性,即由于不同的信任指向,同一对信任主体之间的信任程度是不一致的。④ 在

---

①　基于比较的目的,我们可以对相关的两种国家间信任程度进行"定序度量",比较信任程度的差异。但是,就单一国家间信任而言,我们难以精确地揭示信任的"数值"。

②　霍夫曼提供了三种方式来判断国家间信任的程度,即政策选择、决策者知觉与动机、行为显示以及规则体系。Aaron M. Hoffman, "A Conceptualization of Trust in International Relations," *European Journal of International Relations*, Vol. 8, No. 3, 2002, pp. 384-393. 同时,也可以观察行为体之间的各种信任建设措施来分析信任建设情况,一般包括宣示措施、透明度措施和限制措施。具体参见阎学通、金德湘主编:《东亚和平与安全》,时事出版社 2005 年版,第 372—374 页。

③　国际信任是一种隐性变量,需要通过分析显性变量来判断信任程度与变化情况,同时也通过一些事件的个案分析和归因情况,来验证总体上的信任程度。

④　比如在中美战略互信的构建过程中,中国对美国战略意图的信任程度与美国对中国的信任程度存在差别,而且双方所信任的问题领域及其敏感性存在差别。

此我们更多地从"关系"的角度来探讨国际信任的形成、程度变化以及类型;就分析对象来说,我们偏向于分析客观的信任关系的形成和变化,而在分析过程中,必然要具体分析作为(不同主体)主观信念的信任。下文只讨论东亚信任的双边层次,而非多边和区域层次。根据这个标准,我们探讨东亚信任形成问题中的中日信任和中国—东盟(东南亚)信任问题。这种选择基于以下考虑。其一,冷战之后中日信任和中国—东盟信任的程度变化,是符合理性社会交换的逻辑,亦即符合基于利益基础的理性选择逻辑的。所以,对于信任的理性选择形成逻辑来说,这二者是一种求同的关系。其二,在理性选择逻辑之下,二者的结果亦即我们所探讨的因变量是存在差异的:二者信任程度的变化不同,信任发展程度和方向也不同。由此,通过对中日和中国—东盟之间的信任变化程度进行比较分析,可以揭示理性逻辑的不足以及信任的文化特性。

(一)冷战后中国—东盟的国际信任变化

冷战后中国与东盟关系的发展,是建立在中国周边外交和多边外交理念的基础之上的。在冷战后中国参与地区多边合作的过程中,中国与东盟的地区合作属于慎重稳健型。[①] 1991 年中国开始与东盟的对话进程,1994 年中国加入东盟地区论坛。整个 20 世纪 90 年代,发展与东盟的关系成为中国积极拓展周边外交的重要一环。经过 90 年代的努力,特别是在 1997 年亚洲金融危机时期,中国做出了负责任大国的举动,即坚持人民币不贬值,从而大大改善了东盟对中国的认知和信任,中国和东盟关系步入一个新的发展时期。冷战结束 20 年来,中国与东盟关系总体上发展得比较顺利,特别是在政治领域双方的互信得到加强。

1997 年,中国与东盟建立了面向 21 世纪的睦邻互信伙伴关系,

---

① 参见姜宅九:《中国地区多边安全合作的动因》,《国际政治科学》2006 年第 1 期,第 1—27 页。

"承诺通过和平的方式解决彼此之间的分歧或争端,不诉诸武力或以武力相威胁。有关各方同意根据公认的国际法,包括1982年《联合国海洋法公约》,通过友好协商和谈判解决南海争议"。"为促进本地区的和平与稳定,增进相互信任,有关各方同意继续自我克制,并以冷静和建设性的方式处理有关分歧。"①到2003年,中国—东盟进一步升级为面向和平与繁荣的战略伙伴关系(表4.2),双方"一致认为,中国与东盟关系发生了重要、积极的变化"。"在1997年《中华人民共和国与东盟国家首脑会晤联合声明》精神指导下,中国已与东盟10国分别签署着眼于双方21世纪关系发展的政治文件。2003年10月,中国加入《东南亚友好合作条约》,说明双方政治互信进一步增强。"②

表4.2 中国与东盟及相关国家的双边伙伴/合作关系

时间	国家/地区	伙伴关系性质
1991.07	中国—东盟	(全面)对话伙伴关系
1997.12	中国—东盟	面向21世纪的睦邻互信伙伴关系
2003.10	中国—东盟	面向和平与繁荣的战略伙伴关系
2005.04	中印	战略伙伴关系
2005.04	中菲	致力于和平与发展的战略合作关系
2006.06	中菲	经贸合作伙伴关系
2008.06	中越	全面战略合作伙伴关系
2011.05	中缅	全面战略合作伙伴关系

资料来源:人民数据库(1990—2011);中华人民共和国外交部网站,http://www.fmprc.gov.cn/chn/gxh/tyb/,2011年6月1日登录。

具体来说,我们可以根据上述指标来观察中国与东盟政治信任的发展状况。首先,从双方所签署的正式文件和声明来看,中国是东

① 《中华人民共和国与东盟国家首脑会晤联合声明 面向二十一世纪的中国—东盟合作》,《人民日报》1997年12月17日,第6版。
② 《中华人民共和国与东盟国家领导人联合宣言》,《人民日报》2003年10月10日,第7版。

盟对外关系中的重要对象，双方在亚洲金融危机后的十年间关系得到较大的发展。2003年，中国作为域外大国率先加入《东南亚友好合作条约》，与东盟建立了面向和平与繁荣的战略伙伴关系。此举表明中国和东盟双边关系处于较好的层次，即"友好关系"。在地区事务问题上，中国一直支持东盟在东南亚地区一体化进程中发挥主导作用，"中国赞赏并支持东盟在国际和地区事务中的积极作用，重申尊重和支持东盟建立东南亚和平、自由、中立区的努力"①；同时也积极推动"10＋1"、东亚峰会、东盟地区论坛等区域合作机制的建设。其次，中国和东盟建立了较为完善的对话合作机制。中国与东盟的对话合作机制，不仅包括双边机制，也包括多边机制。总体来说，主要有领导人会议、11个部长级会议机制和5个工作层对话合作机制。第三，双方对于争端解决措施取得共识，并形成机制化的条约。由于中国在南海问题上与周边的东南亚国家存在领土争端问题，在双边层次上，中国一直恪守邓小平所确立的"搁置争议、共同开发"的原则，维持与相关国家的稳定关系；在多边层次上，中国与东盟2002年签署了《南海各方行为宣言》，确立了双方和平解决地区争端、共同维护地区稳定和加强南海合作的基本原则。中国"重申各方决心巩固和发展各国人民和政府之间业已存在的友谊与合作，以促进面向21世纪睦邻互信伙伴关系；认识到为增进本地区的和平、稳定、经济发展与繁荣，东盟和中国有必要促进南海地区和平、友好与和谐的环境"等。② 尽管上述各种原则和条约的签署，并不能确保中国与东盟地区顺利解决争端以及维持合作，但从外在的双边关系进展反观中国与东盟的合作关系，可以认为只有建立在双方对彼此战略意图的信任增长基础之上，才会出现这种合作的机制化和条约化。

20世纪90年代，随着中国经济和综合国力的发展，在东南亚地

---

① 《中华人民共和国与东盟国家首脑会晤联合声明　面向二十一世纪的中国—东盟合作》。

② 《南海各方行为宣言》，http://www.fmprc.gov.cn/chn/pds/ziliao/1179/t4553.htm，2011年6月29日登录。

区"中国威胁论"具有一定的市场,从普通民众到政府都对中国的发展抱有战略疑虑。东南亚地区"中国威胁论"的消减,主要在亚洲金融危机之后的 10 年①,而随着 2008 年以来中国的持续发展以及西方金融危机的爆发,特别是美国重返东南亚,加入《东南亚友好合作条约》,东南亚地区国家对于中国的战略疑虑又有上升的趋势。② 但总体来说,冷战后中国与东盟的政治信任呈增长趋势,在此基础上,中国和东盟开展了除军事安全领域的全方位合作。值得注意的是,在双边层次,东盟国家与中国的接触程度存在差别。尽管世纪之交,大部分东盟国家都与中国发表了联合声明,但联合声明的原则和主要内容差异较大,同时也反映出在政治和安全层面,东盟十国与中国的信任程度是有很大差异的(表 4.3)。

表 4.3 中国与东盟国家的双边联合声明

时间	联合声明	原则	主要内容
1999.02	中泰联合声明	高层交往	促进大湄公河次区域经济合作
1999.05	中马联合声明	多层次交流	和平解决南海问题、建立多极秩序
2000.04	中新联合声明	外交磋商	战略安全合作
2000.05	中国和印尼联合声明	多层次交流与合作	坚持反弹道导弹和东南亚裁减核武,坚持亚洲价值观
2000.05	中菲联合声明	长期稳定	致力于维护南海的和平与稳定
2005.04	中菲联合声明	保持交往与合作	决定建立致力于和平与发展的战略性合作关系,继续致力于维护南海地区和平与稳定
2007.01	中菲联合声明	深化合作	深化中菲致力于和平与发展的战略性合作关系

① 唐世平、张洁、曹筱阳主编:《冷战后近邻国家对华政策研究》,世界知识出版社 2005 年版。

② 中国周边国家对中国崛起的态度和认知分析,参见钱洪良:《中国和平崛起和周边国家的认知和反应》,军事谊文出版社 2010 年版。

续表

时间	联合声明	原则	主要内容
2000.06	中缅联合声明	睦邻友好	打击跨国犯罪、促进大湄公河次区域经济合作
2000.11	中柬联合声明	相互理解和信任	加强经贸等多层次和领域的交流与合作
2000.12	中越联合声明	睦邻友好、全面合作	加强合作、打击跨国犯罪、和平解决争端
2006.11	中越联合声明	睦邻友好、全面合作	经贸合作、支持入世、解决边界问题
2008.06	中越联合声明	睦邻友好、全面合作	发展中越全面战略合作伙伴关系
2008.10	中越联合声明	睦邻友好	落实中越全面战略合作伙伴关系、共同维护南海局势稳定
2000.11	中老联合声明	睦邻友好、彼此信赖	加强全面合作、保持高层往来
2006.11	中老联合声明	睦邻友好、彼此信赖	经贸合作

资料来源：人民数据库（1990—2011）；中华人民共和国外交部网站，http://www.fmprc.gov.cn/chn/gxh/tyb/，2011 年 6 月 1 日登录。

（二）冷战后中日国际信任的变化

冷战后中日关系的发展，可以用一波三折来形容。由于受到历史问题的干扰，中日关系的发展屡遭挫折，由此造成了由于历史记忆问题而影响到民族之间和解的困局。① 总体来说，中日关系的进程主要受到日本方面不尊重历史问题以及亚太权力和战略格局变动的影响。比如，在日本对于历史问题反思较为深刻之时，日本就历史问题能够表达对受害者的基本尊重和情感内疚之时，或者至少日本没有实施消极的行为时，中日关系才会具有向前发展的基础。由此观

---

① Jennifer Lind, *Sorry States：Apologies in International Relations*, Ithaca, New York and London：Cornell University Press, 2008；Jennifer Lind, "The Perils of Apology：What Japan shouldn't Learn from Germany," *Foreign Affairs*, Vol. 88, No. 3, 2009, pp. 132-146.

察,中日之间的信任程度总体较低,而且呈现出波动的特点。① 20 世纪 90 年代,一方面伴随着中国逐步打开冷战后的外交困局以及日本对历史问题的反省,中日之间政治信任得到一定的提升,但由于日美之间的军事同盟战略举措,使得中国怀疑日本军国主义和战争动机,所以中日难以发展到较高层次的战略伙伴关系程度。到小泉执政时期,由于历史问题、教科书问题和日本"入常"等问题的干扰,中日政治信任降至建交以来的最低点,而后随着中日领导人互访的恢复,中日信任逐渐回升,但仍处于较低水平。②

表 4.4　冷战后中日合作(伙伴)关系的演进

时间	国家地区	伙伴关系性质
1998.11	中日	致力于和平与发展的友好合作伙伴关系
2008.05	中日	全面推进战略互惠关系

资料来源:人民数据库(1990—2011);中华人民共和国外交部网站,http://www.fmprc.gov.cn/chn/gxh/tyb/,2011 年 6 月 1 日登录。

具体来说,我们可以从下列指标来观察冷战后中日政治信任的变化情况。首先,从双方签署的正式文件来说,冷战结束以来并没有太多进展。现在中日关系发展的基础文件有四份,其中两份为邦交正常化时期所奠定的《中日联合声明》和《中日和平友好条约》。冷战结束以来,中日关系的发展并没有突破上述两份文件的基本原则,日本反而一再违反中日建交所确定的基本原则,导致中国一再强调日本必须遵守中日建交时期的基本文件。其次,中日之间领导人互访情况极不稳定。作为两个一衣带水的邻国,而且是亚洲地区的两

---

① 从利益兼容和意图善意两方面来看,中日由于经贸往来的密切,在经济利益上可能更多能够照顾对方的利益。但是在战略利益上的兼容和意图判定方面,双方还是基本上处于不信任的水平。

② 阎学通等人从更为量化的角度分析了冷战结束后到 2005 年前后中日关系的程度,大致停留于普通和友好之间,而新世纪以来中日关系呈恶化趋势,一直处于紧张和对抗关系之中。参见阎学通等:《中外关系鉴览 1950—2005——中国与大国关系定量衡量》,高等教育出版社 2010 年版,第 269—388 页。

个主要强国,中日领导人的互访情况不断遭受历史问题的干扰。最为典型的是小泉执政时期,由于日本对于历史问题的重新发难,致使两国领导人之间的国事互访中断达 5 年之久。之后才有破冰之旅、融冰之旅、迎春之旅和暖春之旅。但 2010 年由于钓鱼岛争端,中日关系又重新跌入谷底。第三,双方争端和摩擦及其解决机制情况。中日之间的争端和摩擦主要集中于领土和历史问题。对于历史问题和领土争端,双方虽然依据中日的四个声明作为原则性的指导,但并没有具体的、可操作的合作条约形成双方的共识和行为规则;而对于历史问题,21 世纪以来日本政府更是不断挑衅事端,比如更改教科书、参拜靖国神社、争取加入联合国安理会常任理事国等,针对这些事端,中日之间并没有常设性的联系和解决机制,在双方国内民族主义情绪的冲击下,屡次将中日关系降至冰点。所以,总体而言,冷战后中日政治信任的程度并不高,而且受日方的态度和行为影响,双方政治信任发展一波三折,总体上中日关系的发展也是屡遭挫折。

最后,我们具体看看两国所达成的联合声明等表达共识性的文件(表 4.5)。1998 年中日致力于建立和平和发展的伙伴关系,双方表达了加强交往与合作的愿望,确立了"维护地区和平、促进地区发展"的基本原则,"不行使武力或以武力相威胁,主张以和平手段解决一切纠纷"①。到 2008 年,中日关系的定位提升为战略互惠的伙伴关系,双方进一步提出增进政治互信的目标,比如建立两国领导人互访机制,加强安全领域的高层互访和对话,促进国民之间的交往和情感,同时共同维护亚太地区的和平与发展。② 从上述声明的原则和内容来看,双方的发展目标更偏重于通过合作达到互惠互利,尚停留于如何加强互动的机制化,确保沟通渠道的顺畅和降低信息传递的不确定性,显然只是一种合作关系,并没有达到战略伙伴关系层次。

---

① 《中日关于建立致力于和平与发展的友好合作伙伴关系的联合宣言》(1998 年 11 月 26 日),《人民日报》2005 年 4 月 28 日,第 7 版。

② 《中日关于全面推进战略互惠关系的联合声明》(2008 年 5 月 7 日),《人民日报》2008 年 5 月 8 日,第 3 版。

表 4.5　冷战后中日关系的联合声明

时间	联合声明	原则	主要内容
1998.11	中日联合宣言	协调与合作	维护地区和平、促进地区发展;不使用武力或武力威胁,和平解决争端;加强合作与交流,建立致力于和平与发展的友好合作伙伴关系
2008.05	中日联合声明	战略互惠	增进政治互信,促进人文交流,深化互利合作,共同致力于振兴亚洲及应对全球性挑战,全面推进战略互惠关系

资料来源:人民数据库(1990—2011);中华人民共和国外交部网站,http://www.fmprc.gov.cn/chn/gxh/tyb/,2011 年 6 月 1 日登录。

(三)比较分析

从上述信任程度的定性分析来看,我们可以对冷战后中日与中国—东盟信任程度进行较为简单的定序度量,亦即中国—东盟的政治信任明显呈上升状态,而中日之间的国际信任一直处于徘徊状态,甚至落至低谷。接下来,我们分别基于理性社会交换逻辑和文化信任逻辑,考察理性变量和文化变量对于信任形成和发展的影响。

首先,从关系基础来看,信任的生成与双方的关系基础具有重要的关联。在冷战结束初期,中日和中国—东盟之间的政治不信任,均受到原有关系基础的阻碍。具体来说,中日关系长期受到历史问题的困扰以及同质性差异的阻碍;而中国—东盟政治不信任的关系基础在于同质性的差异所导致的不确定性、恐惧和意识形态偏见。冷战结束 20 年来,中日关系和中国—东盟关系发展的基础变化是不同的:中日关系始终围绕着历史记忆和现实意识形态的冲突,比如冷战后中日关系大的动荡和波动,均是由于日本反复实施伤害中国人民和其他亚洲国家民族感情和自尊的行为。由于没有彻底反省历史问题,日本的战略举动反而进一步恶化了不信任的关系基础。在中国—东盟的关系发展上,由于 20 世纪 90 年代中国积极参与东盟地区论坛、中国在亚洲金融危机中负责任的行为,让东盟认识到中国的积极姿态是一种有利于地区合作和稳定的举措,同时也欢迎中国的崛起和发展,所以到 2002 年和 2003 年,中国和东盟签署了各项条约。① 至此表明东盟对于中国的不确定性和恐惧降到最低点。所以,从关系基础的改善来看,由于中日之间深陷于历史记忆问题,这种历史记忆也是由于文化理解差异和道歉文化的差异,反而恶化了原有的不信任。这也表明,信任主体双方只有在改善既有不信任的关系基础之后,才有促进信任增长的可能,而这需要至少一方的主动互惠行动表示。

其次是同质性变量。应该说,无论是理性选择逻辑还是文化理论逻辑,均将同质性的增强看做信任产生的一个基础。在此,可以基于不同的角度理解同质性,比如可以理解为分析者同质性的增强以及当事者同质性(认知意义)的增强。② 从这个维度来看,同质性一直是阻碍中日和中国—东盟之间政治信任的一个重要因素,与此相反的就是美日同盟和东盟与美国紧密的安全合作关系。所以,从安全角度考虑,日本和东盟均对同质性不同的中国产生程度不一的不信任感。同质性最为重要的考察指标是国家政治经济体制、意识形态。由于意识形态和政治制度的差异,日本和东盟对中国战略意图的不确定性的担忧大大增强,而且同质性差异本身也会带来一定的认识偏见。随着中国综合国力的迅速上升,同质性差异所产生的政治与安全不信任也会迅速上升。当然,在同质性本身无法加以根本改变的情况下,只能通过地区政治与安全对话,消除双方的不确定性和疑虑,同时,如果中国与东盟或日本的实力悬殊太多,那么中国作为一个想象的威胁者,必须试图从外人转换为自己人,即为对方提供

---

① 东盟对中国的态度包括全面接触、充分利用和加强制衡。参见曹云华主编:《东南亚国家联盟:结构、运作与对外关系》,中国经济出版社 2011 年版,第 165—173 页。

② 同质性事实上与"可信性"概念紧密相关。一般来说,同质性信念较大的情况下,可信性更具有客观的基础。Russell Hardin, *Trust and Trustworthiness*, New York: Russell Sage Foundation, 2002.

经济和安全公共产品,以此消除实力不对等和同质性差异所带来的恐惧和不确定性。

同质性所涉及的另一个维度,就是信任主体在进行社会归因时,必须将正性结果和事件归因为对方的内在人格和性情因素,即你之所以帮助我,是因为你是个好人,国家亦是如此。这种归因既符合理性社会交换的利益需求,也符合信任的文化特性,即信任必须具有未来可重复性,信任情感更容易产生于同质性更强的共同体之内。在冷战后中国—东盟关系的发展过程中,这种人格或性情归因大大促进了东盟对中国的政治信任,最为典型的就是90年代"中国威胁论"的式微,中国负责任大国形象的兴起。通过对亚洲金融危机中中国行为的解读,东盟认识到中国经济的发展对东盟并不是想象中的威胁,而更多的是一种利益,所以东盟以及大部分东南亚国家选择了与中国"和平共处"的政策。① 但是,在中日关系中,我们难以见到这种相互认同基础上的人格归因,相反由于历史记忆问题的影响,从而形成了对对方内在人格和性情的认识偏差。

就中国—东盟的政治信任而言,尽管我们可以观察到一定程度的去意识形态化的内在归因,但必须注意的是,这难以表明二者的同质性信念已得到较大的增强,而是由于双方关系交往(经贸往来)的增加以及外在权力干预(美国因素)的弱化,使得同质性差异并没有产生较大影响。这说明中国—东盟之间的信任仍偏向于特殊信任,即基于利益包容和互惠的信任,而不是建立在关系认同基础上的普

---

① 东盟对中国崛起的认识有一个变化的过程,即从最初的经济、安全的挑战演变到后来着重于经济领域如何应对。但总归尤其在安全领域东盟对中国仍然存在一定的不确定性,东盟国家在安全上倚重美国。关于冷战后中国和东盟早期"安全困境"的分析,参见王子昌:《东亚区域合作的动力与机制》,中国社会科学出版社2003年版,第163—173页。关于东盟对中国的"经济威胁"认知更为详细的分析,参见 John Ravenhill, "Is China an Economic Threat to Southeast Asia?" *Asian Survey*, Vol. 46, No. 5, 2006, pp. 653-674。

遍信任。① 因为中国与东盟的关系交往,更多的是强调双方尊重各自的政治、经济和意识形态制度以及国内主权问题,而并没有认为双方是同质性一致的国家。中国—东盟合作的基础是《联合国宪章》《东南亚友好合作条约》以及和平共处五项原则等,"悠久的传统友谊,相似的历史遭遇,维护和平与发展经济的共同愿望,是加强中国与东盟各国睦邻互信、友好合作的历史和现实的重要基础"②。当然,中国和东盟在政治价值观方面具有一些共识,比如民主观和人权观。③ 基于同质性变量的分析,我们可以很好地理解中国—东盟关系的变化,特别是自 2009 年以来所表现出的脆弱性和风险性,比如美国权力因素的重返、南海争端的升级,皆说明中国—东盟的特殊信任容易受到外在权力干预、安全竞争的影响,当然,双方在经济上的紧密联系,也使得中国—东盟的政治信任具有很强的利益基础。

　　第三,关系交往是信任形成和增长最为重要的动力。关系交往可以从多方面的指标体系来观察,如双方经贸来往趋势、对外援助的发展以及初次信任所带来的互惠结果等,这是一种信任生成的功能主义解释逻辑。从双方经贸往来来看,在冷战后中日和中国—东盟经贸发展过程中,除了受 1997 年亚洲金融危机和 2008 年全球金融危机的影响,均得到特别大的发展,呈总体上升趋势;而且,2000 年以来中国—东盟之间的贸易增长更为迅速,与中日经贸总额的差距越来越小(图 4.2)。相较于政治层面的冰冷和反复,中日经贸往来一直处于增长之中,形成了众所周知的中日"政冷经热"局面。④ 而中国—东盟经贸也呈现快递增长趋势,到 2010 年中国—东盟自由贸

---

　　① 从这一角度来分析,国际关系领域的普遍信任是不多见的。因为普遍信任的根本特点在于乐观主义的世界观,而国际无政府状态的存在,决定了现代民族国家都是自私的理性行为体。只有在某些特殊的地区政治与安全共同体以及意识形态联盟之内,普遍信任才是一种较为常见的国家间信任状态。

　　② 江泽民:《建立面向二十一世纪的睦邻互信伙伴关系——在中国东盟首脑非正式会晤时的讲话》,《人民日报》1997 年 12 月 17 日,第 1 版。

　　③ 参见韦红:《地区主义视野下的中国—东盟合作研究》,世界知识出版社 2006 年版,第 229—233 页。

　　④ 刘江永:《中国与日本:变化中的"政冷经热"关系》,人民出版社 2007 年版。

易区形成,双方在众多经济领域都形成了合作局面。这也说明,受惠于政治上良好关系的发展以及信任的增长,经济上的往来也得到更快发展。

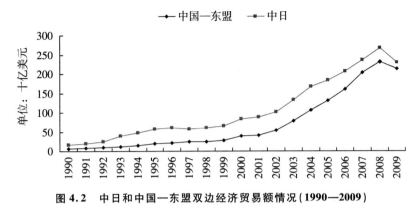

图4.2 中日和中国—东盟双边经济贸易额情况(1990—2009)

资料来源:统计数据均来自笔者对历年《中国统计年鉴》中中国与东盟十国进出口贸易额的统计。参见中国统计局:《中国统计年鉴》1991—2010年各卷,中国统计出版社1991—2010年版。

从对外援助和互惠结果情况来考察,中日之间的对外援助基于历史缘由而形成,而中国是日本在冷战后重要的经济援助对象,但是中日之间的经济援助并没有达到增进双方政治情感和民族情感的效果。① 相反,在互惠促进信任方面,中国由于负责任大国的行为,在利益受损的情况下收获了东盟的政治信任,尽管这并非符合经济理性的逻辑,但从另一层面来说又是符合社会交换理性的逻辑的。这也说明,从经济交换的理性逻辑出发,政治信任和情感的形成是需要一定的条件的。② 这种条件性恰恰说明了经济与政治、安全互动的非直接因果性,换言之,经济外交的逻辑必须转换为社会交往下的社

---

① 关于日本对中国的援助,参见张光:《日本对外援助政策研究》,天津人民出版社1996年版;周弘等:《外援在中国》,中国社会科学出版社2007年版。

② 阎学通等人对中日关系和中美关系的定量考察,也发现了经济关系与政治关系的非直接性、条件性特点。参见阎学通等:《中外关系鉴览1950—2005——中国与大国关系定量衡量》,第269—388页。

会逻辑。

关系交往促进信任的生成,其中一个重要的渠道在于双方沟通和交往渠道与机制的建立,因为这有助于降低行为主体之间战略意图的不确定性,亦即双方的利益偏好、意图等更具有透明性,从而降低本来存在合作可能,却由于认知偏差而造成的不信任情况。从这个角度来说,中国—东盟之间的战略协商和沟通机制,比中日之间的沟通和协商机制要更为成熟和完善(表4.6)。其一,中国—东盟的协商机制更为全面和成熟,成立时间也早;其二,中国—东盟的协商机制层次丰富,已形成固定的、多个层次的沟通机制,如领导人、部委以及工作层次等。这表明就交往机制来说,中国—东盟之间成熟的机制更能降低交易成本,减少双方战略利益的认知偏差和不确定性,让双方战略意图更为透明。此外,中国成为东盟主导的多边合作制度的积极参与者,包括货币金融合作最为重要的制度性成果《清迈动议》。[①] 近些年来,中日之间的协商和对话机制虽然有很大发展,并且逐渐常态和机制化,但受到政治因素干扰较多,因而中日关于协商利益认知、增加战略意图透明度、克服不确定性、降低战略误判和恐惧的协商机制化程度仍存在不足之处。而且,由于行为主体之间战略协商基础的不同,比如是否存在权力竞争、协商主体之间地位是否平等诸因素,战略沟通与协商克服不确定性,影响信任增长的效果不同。另一方面,通过中日与中国—东盟政治信任形成的比较分析,我们发现,沟通、合作与交流在促进双方的战略沟通、降低不确定性方面,是必须具备一定的条件的。这也跟社会心理学中关于消除偏见的接触假设类似,即不同群体和个体之间的接触,必须建立在系列的条件基础之上,才能达到消除偏见的效果,其中最为重要的条件之一就是双方接触必须建立在平等的基础之上。[②] 这一点与中国—东盟

---

① 郑先武:《安全、合作与共同体——东南亚安全区域主义理论与实践》,南京大学出版社2009年版,第323页。

② Gordon W. Allport, *The Nature of Prejudice*, New York: Doubleday Anchor Books, 1958.

之间的平等地位更为相符,而中日之间受历史问题和现实的权力竞争问题的影响,双方接触并没有带来太多正面情感促进效果。[1]

表 4.6 中日和中国—东盟之间的对话与协商机制情况

中日	中国—东盟
中日安全磋商 中日防务磋商 中日东海问题磋商 中日战略对话 中日财长对话机制	中国—东盟协商机制 　领导人会议 　11 个部长级会议机制 　5 个工作层对话合作机制
中日经济高层对话 中日执政党交流机制 中日司法互助条约磋商 中日气候问题磋商 全国人大与日本众议院定期交流机制 中日经济伙伴关系磋商	中国—东盟国家双边机制 　中泰防务磋商 　中菲国防安全磋商 　中马防务磋商 　中印防务磋商

资料来源:人民数据库(1990—2011);中华人民共和国外交部网站,http://www.fmprc.gov.cn/chn/gxh/tyb/,2011 年 6 月 1 日登录;中国—东盟中心网站:http://www.asean-china-center.org/english/index.htm,2011 年 6 月 29 日登录。

基于中国—东盟和中日关系二者的比较分析,我们可以得出以下结论。首先,仅仅关系交往的增多,并不一定达到促进双方政治信任形成和增长的结果。而这一观点却是理性社会交换的基本逻辑。在此过程中,如果依据本章所提出的文化信任解释模式,我们认为社会交往频率的增多和增强,只有在改善先前不信任基础的前提下,才能达到促进双方信任和情感的结果。

其次,总体而言,关系交往和关系基础是普遍信任形成和增长的

---

① 在中国与东盟的合作进程中,双方较为平等的地位具体表现在如中国承认东盟自身的领导地位,中国转变身份、接受东盟的规范并参与东亚地区一体化进程。参见秦亚青、魏玲:《结构、进程与权力的社会化——中国与东亚地区合作》,《世界经济与政治》2007 年第 3 期,第 7—15 页。即使中日之间关于道歉的争议,也体现了双方在东亚的地位和权力之争,具体参见葛小伟的研究。Peter Hays Gries, *China's New Nationalism: Pride, Politics, and Diplomacy*, London: University of California Press, 2004, pp.86-98.

两个相互影响的基本条件,而这二者最后共同影响信任主体对客体的同质性认知和同质性归因。中国—东盟关系发展中所形成的信任偏向于特殊信任或交往性信任,这是在交往实践基础上所产生的良性互动和利益认知结果;而中日关系的交往实践并不能达到促进情感生成的结果,一直停留于身份性不信任或基础性不信任的阶段,亦即由于历史关系基础没有得到改善,中日之间的交往实践并没有达到促进信任增长的效果。具体来说,中日之间的经济联系增长、社会交换增多、互动频率增加,并没有改变双方的不信任基础,增加双方的透明度,降低不确定性以及恐惧,从而无法促进中日政治信任的增长。

第三,从理论上说"关系信任"更多的是一种普遍信任,但在国际关系现实中可能难以形成,相对而言特殊信任较易形成。普遍信任是一种具有较强情感和道德基础的信任,而特殊信任更多的是基于行为体的个别特征和行为,所以特殊信任的稳定性不是很强,信任风险较大。这个角度解释了近几年中国与东盟国家关系变化的微观基础,当然,这很大程度上也是由于外在第三方权力的介入起到了干预和催化的作用,即所谓美国重返东南亚。基于同质性的分析,尽管同质性差异的存在并不决定政治信任必然无法形成,但可以肯定的是,同质性差异的存在,使普遍信任难以形成。因此,尽管从中国在东亚信任建设的经验来看,"和而不同"的和谐周边是可能的,但也表明在对外关系中应该排除意识形态的干扰,从认知和信念上降低同质性差异的观念,更好地促进政治信任的形成。如果中国对外信任建设的目标在于普遍信任,即"关系信任",那么就需要改变几个传统认识,如经济交往能产生相互依赖,进而形成良好的政治关系和安全关系。[1] 上述分析在一定程度上揭示了关系交往未必能形成普遍信任,而更可能是特殊信任,或者难以改变不信任的困局。这从另一个

---

[1]　近期对中国在东亚安全与经济秩序中作用的反思,参见刘丰:《安全预期、经济收益与东亚安全秩序》,《当代亚太》2011 年第 3 期,第 5—25 页。

侧面说明,如果能建设良好的特殊信任,那么这也是中国对外关系发展的较大成就,因为普遍信任是较为稀有的;当然特殊信任的不稳定性和风险性,也是值得注意和需要进行政策预防的。

第四节 小 结

如果将国际信任看做一种社会事实的话,那么信任就具有文化与地域特性,这种文化属性表现为信任并非经由纯粹理性和社会交换而成,同时也包括了社会和情感属性。① 理性主义视角下的信任形成,体现了信任行为体对于利益的理性认知和同质性的客观信念,而信任的制度化建设,也代表了理性人之间的公意或契约。然而,中国社会和文化的根本逻辑起点并不强调人的理性特性,往往从关系身份考虑,决定利益大小、行为举措进而信任判定,因而关系基础成为政治秩序的基本要素和保障。鉴于文化差异在政治和外交领域的体现,有学者认为美国外交基于交易(利益),而中国外交更多是基于心理(感受)。② 当然,关于文化差异及其对国际关系的影响,必须进一步讨论差异的性质,即到底是本质差异还是程度差异。③

国际信任的文化理论具有重要的理论和实践价值。普遍信任情感的生成最为关键的要素在于国家同质性的增强。这一点具有大量

① 理性选择理论在信任、团结与合作的产生上过于强调理性的因素,忽视了传统与习俗的作用,在信任的社会功能上过于强调个体的功利层面,忽视了信任与群体凝聚和社会秩序的关系。参见郑也夫:《信任论》,中国广播电视出版社2006年版,第60页。

② Andrew J. Nathan, "What China Wants: Bargaining with Beijing," *Foreign Affairs*, Vol. 90, No. 4, 2011, pp. 153-158. 基辛格在新著中也大量论述了中国外交的文化特性,参见 Henry Kissinger, *On China*, New York: The Penguin Press, 2011。

③ 也许有人会质疑,这里所提出的信任文化视角,其文化因素到底是什么以及文化路径解释的必要性。我们主要借鉴了中国社会心理学研究中,对于关系信任(关系基础和关系交往)的论述。在此,笔者对文化差异的看法是偏向于程度差异,而非本质差异。因此文化理论或视角并不表明中国的信任交往模式,与西方理性假定是完全异质的,比如我结合了"同质性"变量探讨信任的生成。

的国际关系事实的经验支持,即国家同质性是影响信任要素的最为重要的环节之一。这种逻辑的政策含义在于,如果要追求一种合理的国际秩序,那么必然要在全球和地区层面增强行为体间的同质性和一致性。这也隐含了美国对外民主政治战略的一种必然逻辑。但是,根据我们提出的国家信任文化理论解释模式,在同质性存在差异的情况下,国际信任也可以形成并发展,当然这是一种特殊信任。由此表明在异质国家群体中,政治情感建设仍然是可能的,也就是说,基于文化的逻辑,建设一个"和而不同"的和谐世界具有理论上的可能。

　　中国传统社会中信任建构的机制为关系运作。① 及至国际关系层面,我们可以发现这种关系运作的方法论意义,亦即关系基础与关系交往对于中国与外部世界信任建构的重要意义。这也从微观层面印证了"过程"建构主义关于"过程"和实践在国际关系中作用的观点。② 随着中国逐步融入当今国际体系,中国的社会化与现代性程度也随之提高。在此背景下,我们可以看到中国国际关系信任理论中关系机制与契约机制在同时发挥作用。换言之,中国越来越参与到现行国际组织与国际制度当中,国际条约等国际契约制度也成为中国构建对外关系的重要一环。③ 有一点必须注意,改革开放三十年来中国外交转型的一个重要变化,就是从注重先赋性关系到交往性关系的转变,亦即从先赋性信任到交往性信任的转变。

----

① 彭泗清:《信任的建立机制:关系运作与法制手段》,第53—66页。
② 秦亚青:《关系本位和过程建构——将中国理念植入国际关系理论》,《中国社会科学》2009年第3期,第69—86页;秦亚青:《作为关系过程的国际社会——制度、身份和中国和平崛起》,《国际政治科学》2010年第4期,第1—24页。
③ 在中国与国际社会的互动过程中,由于中国社会化程度的提高,亦即中国在很多方面接受了西方的思维传统(具体在国际关系层面如国际组织、国际条约等制度形式),中国的国际关系实践与理念可能会进一步融合中国传统的世界观和西方的世界观。正因如此,笔者认为在中国国际关系信任理论的建构过程中,必须综合考虑西方的理性路径和中国的本土关系路径。

第五章　诚意信号[*]

向世界表达中国对外交往、关系发展以及问题解决中的诚意,这是中国对外关系政策以及话语中的重要内容。无论从政策层面,还是话语层面,我们均可找到丰富的诚意伦理因素。从新中国建立初期的"和平共处五项原则",到冷战结束以来的"新安全观""和谐世界"和"正确义利观"理念等,均体现出中国对于世界的基本态度中包括了重要的道德与秩序要求。① 与丰富的外交政策和话语形成鲜明对照的是,中国外交政策研究中关于外交政策话语,尤其是道德和文化维度的分析,却较为少见。② 在主流的现实主义路径中,分析者关注的是中国的力量和利益本身,与相关国家的力量结构以及利益冲突等核心因素,认为道德要么只是实力政策的话语掩饰,要么根本

---

　　* 本章曾以《诚意信号表达与中国外交的战略匹配》为题发表于《外交评论》2015 年第 3 期。

　　① Dominik Mierzejewski,"From Pragmatism to Morality: The Changing Rhetoric of the Chinese Foreign Policy in the Transitional Period," in Suijian Guo and Baogang Guo, eds. , *Thirty Years of China-U. S. Relations: Analytical Approaches and Contemporary Issues*, New York: Lexington Books, 2010, pp. 175-195.

　　② Thomas W. Robinson and David L. Shambaugh, eds. , *Chinese Foreign Policy: Theory and Practice*, Oxford: Oxford University Press, 1995; Alastair I. Johnston and Robert S. Ross, eds. , *New Directions in the Study of China's Foreign Policy*, Stanford, CA: Stanford University Press, 2006.

不会对国际关系产生重要影响。① 而在文化路径看来,道德和文化因素对于中国外交的影响是客观存在的。在既有的文化路径研究中,大多数研究都聚焦于中国外交的和平传统、中国外交对于道德和秩序的理念以及中国文化的一些思维特性对于对外关系发展以及争端解决的影响。② 简言之,既有的相关研究并没有系统分析中国在对外关系中是如何向世界表达自身诚意的,进而,中国为何要向世界表达诚意信号,其背后的基本动因以及战略考虑是什么? 相较于美国既强调理想主义外交,又强调利益驱动的例外论,中国对于诚意的信号表达具有什么样的特性? 最后,为何在某些问题领域、某些时期,中国的诚意信号表达能够产生预期的效果,而在其他情境中,诚意信号并没有产生积极的作用? 上述问题,构成了我们接下来将要分析和整理的基本议题。总而言之,我们试图先进行描述性的分析,梳理中国对外诚意信号发射和表达的层次和渠道,清晰展现中国对外关系中诚意信号表达的事实,进而,通过简要的案例比较分析,提炼出一种新的解释框架,即战略不匹配或矛盾是影响中国对外诚意信号表达成效的重要因素。我们的结论也彰显了中国对外关系主体以及观众的多元性以及复杂性,对于新时期中国如何处理与国际社会的关系具有一定的理论和政策启示。

① John Mearsheimer, "The Gathering Storm: China's Challenge to US Power in Asia," *The Chinese Journal of International Politics*, Vol. 5, No. 3, 2010, pp. 381-396; John Mearsheimer, *The Tragedy of Great Power Politics*, New York: Norton, 2001; A. F. K. Organski, *World Politics*, New York: Alfred A. Knopf, 1968; Steve Chan, *China, the US and the Power Transition Theory*, New York: Routledge, 2007.

② Alastair Iain Johnston, *Cultural Realism: Strategic Culture and Grand Strategy in Chinese History*, New Jersey: Princeton University Press, 1995; Alastair Iain Johnston, "Cultural Realism and Strategic in Maoist China," in Peter J. Katzenstein, ed., *The Culture of National Security: Norms and Identity in World Politics*, New York: Columbia University Press, 1996, pp. 216-268; Yuan-kang Wang, *Harmony and War: Confucian Culture and Chinese Power Politics*, New York: Columbia University Press, 2011; Huiyun Feng, *Chinese Strategic Culture and Foreign Policy Decision-Making: Confucianism, Leadership and War*, New York: Routledge, 2007.

第一节　中国对外诚意信号表达的层次

随着中国与世界互动的深入,中国外交的主体、议题以及利益分化也越来越突出,即显示出全球性和多元性的特性,同时也凸显了多主体和多部门利益的影响。① 因此,在冷战结束以来的中国对外关系中,中国外交对外诚意信号发射,也呈现出诸多的特点,比如不同时期诚意的地位不同,主体也有差别,对于不同问题领域,诚意以及展示武力的战略决心的权衡也存在差别。

诚意并不是传统国际关系分析的一个核心概念,因为国际社会与国内社会存在本质性的区别,即国际社会存在的结构性无政府状态,使得国家间交往的规则与国内社会存在区别。国际社会中国家行为体在无政府结构、战略竞争以及国家利益等诸多因素的驱动下,战略欺骗更可能成为一种天生的、进化的偏好。② 但是,基于文化和道德的视角,甚至包括理性的视角,国家间有一定的理由强调诚意,并使之发挥作用。比如,虽然短期内不利于利益最大化,还可能损害自身利益,但如果国家的真诚意图得到对方的回报,则长期来看会促进双方的利益。在此,我们对诚意信号的界定是,国家通过一系列的言辞和行为信号表达,向他者或国际社会表达自身的良善意图、行为的善意和信用。这种诚意界定包括了传统诚意的道德维度,即意图的真诚性和善意,同时也包括理性主义的信用纬度,即国家的诚信及其可信性。具体到中国外交,中国的诚意信号内涵包括真诚的意图、合作的愿望、责任的体现以及国家信用的保持等。其重点的维度在

---

① 王逸舟:《创造性介入——中国之全球角色的生成》,北京大学出版社 2013 年版;David Shambaugh, *China Goes Global: The Partial Power*, Oxford: Oxford University Press, 2013.

② 感谢蒲晓宇提供的这点评论。关于国家印象管理以及战略欺骗,参见 Robert Jervis, *The Logic of Images in International Relations*, New York: Columbia University Press, 1989.

于和平、真诚、合作、责任等内涵。

其次,信号表达是指行为体通过有意的信息传达,试图让接受者领会、理解并接受特定的含义。"信号就是行为体为了改变接收者分配某一特定事态或'事件'的概率,而有意呈现出来的任何可观察的特征。"①一般来说,国家间信号表达的主要途径包括话语和行为两个层次。信号与常规的信息的差异在于,后者更多是一种事实呈现,而前者带有很强的动机性。杰维斯将二者区分为信号表达(signals)与迹象呈现(indices)。② 从内涵来看,信号表达与承诺具有紧密的联系,即国家的承诺具有相应的战略保证等动机,因此国家承诺更可能成为一种信号。基于上述分析,中国的诚意信号表达的判断标准,最重要的指标在于中国试图通过话语和行为层面的信号,向国际社会/相关行为体传递出自身的诚意意图、愿望。进而,诚意信号也可能跟战略欺骗以及廉价谈判相关,国家可能利用诚意信号,真正实现其他战略目的,比如麻痹敌意、塑造形象、获取战略优势等。如此而言,诚意信号也可以作为战略博弈的途径或手段,实现不同的战略目的。

在此,我们主要基于中国对外诚意信号表达的载体、形式和渠道等过程性的差别,从政策(话语)、行为以及互动等层次加以区分,以此更为清晰地梳理中国对外诚意信号表达的多层次和多渠道特性。同时,这样也有利于我们明晰中国对外诚意信号的多维度内容。诚意信号表达的主要方式为话语及行为。从话语层面来看,中国诚意信号表达的渠道为官方的对外政策文本以及在国际场合(或国内官方场合的外交表态等)进行的政策解释、态度说明。从行为层面来看,中国一方面注重维护行为的信用,同时也试图使行为更具可信性,通过不同的方式(如让利、示善或增强代价)而让信号更为可信。综上,接下来分别归纳叙述中国对外诚意信号表达的两种基本渠道

---

① Diego Cambetta, *Codes of the Underworld: How Criminals Communicate*, Princeton: Princeton University Press, 2009, p.6.

② Robert Jervis, *The Logic of Images in International Relations*, pp.18-19.

以及影响诚意信号表达效果的因素。

（一）政策宣誓

改革开放以来,随着中国对外战略的调整,即将革命与战争的时代主题转变为和平与发展之后,中国对外政策的基轴也随之改变。30 年来中国对外政策的基调,就是融入国际社会、参与国际规则、遵守国际秩序,总而言之,中国并不想挑战既有的国际体系。① 无论从身份定位,还是实际政策调整以及行为塑造等方面,中国均意在向国际社会,尤其是西方大国以及周边国家展现一种和平发展的姿态。

第一,和平诚意。冷战结束后,中国对外政策一直以追求和平与发展为目标。特别是随着中国综合国力以及经济的快速增长,"中国威胁论"的论调也随之产生。为此,最近三次党代会报告均强调中国走和平与发展道路的决心。同时,进入 21 世纪以来,中国发布了两份和平发展的白皮书,均强调中国的发展不会对任何国家构成威胁,中国也一贯坚持和平与对话解决国际争端的态度。中国多次向"世界郑重宣告,和平发展是中国实现现代化和富民强国、为世界文明进步做出更大贡献的战略抉择。中国将坚定不移沿着和平发展道路走下去"②。另一方面,中国政府一直高举反对霸权主义和强权政治的旗帜。针对国际社会对于中国力量增长所产生的意图不确定性,甚至是恐惧心理,中国政府在权威政府文献中,均反复强调中国绝不称霸。

第二,合作诚意。发展与世界所有国家的合作关系,成为冷战后中国对外政策的基本原则。在全球层面,中国积极融入国际社会,参与各种国际制度与国际组织,并居中发挥越来越大的作用。在国际

---

① 秦亚青:《国家身份、战略文化和安全利益——关于中国与国际社会关系的三个假设》,《世界经济与政治》2003 年第 1 期,第 10—15 页。

② 中华人民共和国国务院新闻办公室:《中国的和平发展》,2011 年 9 月;中华人民共和国国务院新闻办公室:《中国的和平发展道路》,2005 年 12 月。这两份白皮书是中国官方正式向世界作出的承诺和政策表述。

组织的制度建设中,中国奉行的原则是先参与、先融入、先建设,而后再寻求机会、发挥更大的作用。这与世纪之交之前一直强调的建立新的国际政治经济新秩序是截然不同的。① 另外,自 20 世纪 90 年代中后期开始,中国开始实行各种"伙伴关系"外交,强调与不同国家建立各种合作或战略协作伙伴关系。伙伴关系外交政策的兴起,表明中国追求的不是传统的联盟对抗政策,而是新时期中国对外合作与战略的一种新形式。② 到 2014 年年底,中国已经与世界上 70 多个国家和各类地区组织建立了不同形式的伙伴关系,已形成全球伙伴关系网。③

第三,责任诚意。从 20 世纪 90 年代起,中国外交就开始追求建设一种负责任的大国观。④ 这种负责任的大国观表现在多个层面。比如,在全球层面,中国表示出自身对于全球和平与发展的积极贡献,特别是对于解决全球问题的诚意。在地区层面,中国通过创设各种地区性国际组织或制度,发展与地区相关国家的积极合作关系,发挥中国对于地区和平与稳定的积极角色。在东北亚,中国创设的"六方会谈"机制,就是为了维护东北亚和平与安全的一种积极创举。在东南亚,中国积极发展与东盟的关系,通过首脑峰会、经济合作以及制度建设等多种渠道,向东盟表达尊重东盟地区领导者角色的意愿,同时表示愿意接受多边国际规范以及合作的态度来解决相关的地区争端,比如 2002 年签署了《南海各方行为宣言》等约束中国自身行为

---

① Alastair I. Johnston, *Social States: China in International Institutions*, *1980-2000*, Princeton, NJ: Princeton University Press, 2008;王逸舟主编:《磨合中的建构:中国与国际组织关系的多视角透视》,中国发展出版社 2003 年版。

② 张蕴岭主编:《中国与周边国家:构建新型伙伴关系》,社会科学文献出版社 2008 年版。

③ 《王毅:中国走出结伴不结盟的新路,朋友圈越来越大》(2015 年 3 月 8 日),中华人民共和国外交部网站,http://www.fmprc.gov.cn/mfa_chn/zyxw_602251/t1243585.shtml, 2015 年 3 月 8 日登录。

④ Evan S. Medeiros and M. Taylor Fravel, "China's New Diplomacy," *Foreign Affairs*, Vol. 82, No. 6, 2003, pp. 22-35;李宝俊、徐正源:《冷战后中国负责任大国身份的建构》,《教学与研究》2006 年第 1 期,第 49—50 页。

的国际协定。中国也在不同的场合强调中国自身的和平与发展本身就是对于国际社会的贡献,即中国自身稳定的重要性,"中国一不输出革命,二不输出贫困和饥饿"等。

第四,道德诚意。基于中国传统的大国地位以及中华民族五千年的文化传统,特别是历史上朝贡体系所内化的道德优越感,可以观察到中国外交政策中有一种传统上的道德优越的成分,从而彰显出一种中国例外论的情结。① "中国例外论"潜在的政策含义就是,中国与传统上的大国政治以及霸权政策是不同的,中国在道义、政治、伦理以及秩序方面,均体现出自身的历史荣耀以及现实地位的考量。② 自中共十八大以来,中国提出的建构新型大国关系、坚持正确的义利观等,都可以看出中国外交新理念与西方理念的差别。因此,中国奉行的是一种独特的和平发展道路,这种道路的基础不是自私自利的利益和战略考虑,而是有着深厚的道德和地位追求动因。而中国外交中的道德诚意与中国外交的利益原则是并行不悖的。

(二) 保持信用

要体现个体或国家的诚意,或者是信任和信用,一种较为惯常的路径就是保持良好的信用记录,这就是基于过去行为以及记录的过去行为理论所持的基本理论预期。③ 与此类似,新中国成立以来,对于自身诚意的强调和坚持,很大程度上受这种过去行为理论的影响,其现实表现就是从战略、政策以及行为中,中国均注重当下的行为举动对于未来的影响。因此,在中国外交政策中,对于时间的强调,是一种独特的政策性的表述以及战略考虑。中国往往秉持一种长期的

---

① Zhang Feng, "The Rise of Chinese Exceptionalism in International Relations," *European Journal of International Relations*, Vol. 19, No. 2, 2013, pp. 305-328.

② Yan Xuetong, *Ancient Chinese Thought*, *Modern Chinese Power*, Princeton, NJ: Princeton University Press, 2011.

③ Henk Aarts, Bas Verplanken and Ad Knippenberg, "Predicting Behavior from Actions in the Past: Repeated Decision Making or a Matter of Habit?" *Journal of Applied Social Psychology*, Vol. 28, No. 15, 1998, pp. 1355-1374.

时间观,比如主张中国"一贯""长期""历来"以及"永远"坚持某项原则,或反对某种政策。

第一,搁置。在争端解决方面,中国除了一直强调和平解决争端的诚意,以及在行为方面尽量克制容忍等之外①,在中国的战略思维中,一个很重要的方面就是搁置。对于当下解决时机不成熟以及条件不具备的情况,中国宁愿将问题搁置,或默许维持当下的现状,而不论这种现状是否有利于中国,还是有利于另一争端方。② 这种搁置的战略思维倾向,在中国处理边界与海洋问题争端、中国与相关国家建交以及中国处理大国关系以及地区安全等领域,均有明显的体现。从"求同存异"政策表述中"存异"的一面就可以看出,对于存在分歧和争议的问题领域,中国秉持并非一定要解决差异的意愿。冷战结束后,中国在南海主权问题上奉行的是搁置战略,这种搁置政策服务于中国发展与东南亚相关国家的经济合作关系大局。③

第二,经济互惠。随着中国经济的快速发展,经济外交在整个国家外交布局中发挥着越来越重要的作用,这也决定了中国对外关系发展的优先次序。在如何体现诚意方面,经济外交成为中国进行战略安抚或战略交换的一种手段。在处理与美国和欧洲等大国或地区关系时,经济合作往往成为双边关系发展的一种助推器。比如在欧美经济危机期间,中国国家领导人访问欧美时,通常都会签订大单,如 2009 年 2 月,温家宝总理访问欧洲时,带去了大约 150 亿美元的订单。2011 年 1 月胡锦涛主席访美,中美签订了价值约 450 亿美元的经贸合作订单。④ 在发展与周边小国关系时,经济外交或互惠也

---

① 但这并不是表示中国不会使用武力。

② 中华人民共和国外交部:《"搁置争议、共同开发"》,http://www.mfa.gov.cn/chn//gxh/xsb/wjzs/t8958.htm,2014 年 3 月 4 日登录。

③ M. Taylor Fravel, "China's Strategy in the South China Sea," *Contemporary Southern Asia*, Vol. 33, No. 2, 2011, pp. 292-319.

④ 《美称中美签署 450 亿美元订单 中方购 200 架飞机》,人民网,http://mnc.people.com.cn/GB/13770892.html,2014 年 3 月 4 日登录;《温家宝带给欧洲 150 亿美元订单》,《经济观察报》2009 年 2 月 4 日,http://style.sina.com.cn/news/2009-02-04/141533111.shtml,2014 年 3 月 4 日登录。

成为中国发展良好关系愿望的主要手段之一。比如,针对菲律宾、越南等国在南海问题上的持续挑衅,中国政府的主流政策和行为,并不是给予军事和外交上的完全遏制、强制或威慑,而是邀请菲律宾以及越南领导人访华,签订了面向未来五年的经济合作计划。① 通过经济发展与合作稳定相关小国的战略挑衅,成为中国处理周边安全与治理的一种常用方式。

第三,继续坚守不干涉原则。在国际行为以及全球政策方面,中国仍然坚持传统的"和平共处五项原则",特别是其关于国家主权问题的观念。在处理全球其他地区的争端、相关国家的内部政治动荡方面,中国力图保持不干涉内政的良好记录。无论是在联合国系统,还是在地区安全机制等方面,中国均强调尊重相关国家人民的选择,保持与现任政权的外交联系。② 这种坚持传统原则的做法,表明中国对于其他国家发展的尊重,以及对于协调和平解决地区问题的态度,这有利益促动的一面,但最为重要的是坚持中国自身的理念、原则以及行为模式。在处理中东北非动荡、苏丹分裂、南斯拉夫内战等问题时,中国都坚守自身的不干涉内政原则。这种坚持传统理念的行为,表明中国在国际价值和伦理方面,对于主权的尊重、对于和平与协商等价值的追求。③ 尽管遭受国际舆论的批评以及损失自身利益,但可以将中国坚持这种战略行为与观念模式看做是对于自身价值体系的一种长期维护以及利益的判定。

---

① 比如中越于 2011 年 10 月 11 日签署了《中越经贸合作五年发展规划》,而菲律宾总统也于 2011 年 8 月 30 日访华,双方签署了《中菲经贸合作五年发展规划》。预计到 2016 年,中越和中菲双边贸易额均突破 600 亿美元。

② Joel Wuthnow, *Chinese Diplomacy and the UN Security Council: Beyond the Veto*, New York: Routledge, 2013.

③ 外交部新闻发言人对于不干涉内政原则的反复强调,成为其一贯的言论立场。Hak Yin Li and Yongnian Zheng, "Re-interpreting China's Non-intervention Policy towards Myanmar: Leverage, Interest and Intervention," *Journal of Contemporary China*, Vol. 18, No. 61, 2009, pp. 617-637. 中国学者对不干涉内政原则的思考,参见王逸舟:《创造性介入——中国外交新取向》,北京大学出版社 2011 年版。

（三）影响诚意信号表达的因素

基于理性主义的分析，行为体向国际社会或特定相关行为体发射信号，如果要使信号具有可信性，那么，这种信号必须代价昂贵，而不能是廉价的。[①] 在此理论逻辑下，如果中国的诚意信号是昂贵的，说明中国外交的政策和行为若违背诚意承诺，那么就必须付出高昂的代价，这种代价要么是经济上（物质利益），要么是政治上的（比如国内政治的不稳定以及领导人政治生命问题等），要么是认同、情感上的（比如在国际社会失面子、损害形象等）。

首先，经济相互依赖的影响。随着中国融入国际经济体系，即加入 WTO 之后，中国经济增长迅速，新世纪以来均保持 8% 以上的高增速。与此相对应，中国与主要的西方大国以及周边国家的经济联系越来越密切，经济相互依存度也随之提高。[②] 自 2010 年起，中国成为东盟的第一大贸易伙伴，中国与日本、韩国等国的经济联系也日渐紧密，中美之间的贸易更成为美国对外贸易的主要成分。从这些数据可以看出，中国与主要的大国和周边国家，均进入了一种高度的相互依存状态。对于中国的对外诚意信号发射及其效果，这种经济上的依赖具有相当的正面作用。特别是对于中国的和平、合作以及其他积极战略举动，具有良好的塑造作用。基于中国与相关国家在相互依赖的经济结构中各自的敏感性和脆弱性存在差异，不同行为体对此的知觉也是不同的。[③] 除此之外，中国内部的政治决策对于经济相互依赖的敏感性也是不同的，所以，这些也会造成国际社会对于经济相互依赖到底能在多大程度上制约中国的战略举动，即能否做到

---

① James D. Fearon, "Signaling Foreign Policy Interests: Tying Hands versus Sinking Costs," *Journal of Conflict Resolution*, Vol. 41, No. 1, 1997, pp. 68-90.

② 宋国友:《中美经济相互依赖及其限度》,《现代国际关系》2007 年第 5 期,第 58—64 页;丁斗:《中日经济关系的相互依存及其敏感性问题》,《太平洋学报》2005 年第 7 期,第 47—53 页。

③ 关于脆弱性和敏感性的差异,参见〔美〕罗伯特·基欧汉、〔美〕约瑟夫·奈:《权力与相互依赖》(门洪华译),北京大学出版社 2002 年版。

诚意的实际体现,存在一定的不确定性看法。比如,由于历史因素以及现实的战略竞争,中日之间的经济相互依赖对于中国对日本诚意信号表达的效果,可能不如中美经济依赖的效果好。

除了经济相互依赖之外,中国与既有体系的关系也是重要的环境因素。中国与美国的战略性合作关系一直是影响中国对外战略的核心因素之一。中美在冷战后经过了数次战略竞争以及危机阶段,从先前的战略盟友转变为冷战结束后的战略竞争者,而今又发展到一种"非敌非友"的关系状态。[①] 中美之间的结构性合作因素对于中国自身的诚意信号表达具有重要的积极作用,使得中国对于中美合作以及地区问题的诚意具有更高的可信性,即中国自身对于武力使用、强硬政策的使用,均受到与美国的战略性合作关系的限制。中国与美国价值观体系相似度低,共同战略利益并不多,但中美之间的经济相互依赖,特别是中美社会的交流(社会来往、教育和移民等因素)以及中国成为美国国债最大持有者等因素,对于中国积极塑造在相关问题的诚意信号具有正面促进作用。当然,中美并非完全的战略盟友关系,同时,中美内在的紧密依赖关系也并非在所有问题领域对于中国的诚意信号具有正面作用。

其次,对中国对外诚意信号如何归因,是决定信号是否昂贵、效果是否明显的心理机制。相对而言,经济上的诚意更容易被接受,因为信号被违背的代价——经济上的损失直接可见,且能够对中国自身利益造成极大损害。而相对而言,政治代价以及认同代价则可能

---

① Robert Suettinger, *Beyond Tiananmen: The Politics of US-China Relations*, 1989-2000, Washington, DC: Brookings Institution Press, 2003; Michael D. Swaine, Tousheng Zhang and Danielle F. S. Cohen, eds., *Managing Sino-American Crises: Case Studies and Analysis*, Washington, DC: Carnegie Endowment, 2006;李巍、张哲馨:《战略竞争时代的新型中美关系》,《国际政治科学》2015 年第 1 期,第 25—53 页。

对诚意信号代价的影响较小。① 所以,中国对外投资增多,在不同国家和地区经济利益存在的增大以及与相关国家社会和经济往来与依存的增加,可能是促使中国对外呈现较为昂贵的诚意信号主要形式。这种昂贵信号理论上能够对中国诚意形成制约,但现实中,经济利益往往服从于国家大战略以及政治需要,所以经济利益的损失对于中国自身意图和行为的制约是不同的。第一个因素在于信号是否昂贵。在特定领域,中国基于维护大局以及发展双边关系的需要,做出相应的对外礼让或克制,是建立在中国自身利益受到损害的基础之上。如果中国的损失具有较高的可信性,那么中国的这种合作与发展诚意具有较大的可信性。昂贵诚意信号的决定性因素在于它有较高的代价成本,而且能够得到对方正确的领会。第二个因素是中国对外诚意的昂贵信号容易被理性主义者视为战略性举动,或者是受到归因错误、对方国内政治等因素影响,中国的政策宣誓和良好行为记录,并不足以让国际社会完全认识和承认中国的诚意意图。第三个因素是结构性的因素,由于权力的不对称,比如大国与小国的归因差异,霸主与新兴崛起国对于自身良好意图以及行为的归因也存在根本的误差,如霸权国更为关注新兴大国的力量增长,而新兴大国更为强调自身良好的意图。②

与理性主义的昂贵信号相对的是,在讨论中国对外诚意信号发射的问题时,一个最为微观的层次或渠道,就是考察中国领导人特意

① 中国领导人与公共舆论之间的关系,实质就是中国领导人对于政治风险和社会风险的掌控,这也与当今较为流行的威权国家的观众成本要素是紧密相关的。相关研究可参阅:Jessica L. Weeks, "Autocratic Audience Costs: Regime Type and Signaling Resolve," *International Organization*, Vol. 53, No. 1, 2008, pp. 35-64; Michael Tomz and Jessica L. Weeks, "Public Opinion and the Democratic Peace," *American Political Science Review*, Vol. 107, No. 4, 2013, pp. 849-865; Susan L. Shirk, *China: Fragile Superpower*, Oxford: Oxford University Press, 2008.

② 唐世平、綦大鹏:《中国外交讨论中的"中国中心主义"与"美国中心主义"》,《世界经济与政治》2008 年第 12 期,第 62—70 页。

强调与相关国家领导人或政治人物的个人关系。[①] 通过建立和维系关系,这是中国政治文化中信息沟通、发展关系以及解决问题的一种重要方式,也是中国文化的一种体现。在新中国成立以来的历史中,中国非常重视与相关国家领导人和社会知名人士建立起各种层次的个人联系,最为有名的当属中国在 60 年中赋予了 601 位亚非拉国家和欧美亲华人士"中国人民的老朋友"的光荣称号。[②] 在处理相关大国关系比如美国时,中国也非常重视通过个人和私人交往的渠道打开和拓展之前的关系。本章的分析重点在于讨论中国向国际社会、相关国家如何展示自身诚意的基本方式和渠道。理论上看,个人关系是建立信任、展示诚意的一个基本渠道,同时个人关系往往又是建立信任、发展关系的方式和手段。总体而言,在冷战期间中国对外关系中,通过个人关系向外表达合作等信号更为常见,而冷战后的中国外交更加向制度化方向发展。[③] 所以,在此我们并不准备详细讨论这种微观的个人渠道作为一种基本的信号表达方式。

第二节　中国对外诚意信号表达效果的案例分析

本章选取冷战结束以来的中国外交案例,作为中国对外诚意信号表达效果分析的具体经验事实。基于比较性以及依据自变量选择

[①]　近期,认知神经科学的发展,提出了个人之间的联系和交往是国家间信任和诚意的重要判断基础,在很多案例中,理性的昂贵信号并不发挥作用,而是个人之间的接触至关重要。相关研究,请参阅 Todd Hall and Keren Yarhi-Milo, "The Personal Touch: Leaders' Impressions, Costly Signaling, and Assessments of Sincerity in International Relations," *International Studies Quarterly*, Vol. 56, No. 3, 2012, pp. 560-573; Marcus Holmes, "The Force of Face-to-Face Diplomacy: Mirror Neurons and the Problem of Intentions," *International Organization*, Vol. 67, No. 4, 2013, pp. 829-861。

[②]　张清敏、李啟窥:《中国对外行为的根源辨析》,《外交评论》2011 年第 4 期,第 3—20 页;方可成:《谁是"中国人民的老朋友"?》,《南方周末》2011 年 3 月 3 日。

[③]　最为典型的一个例子就是,1970 年国庆时,中国邀请国际友人斯诺在天安门城楼参加庆典,并随后在《人民日报》刊载了相关照片,但美国并未及时领会这种合作信号表达。

案例的标准,我们选取中国与东盟关系以及中美关系发展作为两组案例。最为重要的是,中国与东盟和中美关系是检验中国对外诚意信号及其效果的"强案例"①,因为中国与东盟存在巨大权力差距,因此理论上中国的诚意信号动力不足,效果不彰;而中美两国是崛起国和霸权国关系,因此中国的诚意信号可能更多地被视作是策略性和战略性的。简言之,这两组案例更为符合理性主义对于诚意等道德因素的忽视性预期。进而,本章将分析冷战结束 20 年来,中国自身的诚意(和平、合作以及善意等)为何在某些时段能够得到对方的认可(不论这种认可是基于战略性的还是基于认同性的),而在另外一些时段,在中国自身政策宣誓和信用并没有根本改变的情况下,双边关系却并没有顺利发展,尤其是对方对于中国和平意图的认识还出现了重要的变化。我们认为,重要的竞争性的影响变量还包括中国自身权力和力量的增长以及对方国家的战略以及内部政治的变化。

(一) 中国与东盟的关系

冷战结束后,中国才正式与东盟建立外交联系。起初,中国与东盟关系的发展,是纳入中国的周边多边合作的整体框架之中的。②鉴于冷战期间中国与东南亚关系受意识形态的负面影响,以及在冷战期间和冷战结束之初中国与东盟的经济联系都很弱,所以,中国与东盟在最初的关系发展阶段并不是特别顺利。具体来说,在 20 世纪 90 年代,"中国威胁论"在东南亚存有广泛的市场,即从政府到社会,大部分东盟国家对于中国力量的增长以及战略意图持怀疑和负面态度,而且,一个重要的现实利益纷争就是中国与不少东盟国家存在领土争端问题。③ 比如 1994 年,中国与菲律宾就发生了领海冲突。基

---

① Alexander L. George and Andrew Bennett, *Case Studies and Theory Development in the Social Sciences*, Cambridge, MA: MIT Press, 2005.

② 姜宅久:《中国地区多边安全合作的动因》,《国际政治科学》2006 年第 1 期,第 1—27 页。

③ 唐世平、张洁、曹筱阳:《冷战后近邻国家对华政策研究》,世界知识出版社 2005 年版。

于较差的历史基础以及在意识形态、国家同质性上的差异,连同外在因素如美国等的影响,中国与东盟的关系在 20 世纪 90 年代发展起点较低。中国本着逐步开展与东盟关系、积极参加东盟地区合作与安全机制的态度,逐渐发展并改善了与东盟的关系。① 中国无论从政策层面,还是行为层面,均表现出发展与东盟关系的极大诚意和善意,比如,发挥中国的责任、突出东盟的领导地位以及大力发展双边经贸合作,特别是约束中国自身的行为等。在以下重要的事件或时间当中,中国通过自身的诚意信号或行为,获得了东盟方面的积极反应,从而使中国与东盟的合作关系得到较为顺利的发展,中国与东盟之间的政治和战略信任也得以提升,这成为中国成功开展周边外交的一个典型。

第一,在 1997—1998 年金融危机期间的负责任行为。1997 年爆发的东亚金融危机,对于之前一直受国际社会肯定的东亚模式是一种致命的打击。同时,对于东南亚国家来说,经济形势也是一落千丈,大部分国家都遭受金融危机的影响。而国际组织和西方发达国家,对于这次危机采取的是严厉的援助政策,大部分援助将经济援助和救助与相关的政治条件相挂钩。而对于中国来说,由于中国自身与东盟经济贸易以及相互投资才刚刚开始,中国自身的经济也遭受一定的影响。而且,20 世纪 90 年代中国自身的经济实力远非当今世界第二大经济体可比,可以说当时中国自己也面临着较大的困难。但是,中国对于东南亚金融危机采取了负责任的态度,即宣布人民币不贬值,而且尽可能地通过无条件的援助和经济合作等方式,帮助东南亚国家从危机中恢复经济。中国在东南亚金融危机的负责任举动,赢得了东盟国家的一致认可,为 2000 年以来中国与东盟关系的顺利发展奠定了基础,而 20 世纪 90 年代盛行的"中国威胁论"也为

---

① 曹云华、唐翀:《新中国—东盟关系论》,世界知识出版社 2005 年版;郑先武:《中国—东盟安全合作的综合化》,《现代国际关系》2012 年第 3 期,第 47—53 页。

"中国机遇论"和责任论所取代。[①]

第二,在南海等利益冲突问题上进行自我约束。对于南海问题,由于牵涉复杂的历史因素以及现实的利益争端,从 20 世纪 80 年代开始,中国就遵循邓小平所确立的"搁置争议、共同开发"的原则,从而与主要的东盟争端国保持着一种和平的状态。[②] 在 20 世纪 90 年代到 2010 年前后,中国一直恪守这一原则,试图维护与东盟以及相关国家的友好关系。同时,经过与东盟的协商谈判,中国于 2002 年签署了《南海各方行动宣言》,2003 年更加入《东南亚友好合作条约》。[③] 尽管这些国际条约并不具有根本的约束性作用,但中国通过签署国际条约的形式,为自身的行为设立了较高的国际观众成本制约,从而为赢得东盟的认可奠定了昂贵信号基础。无论从国际协议,还是中国自身的实际行动来看,中国均表现出较高的自我约束性,因此,在这个维度上,中国的诚意信号得到了较好的回报,即中国与东盟的政治信任得到发展。

第三,在东盟地区合作过程中凸显东盟的领导地位。东盟组织作为东南亚一体化的领导者,具有自身鲜明的特点。比如,东盟的主要功能在于经济一体化,而在政治和安全一体化方面较弱,特别是在安全上,东盟一直依靠美国的战略合作和保护。另一个重要的特点是,东盟的领导者是东盟自身的小国集团,尽管东盟积极发展与周边大国如中国、美国和日本的协商性机制,比如东盟"10 + 1"和"10 + 3"

---

① 王子昌:《东亚区域合作的动力与机制》,中国社会科学出版社 2003 年版,第 163—173 页;John Ravenhill, "Is China an Economic Threat to Southeast Asia," *Asian Survey*, Vol.46, No.5, 2006, pp.653-674。

② 邓小平提出"搁置争议、共同开发"的立场最开始是应用于中日之间的钓鱼岛问题,随后,在中国与东南亚国家关于南海争端的处理过程中,邓小平在 1986 年 6 月和 1988 年 4 月接见来访的菲律宾总统时,系统提出了针对南沙问题的"搁置争议、共同开发"以及"主权属我"的原则。笔者认为,"主权属我"是一种单边共识,或者主权属我,为何又需要共同开发呢?参见中共中央文献研究室编:《邓小平年谱:1975—1997》(下),中央文献出版社 2004 年版,第 1122、1227 页。

③ 曹云华:《建立面向 21 世纪的睦邻互信伙伴关系——评中国加入〈东南亚友好合作条约〉》,《东南亚研究》2004 年第 6 期,第 4—9 页。

机制非常活跃,但主导东盟发展的还是东盟 10 个国家的联盟。① 这种领导地位的形成,成为东盟发展的重要促动因素。中国与东盟关系的发展,从一开始就尊重和维护东盟自身的领导地位,并没有试图积极影响并掌控东盟的一体化进程。而且,中国更多的是通过"10 + 1"和首脑峰会机制,保持与东盟在经济方面的合作。通过尊重东盟的领导者地位,中国在地位和权力追求方面展现的诚意,获得了东盟的认可和回报。因此,也有学者提出,中国与东盟关系的发展,特别是政治信任的增长跟中国与东盟关系中的"舒适度"紧密相关。②

第四,积极推动双边经贸关系发展。从 20 世纪 90 年代以来,中国与东盟的经贸联系日益增长。到目前为止,中国成为东盟的第一大贸易伙伴,而且中国—东盟自由贸易区也初见雏形。在东亚地区合作进程中,已经形成了中国与东盟的经贸合作以及东盟与美国的安全合作的双重机制,即东盟经济上依赖中国,安全上依赖美国。在积极努力发展与东盟的经贸合作过程中,中国一直本着"睦邻和富邻"的基本原则,在国家和省市级多层面开展与东盟的合作,2010 年 1 月 1 日中国—东盟自贸区正式建成。③ 中国与东盟的经贸合作,并没有附加任何的政治条件或其他的限制性因素。

综合来看,对于发展与东盟的关系,中国自身在政策宣誓、行为约束以及一些昂贵信号方面,都做出了非常有诚意的举措,这些诚意信号得到较多的认可,双方的关系发展较为顺利,唯一的变化就是 2009 年以来中国与东南亚关系发展进入复杂和下降的通道。④ 自从 2009 年起,由于中国与菲律宾、越南等国在南海问题上发生冲突,主

---

① 喻常森:《东盟在亚太多边安全合作进程中的角色分析》,《外交评论》2007 年第 4 期,第 59—66 页。

② 季玲:《权力格局失衡与心理调适——中国东盟关系中的信任问题》,《南洋问题研究》2012 年第 1 期,第 37—46 页。

③ 见中国—东盟自贸区网站:http://www.cn-asean.org/default.aspx。

④ 近期关于中国周边外交的反思,参阅周方银:《中国崛起、东亚格局变迁与东亚秩序的发展方向》,《当代亚太》2012 年第 5 期,第 4—32 页;陈琪、管传靖:《中国周边外交的政策调整与新理念》,《当代亚太》2014 年第 3 期,第 4—26 页。

要缘由在于相关国家挑战现状,打破之前的"搁置争议、共同开发"的默契,而美国等相关国家也摆着重返亚太的姿态,为这些国家提供后台和靠山。中国自身在国家实力和军事实力增长的情况下,虽然政府层面并没有改变之前的总体政策和行为,但社会层面的民族主义情绪较为强烈,而且先前战略政策的矛盾之处以及昂贵信号冲突等因素开始显现。在诸多因素的刺激下,中国在南海问题等安全议题上原先的诚意信号发射效果变得不再明显,中国的周边安全形势也日趋严峻。2013 年 10 月,中央政治局专门召开周边外交会议,这是前所未有的大举动,标志着中国周边外交进入调整阶段,确立"周边外交的基本方针,就是坚持与邻为善、以邻为伴,坚持睦邻、安邻、富邻,突出体现亲、诚、惠、容的理念"①。

(二) 中美关系

正如前文所述,冷战结束以来,中美事实上形成了崛起国与霸权国的关系。作为崛起中的大国,中国的发展以及外交实践,客观上要面对如何应对既有霸权国反应的问题。传统的霸权更替理论很难承认对外诚意信号的存在及其作用。② 但是,中国强调自身走一条新型的国家发展道路,特别强调和平发展的意图、传统的王道对于中国对外政策的现实意义,近期,中国还提出构建新型大国关系的理念,这些均表明中国的发展是不会挑战既有体系的。具体言之,中国在战略意图和战略支持等方面,向美国表达了和平、合作以及发展新型关系的愿望。

第一,合作诚意。美国一直是中国对外关系的重中之重,因此,从中美建交开始,邓小平就确立了与美国积极合作的政策。20 世纪

---

① 《习近平:让命运共同体意识在周边国家落地生根》(2013 年 10 月 25 日),中华人民共和国外交部网站,http://www.fmprc.gov.cn/mfa_chn/zyxw_602251/t1093113.shtml。

② John Mearsheimer, "The Gathering Storm: China's Challenge to US Power in Asia," pp. 381-396; A. F. K. Organski, *World Politics*; Steve Chan, *China, the US and the Power Transition Theory*.

80 年代是中美关系发展的蜜月期。但由于 1989 年的风波,以美国为首的西方世界对中国实行了战略封锁,导致中美关系进入低谷,而中国外交也进入一个困难和调整时期。对此,邓小平适时提出了"冷静观察、稳住阵脚、沉着应付、韬光养晦、善于守拙、决不当头、有所作为"的战略策略方针。针对中美关系,中国提出了增加信任、减少麻烦、发展合作、不搞对抗的方针。① 20 世纪 90 年代前期和中期是中美之间的对抗时期,经历了台海危机等战略性考验。到了 1998 年克林顿总统访华,才确立了新时期中美关系发展的大局。随着台海局势的恶化以及中美战略竞争的加剧,到 2001 年小布什政府上台时,中美关系又经历了一个非常紧张的战略竞争时期。但 2001 年美国遭受国际恐怖主义的袭击,由此美国全球战略格局实现了根本性的改变,即开展全球反恐战争、维护美国的本土安全,开始成为美国的第一要务。②

在这种战略背景下,中国适时给予了美国战略性的支持。比如,在美国遭受恐怖袭击后的第二天,就通过领导人电话以及新闻发言人等渠道,表达对美国的战略同情,并表示哀悼和慰问,谴责恐怖主义,期待国际社会合作,共同打击恐怖主义。③ 由于美国在反恐战争问题上需要中国的战略性支持,所以,在小布什政府的 8 年间,中美关系发展较为顺利,曾经一度被认为是中美建交以来最好的时期。而美国在台湾问题、新疆和西藏问题上,也是给予了中国一定的支持或默契,例如将东突组织定性为恐怖主义组织,在台湾问题上力压

---

① 《邓小平文选》第 3 卷,第 320—321 页;宫力:《邓小平与美国》,中共党史出版社 2004 年版。

② 陶文钊、何兴强:《中美关系史》,中国社会科学出版社 2009 年版;James Mann, A-bout Face: A History of America's Curious Relationship with China, From Nixon to Clinton, N. Y.: Knopf, 1999。

③ 《国家主席江泽民就美国纽约和华盛顿遭受恐怖袭击致电美国总统布什》(2001 年 9 月 12 日),中华人民共和国驻沙特大使馆,http://sa. chineseembassy. org/chn/zt/fdk-bzy/t153915. htm,2014 年 3 月 6 日登录;Todd Hall, "Sympathetic States: Explaining the Russian and Chinese Responses to September 11," Political Science Quarterly, Vol. 127, No. 3, 2012, pp. 369-400。

"台独"力量、维持台海的和平现状等。对于中国的战略支持,美国一定程度上是理解和欣慰的,当然,美国的战略预期也进一步扩大,比如佐利克进一步提出中国的责任论,强调中美应该做利益攸关者。①

第二,在亚太安全方面积极创设多边机制。对于美国在亚太的军事、政治和经济存在,中国一直强调并无挑战美国亚太领导者的意愿。② 而且,美国要在亚太发挥领导作用,特别是针对某些地区不稳定因素,要维持美国的战略利益,需要中国的积极支持。在东北亚安全机制问题上,基于维护中国国家利益的考虑以及稳定周边的责任意识,中国积极作为,创设了六方会谈机制,表达了中国愿意为东北亚安全与和平承担自身责任的意图。中国一直强调,在朝核问题上必须秉承对话、协商与和平的原则,推动朝鲜半岛无核化,维护东北亚的和平与稳定。③ 尽管对于六方会谈机制的战略性效果,不同国家和分析者存在较大分歧,但中国为了解决周边安全问题而创设多边机制的努力所表现出来的负责任大国的态度,还是受到美国等相关国家的战略性领会。

第三,展现和平意图。针对中国崛起过程中国际社会尤其是美国和周边国家对中国的战略疑虑不断增加的情况,中国强调自身崛起不会侵犯美国的利益,中国崛起对于世界而言是一种收益,而不是挑战。为了从国家战略和政策层面解决传统的霸权更替困境,中国从 20 世纪 90 年代后期就开始着手考虑和平崛起理论,后来由于"崛起"字眼仍然过于挑衅和刺激,因此,才将中国和平崛起的战略框架

---

① Robert B. Zoellick, "Wither China: From Membership to Responsibility?" Remarks at National Committee on U. S-China Relation, September 21, 2005, http//www. state. gov/s/d/rem/ 53682. htm.

② 《中华人民共和国与美利坚合众国联合声明》(2011 年 1 月 19 日),中华人民共和国外交部网站,http://www. fmprc. gov. cn/mfa_chn/gjhdq_603914/gj_603916/bmz_607664/1206_608238/1207_608250/t788163. shtml,2014 年 3 月 6 日登录。

③ 《王毅就朝鲜半岛局势阐述中方立场》(2014 年 2 月 14 日),中华人民共和国外交部网站,http://www. fmprc. gov. cn/mfa_chn/gjhdq_603914/gj_603916/yz_603918/1206_604114/xgxw_604120/t1128711. shtml,2014 年 3 月 6 日登录。

和政策表述,转换为中国和平发展的理念。① 而且,中国于 21 世纪初连续发布了两份关于中国和平发展道路的白皮书,从国家战略方面向世界进行了政策宣誓和解释,系统阐述了中国和平发展的内涵、必要性、可能性等问题。这种国家政策宣誓,虽然很难具有昂贵的信号代价,但从国家战略方面进行政策诠释,仍具有一定的战略效果,至少将中国的和平意图有效地传递给了美国,至于美国是否接受和相信,则是另外一个问题。呈现和平意图的另外一个维度,就是在台湾问题上转变重要战略。由于台湾地区领导人选举所带来的战略不稳定性,中国对于台湾的内部政治和对外交往,更多采取的是战略威慑和强迫的政策。② 但由于 2008 年选举并没有挑战既有现状,因此从 2008 年开始,中国大陆开始运用经济和社会交流的手段,试图更为软性地增加和平统一的可能性。迄今为止,台海发生危机的可能性极大下降,而两岸的和平交流也取得了丰硕的成果。在这方面,中国向美国传递了强烈的和平意愿,而美国也奉行了维持现状的政策,甚至有声音认为台湾的战略地位已下降或成为美国的一个战略包袱。③

第四,中美经济上相互依赖增强、双边贸易快速发展。冷战结束以来,特别是随着中国加入 WTO 之后,中美之间的贸易额增长迅速,中美进入新一轮经济相互依赖状态。中美经济相互依赖的另一个重要表现,就是中国大量投资美国国债,成为美国国债的最大海外持有者。2014 年 1 月,中国持有美国国债总额已达 1.317 万亿美元,进一

---

① Bonnie S. Glaser and Evan S. Medeiros, "The Changing Ecology of Foreign Policy-Making in China: The Ascension and Demise of the Theory of 'Peaceful Rise'," *China Quarterly*, Vol.190, No.3, 2007, pp.291-310.

② Robert S. Ross, "Navigating the Taiwan Strait: Deterrence, Escalation Dominance, and U.S.-China Relations," *International Security*, Vol.27, No.2, 2002, pp.48-85.

③ 美国政府和学界关于台湾战略地位的争辩,参见 Charles Glaser, "Will China's Rise Lead to War? Why Realism Does Not Mean Pessimism," *Foreign Affairs*, Vol.90, No.2, 2011, pp.80-91; Daniel Blumenthal, "Rethinking U.S. Foreign Policy towards Taiwan," Foreign Policy Online, March 2, 2011, http://shadow.foreignpolicy.com/posts/2011/03/02/rethinking_us_foreign_policy_towards_taiwan。

步巩固了美国最大"债主"地位。① 中国大量购买美国国债,有其自身的各种经济和政治理由,但这种战略性信号明确表明,中国尊重并认可美国在全球的政治经济领导地位,中国只是认为美国是中国的战略竞争者。而且,自从美国金融危机以来,中美社会和教育交往日益密切,美国成为中国海外留学生和访学的集中地。中美社会经济联系的加强,成为促进中国和平与合作诚意的一个重要信号。②

尽管中美之间是霸权国和新兴大国的战略竞争关系,但中国对于发展中美关系还是表达了不少诚意信号。总体来说,由于面对着传统的权力竞争关系,中国的诚意信号表达的效果具有差异性,比如,和平诚意最难得到美国的理解。这不仅仅是因为中国是从政策宣誓层面进行信号传递,更多的是美国秉持现实主义利益原则,很难相信新兴大国的和平意图,它们更为关注的是新兴大国力量的增长以及是否存在利益冲突和竞争。③ 就合作诚意来说,其部分得到美国的认可,但美国的期望是中国承担更大的责任。美国对于中国在反恐和东亚安全上的合作责任,表达了战略性的接受和感激,因此在特定时期和领域,中美关系发展较为健康。但是,自奥巴马政府以来,美国希望中国在地区安全、全球问题上发挥更多的作用,比如伊朗、中东地区等,两国在全球气候峰会上的争吵等表明美国的战略期望更高。换言之,美国认为中国的战略合作诚意是不够的,希望中国承担更多的责任。同时,在经济领域,美国也认为中国应该承担更多的责任,特别是对于人民币汇率问题等,美一直指责中国操纵人民币

---

① 《中国持美国国债 1.317 万亿美元再创纪录》,新华网,2014 年 1 月 17 日,http://news. xinhuanet. com/world/2014-01/17/c_126021140. htm,2014 年 3 月 6 日登录。

② 《人文交流机制是中美新型大国关系助力器》,新华网,2013 年 11 月 23 日,http://news. xinhuanet. com/world/2013-11/23/c_125749974. htm,2014 年 3 月 6 日登录;《第四轮中美人文交流高层磋商联合成果报告》,教育部网站,2013 年 11 月 23 日,http://www.moe. edu. cn/publicfiles/business/htmlfiles/moe/s5987/201311/159840. html,2014 年 3 月 6 日登录。严格来说,上述信息或事实更倾向于是一种"迹象",而非"信号",因为难以推测出中国的战略性举动或中美的经济和社会交往事实是基于较强的"诚意动机"。

③ John Mearsheimer, *The Tragedy of Great Power Politics*; John Mearsheimer, "The Gathering Storm: China's Challenge to US Power in Asia," pp. 381-396.

汇率,从而导致了中美之间更大的贸易逆差。

（三）比较分析与总结

　　基于中国与东盟以及中美关系中的诚意信号表达实践的分析,中国诚意信号表达及其效果具有如下特征:从诚意信号表达对象来看,中国并非仅对权力结构中不占优势的小国表达诚意信号,对于冷战后一超多强国际格局中的霸主,中国同样也表达了系列的合作、和平以及责任等诚意信号。因此,中国的表达对象是多维度的,同时也具有不同的动因。从基本的动因来看,主要体现为两个方面,其一是文化层次的对于诚意的追求。尽管利益观越来越成为中国外交的一个根本动力,但文化动因上的诚意与和谐、共赢和互惠等,也成为中国外交的一个重要特性。中共十八大以来中国外交对于新型义利观以及"亲、诚、惠、容"周边外交理念的强调,凸显了文化意义上诚意的重要性。① 其二,战略性动机及其目标也是中国诚意信号表达的重要内容。改善与东盟的关系、树立良好的周边形象、缓解中国作为新兴崛起大国与既存霸主之间的战略性、结构性矛盾,都是中国诚意外交的重要战略目标。当然,在不同的表达对象,以及不同的表达时期,甚至在不同的对外战略组合中,中国诚意外交信号的表达效果是存在差异的。这也与相关的外生震动,比如中国与东盟相关国家的领土争端、美国重返亚太战略等紧密相关。一些大的国际事件也深度影响中美关系,比如"9·11"恐怖袭击从整体上改善了中美的战略竞争的态势。

　　在中国与东盟关系中,时间的演变、实力对比的改变以及外生震动的出现,使中国诚意信号表达的效果呈现出阶段性的差异。而在中美关系中,对于不同的诚意内容,中国的表达效果也是存在差异,因而这是一种不同诚意内涵表达效果的差异。那么,为何会出现这

---

　　① 王毅:《探索中国特色大国外交之路》,《国际问题研究》2013 年第 4 期,第 1—7 页;钱彤、李学仁:《习近平在周边外交工作座谈会上发表重要讲话,强调为我国发展争取良好周边缓解,推动我国发展更多惠及周边国家》,《人民日报》2013 年 10 月 26 日。

些差异？何时中国诚意信号表达效果会发生变化呢？接下来本章将引入战略匹配的解释机制，试图从结构层次寻找微观战略互动的缘由。

第三节　战略匹配与中国诚意信号表达

中国从和平、责任以及合作诚意多个层次对国际社会表达诚意信号，应该说，总体上取得了积极的效果，也获得了一定的国际社会认可。反观之，中国当前的国际环境比冷战结束之初已大大改善。[1]但是，或许诚意作为一种非现实、非物质的因素，在中国对外关系发展过程中难以发挥主要推动作用。总体而言，在政策宣示和过去行为实践层面，我们认为中国的诚意信号的表达效果具有一定的局限性，在这两个层次，中国的战略举动更多的是向世界表明自己的诚意是什么，理想的状况是对方接收到了中国的信号刺激。但是，作为与中国存在紧密利益关系的另一战略行为体，对于中国意图以及战略行为的解读，既不是由中国的政策宣示决定的，也不是由中国过去行为所决定的，何况对于过去行为是什么、如何归因还存在巨大差异。[2] 其中重要的缘由为，外部世界对于中国诚意的判定和接受，信号是否昂贵与可信性程度发挥了重要作用。而影响中国对外诚意信号是否昂贵的重要因素，包括中国的战略举措代价是否很大以及是否还有其他替代性战略选择。以下我们将具体分析冷战结束以来在中国与东盟以及中美关系两个案例中，为何在某些时期诚意信号表达是有效的，而在另外一些时期则效果不彰。

---

① 王逸舟：《中国外交三十年：对进步与不足的若干思考》，《外交评论》2007 年第 5 期，第 10—22 页。

② Tang Shiping, "Outline of a New Theory of Attribution in IR: Dimensions of Uncertainty and Their Cognitive Challenges," *The Chinese Journal of International Politics*, Vol. 5, No3, 2012, pp. 299-338.

（一）相关影响因素

在和平、责任和合作等诚意维度中，我们认为最为关键、最难以得到外部世界正面解读的是和平意图诚意，因为其他维度均涉及对行为和实际利益诚意的判定，因而较为容易。① 而和平诚意的负面效果，在中国对南海问题的利益信号发射问题上表现得较为明显，这也客观上彰显了东盟和美国对于中国意图的判定。从战略心理学视角来看，这是中国向国际社会，主要是美国、周边等国家有效传递善意与和平战略意图、进行战略再保证的策略实施问题。从传统路径来看，一般存在政策表态、行为约束以及昂贵信号表达等路径。② 在此意义上，中国的政策实施路径也是符合理论预期的。但在效果分析或影响因素层面，我们认为，战略匹配解释机制的提出，是对于传统战略安抚或战略相互保证策略理论研究的一种重要补充。

从 2009 年前后南海主权争端升级开始，对于中国在维护南海利益方面的举措，国际社会包括美国和东盟各国，都认为中国外交更加进取或咄咄逼人，言下之意就是中国并不具备和平诚意，而随时准备以武力和实力为后盾改变南海问题的现状，获取自身利益。③ 外界对于中国战略意图和行为的解读，受多方面因素的影响。首先，中国自身力量增长过快，导致中国自身的多重身份定位以及强民族主义

---

① 王缉思、李侃如：《中美战略互疑：解析与应对》，社会科学文献出版社 2013 年版。

② Philip E. Tetlock, et al., eds., *Behavior, Society and Nuclear War*, Oxford：Oxford University Press, 1990.

③ Michael D. Swaine and M. Taylor Fravel, "China's Assertive Behavior-Part Two：The Maritime Periphery," *China Leadership Monitor*, No. 35, Summer 2011；Thomas Christensen, "The Advantages of an Assertive China：Responding to Beijing's Abrasive Diplomacy," *Foreign Affairs*, Vol. 90, No. 2, 2011, pp. 54-67；Alistair Iain Johnston, "How New and Assertive Is China's New Assertiveness?" *International Security*, Vol. 37, No. 4, Spring 2013, pp. 7-48. 当然，在国际学术界和政策界，关于中国外交是否发生了根本性的变化，是存在不同声音的。进一步的研究可参见：Dingding Chen, Xiaoyu Pu and Alastair Iain Johnston, "Debating China's Assertiveness," *International Security*, Vol. 38, No. 3, Winter 2013/14, pp. 176-183；Björn Jerdén, "The Assertive China Narrative：Why It Is Wrong and How So Many Still Bought into It," *Chinese Journal of International Politics*, Vol. 7, No. 1, Spring 2014, pp. 47-88.

情绪的强烈表达。尽管中国自身的变化是正常和合理的,但经过美国和其他相关国家政府和媒体的过度解读以及错误放大,导致外部相关行为体对于中国战略意图疑虑重重。而意识形态以及同质性差异,更激发并放大了外界对于中国力量的恐惧和战略敌意以及沟通和协商不透明性的增加。[①]

其次,中国自身昂贵信号表达的下降,即尽管在遵约和行为实践上,中国还是坚持与南海争端国家的友好立场,但中国国内民族主义情绪上升、政治压力的增大,特别是军事力量的发展(航母等发展),降低了先前中国的自我约束信号的可信性。因此,在中国自我约束的昂贵信号表达方面,存在着前后的战略不匹配,这导致了中国自身的政策宣示以及自我约束可信性降低,客观上增加了东盟等相关国家的恐惧。当然,这并非表明,这是唯一影响东盟相关国家对于中国诚意信号发射认可的下降的因素。

再次,其他的因素还包括东盟国家的内部政治变化,即不同的政治势力通过强化"中国威胁",从而达到其自身的国内政治目的。此外,中国的和平和自我约束诚意容易引发其他国家的自私和自利意图的增长,即通过利用中国的自我和平约束,从而为获得实际利益打下很好的基础。[②] 换言之,基于机会主义的考虑,在中国力量强大到成为"超级大国"之前,在中国完全放弃自我约束的信号之前,相关国家想通过先发制人,以时间换取战略优势以获得实际利益。

最后,中国周边外交理念的变化。从中国自身和平意图及其表达来看,中国一直认为自己奉行的是和平发展的道路。在 2009—2014 年间,这是中国外交特别是周边外交理念的重要变化时期,即从韬光养晦到奋发有为,同时也更加强调"亲、诚、惠、容"的周边外交

---

① 这是影响中美、中国与世界信任的最主要因素之一,参见王缉思、李侃如:《中美战略互疑:解析与应对》。

② Shih Chih-yu and Yin Jiwu, "Between Core National Interest and a Harmonious World: Reconciling Self-role Conceptions in Chinese Foreign Policy," *The Chinese Journal of International Politics*, Vol. 6, No. 1, 2013, pp. 59-84.

理念。① 在这个过渡的阶段,理念、政策与行为也会发生错位,因此会导致各种外交信号表达并行不悖。对于周边国家和美国来说,中国强硬的信号恰恰是他们所预期和想象的。

上述国家层面的因素比如权力增长也会导致崛起国本身的心态和情绪变化,进而导致自身战略性的不匹配,客观上影响了中国自身对于诚意的信号表达。而结构性的因素,则是崛起国在力量快速增长过程中,所带来的权力结构变化所产生的冲击,特别是由于意识形态差异和制度同质性差异过大,导致他国对于中国意图以及信号表达的解读,不可避免会产生偏差。尤其是,在传统权力政治的理论预期下,国家间对利益、权力以及地位的竞争,对于诚意信号的表达是一个难以跨越的结构性难题,这也决定了诚意信号表达要实现积极的效果特别难。由此,相关竞争性的解释都强调影响因素的重要性,比如中国自身权力的增长、错误认知(对于中国意图和行为的错误归因等)、国内政治因素的影响、民族主义的激化以及外界因素如美国的战略干扰等。在此,这些相关的解释变量都发挥了程度不一的作用,在不同时期、不同的问题领域以及双边关系中均可以找到各种解释因素的组合。但本章的目的,并不在于进一步探究一种新的因素解释来说明为何在中国—东盟和中美关系发展的不同时期诚意信号表达效果不同,而是在区分解释因素和机制说明的基础上,提供一种机制解释,将各种因素如何影响中国诚意信号表达及其效果统一到一个作用机制框架下,并尝试提出一种战略匹配的解释机制。②

---

① 阎学通:《从韬光养晦到奋发有为》,《国际政治科学》2014 年第 4 期,第 1—35 页;Qin Yaqing, "Continuity through Change: Background Knowledge and China's International Strategy," *The Chinese Journal of International Politics*, Vol. 7, No. 3, 2014, pp. 285-314。

② 本章的目的不在于提供一种新的解释因素并加以证实,而是试图通过简要的案例比较提出一种新的解释机制的假说。关于比较和案例研究的假说发展等功能,可参阅 Arend Lijphart, "Comparative Politics and the Comparative Method," *American Political Science Review*, Vol. 65, No. 3, 1971, pp. 682-693。

（二）战略匹配的解释机制

中国在国际战略与国内战略方面所存在的不匹配性,成为 2009 年以来外部世界质疑中国和平战略意图的一个重要战略机制。当然,一些客观的认知机制偏差也是重要的心理机制,比如外部世界很容易将中国的举动看作是实力所致以及媒体的错误解读和扩大化,特别是权力结构不对等所导致的认知偏差和恐惧也发生作用,比如东盟小国由于跟中国实力差距过大,从而导致它们对中国所谓的"进攻性行为"更为敏感,而由于中美实力差距日渐缩小,美国也非常敏感中国所谓的"进攻性举动"。① 但是,从中国自身的战略匹配角度来说,中国在国际大战略的信号发射方面,受国内民众的影响,中国国内民族主义情绪的增长,让外部世界认为中国和平信号的代价是不高的,中国存在越来越多的战略选择②,而中国国内民族主义情绪增长的一个重要原因就是中国力量的增长。简而言之,中国的战略不匹配表现为,在国际战略上,中国追求的是一种国际和平环境,特别是倡导和谐世界理念,这表明中国认为国际社会的本质是和平的。③ 但是,对于建设和谐世界的路径,中国却不能完全否认使用武力,尤其是在中国国家利益遭受侵害的情况下,由于长期爱国主义教育所造成的强大国内观众成本,导致在面对外部压力下,中国往往将民族主义作为团结社会、强化外交政策合法性的武器。比如,"中国

---

① 对于这种结构性错误知觉理论及其对中国外交的影响,参见林民旺:《沃马克的结构性错误知觉理论研究》,《国际政治研究》2009 年第 2 期,第 56—66 页;唐世平、綦大鹏:《中国外交讨论中的"中国中心主义"和"美国中心主义"》,第 62—70 页。

② 民族主义情绪增强还是削弱和平信号发射效果,取决于对于民族主义与政府权力不同的关系假定。如果认为民族主义是一种(相对)独立于政府的力量,那么在民族主义情绪高涨的背景下进行和平信号发射,会增强和平信号的可信性;而若认为其是一种内生于政府的力量,那么则会削弱和平信号的可信性。作为旁观者的美国、周边国家等很容易持第二种看法,这也是一种基本的归因偏差倾向。

③ 胡锦涛:《努力建设持久和平、共同繁荣的和谐世界》,《人民日报》2005 年 9 月 15 日;尹继武:《和谐世界秩序的可能——社会心理学的视角》,《世界经济与政治》2009 年第 5 期,第 56—65 页。

主张和平解决国际争端和热点问题,反对动辄诉诸武力或以武力相威胁"[1],但是在涉及中国的领土利益时,则奉行"人不犯我、我不犯人,人若犯我、我必犯人"的国防原则,若在核心利益遭受侵害时,甚至不惜动用核武器。[2] 非常值得思考的是,周边小国的战略骚扰仍然能激起中国强大的民族主义情绪,比如中国民众对于菲律宾、越南等国外交挑动的反应激烈。由此在很多情况下,国际和平诚意的发射与中国国内的民族主义情绪以及政治动员是并行发展的。尽管在中国的政策制定者以及国内民众看来,中国自身既具有和平的道德优势和优越感,但同时由于遭受的屈辱历史以及自身仍受到西方反华势力不断的围堵,中国不能容忍任何外部势力对中国利益的侵害,因而民族主义仍是维护中国利益的一种强大社会力量。这种国际和平与国内情绪的双重发展,会让外部世界对中国的和平发展产生较大的疑虑。尤其是,在中国自身实力快速增长的情形下,中国国内的民族主义情绪反而会更加自信,从而对外交政策产生更大的影响。基于国内政治问题的复杂性,我们难以对政治和知识精英的民族主义倾向做出一定的判断,在此,更多的只是从民众以及社会动员层面对国内战略进行归纳。

对于中国对外诚意信号表达的效果,战略匹配机制解释的意义并不在于它是最具解释力的,而在于其是对既有的各种层次解释的有益补充。战略匹配假说具有重要的战略心理学理论意义,同时对于中国对外战略行为也具有很好的实践启示。在这种战略匹配机制解释中,中国及其相关行为体的诸多影响因素,比如中国自身力量发展、国内民族主义情绪以及部门利益及其战略偏好的差异等,以及相关行为体国内政治、战略认知及其偏差以及美国作为外部因素的干

---

[1]　胡锦涛:《坚定不移沿着中国特色社会主义道路前进为全面建成小康社会而奋斗——在中国共产党第十八次全国代表大会上的报告》(2012 年 11 月 8 日),http://news.xinhuanet. com/18cpcnc/2012-11/17/c_113711665_12. htm,2014 年 3 月 7 日登录。

[2]　中华人民共和国国务院新闻办公室:《国防白皮书:中国武装力量的多样化运用》,2013 年 4 月,北京,http://www. mod. gov. cn/affair/2013-04/16/content_4442839. htm,2014 年 3 月 7 日登录。

预,都影响中国对于大战略规划与策略实施之间的匹配问题。此外,中国与东南亚、美国等相关行为体之间对于利益的认知匹配,其实也存在不一致的问题,比如各自的利益偏好和关注点存在差异。[①] 具体而言,战略匹配解释的意义如下:其一,丰富了对理性行为体信号表达的认识。从国家实力增长到国内政治原因等各种解释,大多将中国的诚意信号表达的主体当作一个理性的统一体。[②] 但基于战略匹配机制的考察,中国的信号表达存在多重性和多主体。其二,先前的诸种影响因素解释,虽然分析了外在和内部的知觉等因素对于信号表达及其效果的作用,但并没有将诚意信号表达纳入战略分析框架。其三,信号的多重性和交叉性成为中国诚意信号表达的特征之一。[③] 基于思维定势,我们更多从单线性考察诚意信号的表达效果及其渠道,但中国的诚意信号表达实际上更加多层次、多维度。其四,既有的各种影响因素分析大多侧重于外部世界接受方的角度,并没有从信号发射方出发加以综合剖析。我们从中国战略匹配的解释出发,并不在于质疑中国的诚意信号的效果,恰恰相反,而是为了提高中国对外诚意信号表达的整体效果。从行为体自身的战略规划角度分析,拓展了之前的诸种影响因素分析。

自 2013 年以来,中国新一届政府对于周边外交和战略的重大调整,从另一个侧面表明了战略规划及其匹配的重要性。近年来,中国所提出的特色大国外交、新型大国关系以及新型义利观和周边外交新理念等内容,都包含了丰富的诚意外交政策信号。由此说明,中国在国家力量增长的情况下,更加重视对于诚意等伦理信号的表达,无

---

① 感谢季玲在评论中指出中国、东盟和美国对于东南亚利益的不一致看法。

② 尽管本章持昂贵信号的基本理论预设,但对于中国国家属性的认识并不是纯粹的理性国家假定。参见 James D. Fearon, "Signaling Foreign Policy Interests : Tying Hands versus Sinking Costs"。

③ 关于信号多重性和观众多重性的分析,参见秦亚青:《主体间认知差异与中国的外交决策》,《外交评论》2010 年第 4 期,第 3—7 页;Robert Jervis, "Signaling and Perception," in Kristen Monre ed. , *Political Psychology*, Mahwah, NJ: Lawrence Erlbaum Associates, 2002, pp. 293-312。

论这种诚意伦理是基于道德驱动,还是基于战略性的考虑。

第四节　小　结

　　现实主义者往往并不认为国家的诚意是存在的,即使存在,也无法获得对方的认可并发挥作用。基于文化和道德在中国对外关系中发挥重要作用的认识,中国外交中存在大量的诚意信号表达,而这被关于中国外交研究和国际关系理论的研究所忽视。有鉴于此,我们从事实的描述和归纳出发,从两个层次,亦即政策宣誓、行为约束角度总结了冷战后中国对外关系中的诚意信号表达的渠道和基本事实,同时总结了影响表达效果的一些基本因素。基于对比分析在中国和东盟关系以及中美关系两个"强"案例中中国诚意信号发射及其效果,我们提出了一种战略匹配影响信号表达效力的初步框架。①

　　第一,中国对外诚意信号问题具有重要的理论价值。诚意信号问题彰显了中国外交的价值维度,同时也表明中国外交的基本动因是多层次的,这与西方的理性国家与利益分析起点是不同的。② 毋庸置疑,中国外交的基本动因是国家利益原则,尤其在冷战结束以来的中国对外关系之中表现尤其如此。但是,在中国外交中,传统文化和道德因素仍然发挥着极为重要的作用。诚意作为一种道德品质,也是中国向国际社会表明自身价值取向以及利益权衡的一种信息。总体来说,我们认为中国的诚意信号表达,有助于维护中国的国家利益,而且,有助于为中国外交增添道义和价值内涵。同时,基于这种

---

　　① 本章的经验案例时间范围基本上截止于中国新政府对中国外交进行调整之前。这种时间范围的选择,主要是基于当下的诚意信号及其效果不太容易判断,而且是在政策理念调整之后的时期。当然,今后进一步的研究可以集中于十八大以来中国新外交的实践。

　　② 关于石之瑜对文化、道德因素的系统分析,参见石之瑜:《近代中国对外关系新论——政治文化与心理分析》,台北:五南图书出版公司,1993 年;Chih-yu Shih, *China's Just World : The Morality of Chinese Foreign Policy*, Boulder and London : Lynne Rienner Publishers, 1993。

判断,我们更倾向于认为,中国外交所体现的中国国家属性,更应该是一种道德国家和理性国家二者的结合。① 这种对于中国国家属性的判断,具有一定的理论启发。传统上,主流国际关系理论、外交政策分析理论等,均做出一个理性的、同质的国家假定。如果能够揭示中国国家属性是在文明/道德国家和理性国家的结合,将有助于我们对国际关系理论以及中国对外行为。

第二,诚意外交仍有限度。这种有限性首先表现在效果的有限。因为当今国际社会仍然是以西方国家为主导的现代国际体系,其主流的价值体系是国家利益学说以及国家理性利己说,所以,对于中国的诚意外交和信号表达,西方主流国家是难以完全接受和理解的。在欧美发达国家看来,最为关键的是中国力量的增长以及中国是否与它们存在利益冲突,而不是中国是否具有一种不同于它们的内在品质,因为这种内在品质是无法判断的。② 有意思的是,相较于中国强调自身道德品质的"中国例外论",其实美国对外关系中的理想主义传统也强调美国例外论,即美国对于世界的理想追求,包括道德和秩序设定等。其次,诚意外交要发挥效力,或者说要对相关国家产生外交效果,仍是一件不确定或困难的事情,尤其是要使中国对外诚意具有可信性,这并非易事。诚意的道德性必然决定了它与国家利益的原则在某种程度上是内在冲突的,而且,高度的道德优越性在受挫后,必然伴随着中国对于外部世界的愤怒以及不理解,特别是考虑到中国国内民族主义情绪的社会基础仍然非常强大,因此,诚意的道德外交仍会受到国内政治的各种干扰,这也决定了中国的内部政治和

---

① Lucien Pye,"China: Erratic State, Frustrated Society," *Foreign Affairs*, Vol. 69, No. 4, 1990, pp. 56-74;Yan Xuetong, *Ancient Chinese Thought, Modern Chinese Power*.

② 笔者在与贝茨(Richard Betts)交流时,他也认为,关键不在于中国的意图是什么,而是中美两国在许多领域存在利益冲突,当然他也承认并不是说美国的对外行为和战略就是正当的。意图是现实主义所关心的一个核心议题,意图对于冲突的重要性以及国家如何判定意图的相关研究,参见 Andrew Kydd,"Sheep in Sheep's Clothing: Why Security Seekers Don't Fight Each Other," *Security Studies*, Vol. 7, No. 1, 1997, pp. 114-154; Keren Yarhi-Milo,"In the Eye of the Beholder: How Leaders and Intelligence Organizations Assess Intentions," *International Security*, Vol. 38, No. 1, 2013, pp. 7-51。

社会因素其实深深地影响对外政策。

第三,战略匹配对于中国外交的重要性。基于上文的分析,我们发现,由于中国外交正走向一个多元化的时代,这种多元性表现在诸多方面,比如外交决策主体和参与者的多元、部门利益的多元以及社会因素积极参与外交、国内政治也开始影响外交政策等等,因此,关于中国外交的战略设计问题,也成为近些年来中国外交研究中的争论焦点,比如是否存在一个统一的中国对外战略? 在中国对外战略中,不同的部门利益以及声音如何协调?[1] 我们在此提出了中国对外关系的大战略问题,也包括了国内战略如何影响国际战略的问题。所以,中国对外关系的发展,可能越来越受到国内因素的制约和影响,因此,如何协调和统一国家的外交大战略,成为今后中国开展全球外交的一个重要方面。[2] 特别是,作为诸多社会因素中的民族主义情绪和公共舆论等因素是影响中国外交战略的重要因素,这些因素又容易引起外部世界的关注。基于民族主义情绪等因素具有深远的历史传统以及现实社会基础,又与现实的内部政治等紧密联系在一起,而且,在某些情况下,它作为一种独立的社会力量,又能产生较大的自主性和能动性,而在另外一些情况下,它可能又是依附于国家政权产生力量,所以,如何看待并掌控这种传统的力量,对于中国外交来说是一个极大的挑战。在中国逐步走向大国的过程中,民族主义因素如何能够发挥更加建设性的作用,是一个值得未来深思的问题。但总体而言,我们认为中国的诚意信号表达,是中国倡导新型义利观并建立新型大国关系的良好基础,关键问题在于,如何使得中国的诚意信号更为丰富和多元,同时更具可信性。

---

① Linda Jakobson and Dean Knox, *New Foreign Policy Actors in China*, SIPRI Policy Paper, No. 26, Stockholm International Peace Research Institute, September 2010;张清敏:《中国对外关系的国内管理和内外统筹——国内因素与中国对外政策》,《世界经济与政治》2013年第8期,第117—138页。

② Wang Jisi, "China's Search for a Grand Strategy: A Rising Great Power Finds its Way," *Foreign Affairs*, Vol. 90, No. 2, pp. 68-79;赵可金:《当代中国外交制度的转型与定位》,时事出版社2011年版。

第六章　身份管理[*]

自改革开放以降,中国步入了融入国际社会的进程,进入新世纪以来,中国与国际社会的互动日益密切。在这一过程中,中国自身实力也得到快速的发展,2011 年中国已成为世界第二经济强国。随着中国自身发展的加速以及与国际社会互动的深入,中国对外关系的变化与转型也日益成为一种事实和理论话题。既有研究大都聚焦于政策和战略层面的讨论,比如中国外交转型的必要性、中国对外战略和政策是否要调整,即"韬光养晦"等政策在当下的适用性等[①];中共十八大以来中国外交的积极调整,又触发了大量研究中国外交的调

　　[*] 本章曾以《中国外交转型的微观社会互动分析》为题发表于《教学与研究》2015 年第 5 期。

　　[①] 近些年来,关于中国外交转型的论述颇为丰富。代表性的文献,参阅:王缉思:《中国的国际定位问题与"韬光养晦、有所作为"战略思想》,《国际问题研究》2011 年第 2 期,第 4—9 页;王逸舟:《创造性介入——中国外交新取向》,北京大学出版社 2011 年版;王在邦:《论创造性坚持韬光养晦、有所作为》,《现代国际关系》2010 年庆典特刊,第 48—53 页;叶自成:《关于韬光养晦和有所作为——再谈中国的大国外交心态》,《太平洋学报》2002 年第 1 期,第 62—66 页;朱威烈:《关于"韬光养晦、有所作为"外交方略的思考》,《国际展望》2010 年第 3 期,第 1—11 页;赵晓春:《浅析有关"韬光养晦"战略的争论》,《国际关系学院学报》2006 年第 5 期,第 24—27 页;Evan S. Medeiros and M. Taylor Fravel, "China's New Diplomacy," *Foreign Affairs*, Vol. 82, No. 6, 2003, pp. 22-35; Pauline Kerr, Stuart Harris and Qin Yaqing, eds., *China's "New" Diplomacy: Tactical or Fundamental Change?* New York: Palgrave Macmillian, 2008; Zhiqun Zhu, *China's New Diplomacy: Rationale, Strategies and Significance*, Surrey, England: Ashgate, 2010。

整和转型的争辩,比如从"韬光养晦"到"奋发有为"的转变①;理论层面而言,经济视角主要分析中国融入国际社会的经济逻辑和后果,而社会视角往往注重中国国际化过程和身份的变化,即中国加入国际社会的过程以及身份转化的动力。② 这些研究较好地探析了中国与国际社会互动以及中国外交变化的内在动力和外在政策变化,但对于中国外交的社会行为模式的讨论,仍略为不够。有鉴于此,我们将建构一种中国外交的角色互动模式,讨论中国作为社会成员之一,在融入国际社会,与国际社会进行外交和战略互动过程中,如何呈现自身国际形象,扮演国家实体或自我,进而,讨论这种社会互动的内在认知差异、不一致以及中国的情感反应。上述问题的讨论,基于社会互动的角度,构成中国外交转型的社会认同变迁基础,意在总结中国外交的社会微观互动模式,提炼中国外交的社会行为特性。

第一节　从社会认同到身份仪式

从国际关系理论视角观察,中国外交转型的背后动因,主要分歧在于利益还是身份促进了外交行为的变化。如果将利益看做是一种社会建构的事实,而不是客观存在的物质的话,那么,任何理性主义和物质主义讨论下的利益观,都必须进行社会意义的解析,如此利益作为影响外交变迁的因素才具有意义。而身份变化的来源,有强调国际环境和制度的压力作用,也有强调中国自身的学习和调整。既有研究主要从以下几种路径出发,探析中国身份变化与外交转型的

---

① 阎学通:《从韬光养晦到奋发有为》,《国际政治科学》2014 年第 4 期,第 1—35 页;Qin Yaqing, "Continuity through Change: Background Knowledge and China's International Strategy," *The Chinese Journal of International Politics*, Vol.7, No.3, 2014, pp.285-314.

② 经济视角的研究,参见:苏长和:《国内—国际相互转型的政治经济学——兼论中国国内变迁与国际体系的关系(1978—2007)》,《世界经济与政治》2007 年第 11 期,第 6—13 页;苏长和:《发现中国新外交——多边国际制度与中国外交新思维》,《世界经济与政治》2005 年第 4 期,第 11—16 页。社会视角的著述,参见下文的三种路径总结。

关系。

第一，身份的因果作用。① 从新中国成立以来，中国与国际社会的关系是不断变化的，从之前的体系对立者，到改革开放后的体系参与者身份的变化，成为中国外交转型与变化的身份动因。不过，身份变化的逻辑，并不一定与外交转型的实践与行为相一致。比如，到底是外交转型实践在前，还是身份变化在前，这仍需要加以仔细辨析；在身份未发生变化之时，外交战略以及具体实践可能也会发生相应的转化。再者，身份变化也可能与外交转型同步进行，都受国内政治以及国际环境变化所带来的压力影响。总之，身份变化动因的解释，能够说明较长时段的中国外交的演进，特别是重大的历史转折和变迁，但是具体的历史和空间维度上，中国外交的转型与中国与国际社会身份变化的关系，并不必然具有决定论的性质。

第二，身份冲突说。② 中国与国际社会的身份定义，已经由体系的革命者转变为体系的参与者和建设者，这既促成了中国外交总体战略和具体策略的变化，同时也决定了宏观背景中，中国外交与国际体系不是一种对抗的关系。但是，中国与国际社会，尤其是西方为主导的国际体系仍存在社会身份的差异，也就是说，中国当前仍处于融入国际体系的过程之中，而并没有完全成为西方国际体系中完全同质的一员。所以，这种社会身份的差异，包括政治和文化意义上的差异，使得中国与国际社会，特别是美欧等既有霸权体系产生战略竞争以及社会身份的冲突。这就是中国对外关系研究中，中国的社会身

---

① 秦亚青:《国家身份、战略文化和安全利益——关于中国与国际社会关系的三个假设》,《世界经济与政治》2003 年第 1 期,第 10—15 页;章百家:《改变自己 影响世界——20 世纪中国外交基本线索刍议》,《中国社会科学》2001 年第 10 期,第 4—19 页;Qin Yaqing, "Struggle for Identity: A Political Psychology of China's Rise," in Brantly Womack ed. , *China's Rise in Historical Perspective*, Lanham, Md. : Rowman & Littlefield Publishers, 2010, pp. 249-269。

② Peter Gries, "Social Psychology and the Identity Conflict Debate: Is a 'China Threat' Inevitable?" *European Journal of International Studies*, Vol. 12, No. 3, 2005, pp. 341-370;尹继武:《和谐世界秩序的可能——社会心理学的视角》,《世界经济与政治》2009 年第 5 期,第 56—65 页。

份到底会导致中国与国际主导体系和霸权的冲突,还是可以走向和谐的辩论。

第三,社会过程说。① 从社会化角度来看,中国对于国际社会持一种逐步融入的态度。具体到外交实践上,中国对国际规范和国际制度的社会化过程,反映了中国外交转型的内在规范的演进进程。因此,既有研究基于社会化角度,分析中国如何接受和内化国际规范的过程和机制,同时也讨论国际规范如何传授给中国,对中国的国内政治、对外关系产生影响。这就是中国与国际规范进程的双向逻辑过程。在具体的国际规范和制度领域,比如人权法、国际组织、教育等,相关研究颇为丰硕。这些研究大都将中国外交转型置于中国与国际制度的互动过程之中,讨论正向和逆向的社会化机制和作用。

总体来说,社会身份和过程视角下的中国外交变迁研究,对于中国如何融入国际社会的具体实践和理论机制,给予了充分的理论解释和案例讨论。在此理论解释之下,我们可以看到中国外交转型的社会认同逻辑和动力。但是,社会认同的讨论仍存在不足之处。社会认同的解释,要么趋向于解释中国外交转型的积极变化,即认同变化促使中国更为积极地融入国际社会,同时也讨论在具体的国际制度领域,中国的国家自主性和国际制度之间的互动逻辑;要么讨论身份的消极意义,即身份所带来的积极区分,使得中国对于社会身份的追求,可能会产生与国际社会以及霸权之间更为严重的国际冲突。② 社会身份的逻辑能够为我们指明中国外交转型的变化动因和逻辑,但是,对于中国外交转型自身的行为特性、模式,却难以提供清晰的

---

① Alstair Iain Johnston, *Social States*: *China in International Institutions*, *1980-2000*, New Jersey: Princeton University Press, 2008; Xiaoyu Pu, "Socialisation as a Two-way Process: Emerging Powers and the Diffusion of International Norms," *The Chinese Journal of International Politics*, Vol. 5, No. 4, 2012, pp. 341-367;朱立群、林民旺等:《奥运会与北京国际化——规范社会化的视角》,世界知识出版社 2009 年版。

② 社会认同理论解释的是,中国在融入国际社会过程中所采取的策略,比如社会流动、社会创造策略等。但并没有揭示出中国融入国际社会过程中,中国的自身形象管理和身份展现策略及其内在问题。关于社会认同理论,参阅:〔澳〕豪格、〔美〕阿布拉姆斯:《社会认同过程》(高明华译),中国人民大学出版社 2011 年版。

图像。比如，中国作为体系的参与者，外交目标中如何分配对于权
力、地位等不同价值的追求？为何中国在政策话语上坚持体系建设
者，但给国际社会又留下了消极的权力追求者和展示者的印象？中
国的社会身份的外在表现，为何会出现矛盾之处？等等。为了更好
地理解中国外交转型的社会身份逻辑，有必要引入社会学中关于身
份表现（identity performance）的相关理论①，以此更好地梳理、归纳中
国外交的行为规律、模式，同时也更好地理解中国国家的自我呈现与
外在观察者之间的印象之间的矛盾之处。

第二节　中国外交目标维度：权力、地位与价值

从社会身份理论的逻辑来看，中国对待国际社会时采取一种社
会创造为主的策略，而不是社会竞争的策略。中国在社会身份归属
上，实行了积极的转变，即中国重新回归到国际社会的群体当中，尽
管当前的国际社会是以西方为主导的，体现了权力和霸权的意志和
地位。从社会创造策略来看，中国积极融入西方为主导的国际社会，
但是，这种社会创造策略，并没有说明中国在国际社会面前，特别是
与国际社会打交道，以及与国际社会中的主要大国或关键地区国家
打交道时，中国的身份策略以及外交行为的具体情况。

具体来说，中国的社会融入和创造策略，其根本目标什么？是获
取权力，抑或是获得社会地位，还是重塑新的国际社会价值？中国的
"国家自我"如何在国际社会群体面前表现出来，在合作和冲突情景
中如何？在政策和行为层面又如何？所以，有必要首先讨论，中国的
身份表现策略的根本目标是什么。在讨论中国外交的身份展现的目
标之前，有必要引入"国家仪式"的概念。借鉴人类学关于人际互动

---

①　本章对于身份表现理论的概述和运用，是综述了社会学心理学领域的印象管理
理论、符号互动、互动仪式等相关理论。总体来说，意在解释个体或国家，面对他者和群体
时的微观"自我—他者"心理互动过程。

中的"仪式"链的讨论,我们认为,国家对内和对外关系的开展,也是与仪式链分不开的;国家的自我,国家的身份,甚至是利益、印象和情感等,都是需要通过特定的仪式表现出来。① 因此,中国外交的目标展现,也需要通过特定的外交互动仪式来呈现。

(一)权力仪式

由于近代中国遭受到半殖民的侵略历史,中国从曾经的世界大国地位上跌落,由此形成了"落后就会挨打"的国家观念。基于一种不安全的国家观念,权力成为获得国家安全、保障不受列强侵略的最有力武器,所以中国外交的重要和核心目标,就是增强国家权力或力量。改革开放以来的中国外交,延续了权力的仪式一面,但这种权力仪式,较多地体现为安全、消极的一面。所以,中国外交的目标之一,就是为国内的发展提供一个和平的国际环境。② 而新一届政府强调外交就是服从和服务于实现"两个一百年"奋斗目标,实现中华民族的伟大复兴。由于与世界霸主的战略竞争关系,中国外交的重要目标之一,便是在维护国家利益的前提下,增强与世界霸主的战略竞争能力,所以增强中国的综合国力,增强相应的军事能力、外交动员能力以及外交实践操作能力等,都是服务于中国外交的权力仪式的。

在此,权力仪式的动因,来源于外部的国际环境压力、历史记忆,以及作为正常民族国家生存所需要的基本能力保障。权力仪式的表现是多层次的,在地区争端解决中,中国必须具备相应的权力手段,保障自身的安全和利益不受损害;具体微观至中国海外利益和公民安全,中国外交必须具备相应的手段,维护海外利益和公民安全,由此中国海军的远洋护航等系列仪式,都是基于维护中国的权力和利

---

① 〔美〕兰德尔·柯林斯:《互动仪式链》(林聚任、王鹏和宋丽君译),商务印书馆2009年版;〔美〕维克多·特纳:《仪式过程——结构与反结构》(黄剑波、柳博赟译),中国人民大学出版社2006年版。

② 可以参见新世纪以来中国所发表的系列《中国的国防》白皮书(2000/2002/2004/2006/2008/2010)。

益目的;为了应对霸主的战略压力,是否需要通过联盟等手段增强中国的战略竞争力,成为国内知识界的争辩焦点之一。① 此外,为了应对各种非传统安全,比如恐怖主义、分裂势力的危害,中国也需要系列的权力手段,加以威慑和打击。在此方面,中国的军事威慑、军事发展信号的发射,都是服务于权力的仪式,比如各种先进军事武器频频亮相,都是一种权力仪式,对外形成一种维护自身利益的决心,对内达到团结国内民众和政治的目的。

（二）地位仪式

权力与地位是紧密联系在一起的。作为过去和当今世界的主要大国之一,中国的大国地位,不仅要有一定的权力作为基础,而且需要具体的地位符号和仪式加以呈现。近代以来的耻辱教育,都是对大国地位意识的重新唤醒。所以,新中国的成立——"中国人民从此站起来了",即为对于中国在国际社会中社会地位的自我警醒和告示。在毛泽东时代,中国与苏联、美国的战略竞争和联盟等,甚至中苏对于国际共产主义运动的领导权之争,都是一种地位竞争仪式的表现。

改革开放以来的中国外交,对于社会地位的追求,更是一种突出的目标之一,这包括对于美国霸主的态度,中国不在于从权力、军事等方面制衡美国,而是获得自己应有的国际地位。② 首先,从消极一面来说,中国的大国地位,是建立在大国自身利益不可侵犯的前提之上。因此,新中国成立以来,中国在外交原则上,一直恪守"不干涉内

---

① 阎学通:《中国或可考虑改变"不结盟"战略》,《中国国防时报》2011 年 6 月 8 日;凌胜利:《中国为什么不结盟?》,《外交评论》2013 年第 3 期,第 20—33 页。

② Deng Yong, *China's Struggle for Status: The Realignment of International Relations*, Cambridge: Cambridge University Press, 2008; Daborah Welch Larson and Alexei Shevchenko, "Status Seekers: Chinese and Russian Responses to U. S. Primacy," *International Security*, Vol. 34, No. 4, 2010, pp. 63-95.

政"等和平共处五项原则。① 这是对中国国家地位、在国际社会中正常的国家地位的一种自我保护。其次,中国希望与相关大国建立一种平等、相互尊重的关系,比如 20 世纪 90 年代中国与世界诸多国家、地区组织建立相应的伙伴关系;中国与主要大国外交遵循平等、互信和尊重等原则,发展新型大国关系,都是一种地位诉求和仪式的表现。在一些相关地区争端、全球问题上,中国在自我保护基础上,也实施了相应的"创造性介入"②,一方面发挥中国的相应国际责任,另一方面,也是对于中国地位的一种自我展现,回应国际社会的中国责任说。表现尤为突出的是,在 1997 年亚洲金融危机中,中国在损害自身利益的情况下,对东南亚相关国家实施了负责任的外交政策,赢得了与东盟关系的改善以及获得了东南亚国家的尊重。这显然是一种社会地位追求的仪式,而非为了获得最大化的自我利益。③

（三）价值仪式

价值的诉求和仪式追求,其主要动力来源于两方面。首先,任何一个大国都不会仅仅以权力、利益和地位作为国家的终极目标,价值理念和规范的塑造,是大国的理想外交追求之一。其次,在中国五千年的文明史上,中国在不同的时代,曾经占据世界主导国家的地位,也为世界贡献了辉煌的历史、文明和价值。这种辉煌的价值供给者记忆,为当下中国外交的目标追求,无形中产生了一种潜在动力。所以,实现中华民族的伟大复兴,成为当下中国大国政治和外交的一个振奋人心的口号。④

---

① 周恩来:《和平共处五项原则》(1953 年 12 月 31 日),中华人民共和国外交部、中共中央文献研究室:《周恩来外交文选》,中央文献研究出版社 1990 年版,第 63 页。

② 王逸舟:《创造性介入——中国外交新取向》,北京大学出版社 2011 年版。

③ 尹继武:《文化与国际信任——基于东亚信任形成的比较分析》,《外交评论》2011 年第 4 期,第 21—39 页;唐世平、张洁、曹筱阳主编:《冷战后近邻国家对华政策研究》,世界知识出版社 2005 年版;钱洪良:《中国和平崛起和周边国家的认知和反应》,军事谊文出版社 2010 年版。

④ 《习近平:承前启后继往开来　朝着中华民族伟大复兴目标奋勇前进》,http://cpc.people.com.cn/n/2012/1130/c64094-19746089.html,2015 年 3 月 20 日登录。

从现实来看,中国自改革开放以来,在权力和地位仪式上已经是硕果累累,但就价值供给而言,似乎不尽如人意。随着中国国家力量和地位的不断上升,对于中国在世界贡献价值的呼声也日益高涨。这种内在的刺激,以及价值理念塑造对于权力、地位巩固的反作用的缺失,为中国外交的价值追求提供了强大的动力。为此,中国外交对于价值塑造的重视程度也日益加强。从毛泽东时代所倡导的和平共处五项原则,到 21 世纪以来"和谐"理念的提出,以及新安全观的呈现①,十八大以来提出构建新型大国关系、正确的义利观等②,都是基于理念和信念层次的努力。在具体的价值仪式表现上,中国外交也进行了系列的展现,比如孔子学院的兴起,意在为世界提供完全的中国文化和形象塑造,奥运会、世博会、2014 年的亚信峰会和 APEC 领导人会议等大型的国家形象管理案例,都是为了向世界展示一个价值多元、和谐、大气恢宏的国家形象。③

权力、地位和价值的外交仪式,成为当下中国外交的主导目标,也是中国外交演进的背后驱力组合。权力成为地位和价值的基础,但是权力的增长,并不必然导致地位和价值的提高。而这当中,相关的外交仪式,以及国家的自我展现,也是非常重要的环节。换言之,权力的增长,只是客观的物质和利益的上升,而地位和价值的实现,更多取决于中国与国际社会(包括相关霸主大国以及地区小国)的社会互动。④ 为此,在中国逐步融入国际社会的前提下,社会认同理论中社会创造的假说,已无法解释权力增长情况下,中国外交如何展现

---

① 胡锦涛:《努力建设持久和平、共同繁荣的和谐世界》,《人民日报》2005 年 9 月 15 日。

② 王毅:《探索中国特色大国外交之路》,《国际问题研究》2013 年第 4 期,第 1—7 页;杨洁篪:《新形势下中国外交理论和实践创新》,《求是》2013 年第 16 期,第 7—10 页。

③ Joshua Kurlantzick, *Charm Offensive: How China's Soft Power Is Transforming the World*, New Haven: Yale University Press, 2008.

④ 关于中国外交研究的实践与互动过程视角,请见:朱立群:《中国参与国际体系的实践解释模式》,《外交评论》2011 年第 1 期,第 19—33 页。不过上述研究认为实践和互动塑造了中国新的身份,而我们的研究则在于揭示中国向外部世界表明自身身份的实践和互动过程。

和实现地位和价值的追求。我们必须寻求社会学理论中的印象管理理论、互动仪式链理论等相关成果,来具体分析社会身份弱者,在与主导的社会群体互动时的仪式互动,及其相应的内在张力和矛盾。在此基础上,或许能更好地理解中国外交在地位和价值追求,以及与权力仪式互动的过程,特别是一些相互矛盾的信号。

第三节 中国的身份管理及其内在张力

由于我们假定,改革开放以来的中国外交,其基本身份定位是从体系的对抗者,转向体系的参与者和建设者。因此,中国外交的目标在于逐渐融入现行的国际体系当中,这也与中国的系列外交实践相吻合,比如加入世贸组织、在全球和地区国际组织发挥重要作用等等。[①] 换言之,中国采取了社会创造的认同策略,总体上与国际社会的身份冲突的可能性大大降低。然而,在坚持社会创造的过程中,中国外交不可避免会进行身份、自我的展示,以及进行印象管理、身份管理。基于中国参与国际体系总体顺利,以及外交上并没有引发与现行国际体系的激烈对抗,我们认为中国外交的社会创造策略以及管理策略是成功的。但从微观来说,中国的社会身份管理、他者印象和自我展示之间,仍存在一些内在的矛盾和张力。恰当地认识、理解以及管理这些内在矛盾,是必要的,也是中国外交调整和转型过程中,保障中国在国际体系中的利益和地位的必需。

(一)外交目标的多重性

上文所述,总体上,中国外交在面对国际体系时,会有三种目标以及三种外交仪式的体现。从时间上来看,这三种目标及仪式是历

---

① 王逸舟主编:《磨合中的建构——中国与国际组织关系的多视角透视》,中国发展出版社 2003 年版;江忆恩:《中国参与国际体制的若干思考》,《世界经济与政治》1999 年第 7 期,第 4—10 期。

史演进的,即权力构成国家发展、对外交往以及国家安全的基础,而地位追求和价值追求,成为中国外交的高层次的目标诉求。但不可忽视的是,这三种外交目标和仪式之间存在内在的张力。

第一,目标和手段容易混淆。中国外交的总体原则,恪守着防御性的安全原则,即维护国家的安全和利益、为国内建设塑造良好的外部环境等。[①] 新一届政府进一步将外交目标与国家的发展和复兴结合,即"服从和服务于实现'两个一百年'奋斗目标、实现中华民族伟大复兴"[②]。而权力仪式是中国外交的基础,地位、价值仪式成为未来越来越重要的诉求。然而,权力到底是作为外交的手段,还是目标? 这往往难以解释清楚,而且,在国际社会看来,"他者"更多地关注权力和力量增长所产生的不确定性和进攻性等,因为意图是难以确定的。在此认知框架下,中国外交在合理的权力仪式下,仍会遭受到国际社会的战略疑虑以及提防。[③]

第二,非物质的冲突的可能。尽管在现实主义的逻辑中,中国外交对于物质、利益以及权力的追求,容易看做是国家战略的进攻性的体现,由此导致美国等霸权的恐惧,以及周边国家对于中国力量的担心。退一步而言,中国外交对于地位和价值的追求,仍会增加中国与外部世界的敌对和对抗的危险。一则,地位和价值,虽然属于非物质性资源,但仍不是一种能够完全共享的资源,比如中国对地位的追

---

① 党的十八大报告关于中国外交的论述为,"坚决维护国家主权、安全、发展利益,维护我国海外合法权益,务实国家关系发展的社会基础"等。胡锦涛:《坚定不移沿着中国特色社会主义道路前进　为全面建成小康社会而奋斗——在中国共产党第十八次全国代表大会上的报告》(2012 年 11 月 8 日)。

② 钱彤、李学仁:《习近平在周边外交工作座谈会上发表重要讲话强调为我国发展争取良好周边环境　推动我国发展更多惠及周边国家》,《人民日报》2013 年 10 月 26 日。

③ 归因错误机制是重要的原因,但根本性的因素,还在新兴大国崛起给原先体系所产生的震动、恐惧,以及同质性差异所造成的意图不确定性。关于国际关系中的归因研究,参阅:Tang Shiping, "Outline of a New Theory of Attribution in IR: Dimensions of Uncertainty and Their Cognitive Challenges," *The Chinese Journal of International Politics*, Vol. 5, No. 3, 2012, pp.299-338; Jonathan Mercer, *Reputation and International Politics*, Ithaca: Cornell University Press, 1996; 尹继武:《社会认知与联盟信任形成》,上海人民出版社 2009 年版。

求,可能与日本、美国以及周边相关国家存在地位竞争①;二则,由于中国与国际社会主要国家之间存在制度和体制的差异,所以中国的地位和价值增长,反过来会影响到外部世界对中国权力的和平属性的认识。

第三,权力增长所带来的负面效应。根据我们的梳理,中国外交在权力增长的情况下,外交目标以及外交仪式中的地位和价值因素越来越凸显。但是,这并不表明,权力的增长只是一种社会逻辑,而不会走向现实主义的逻辑。② 换言之,在中国的国家建设和外交任务并没有完成,尤其是中国与国际社会的身份差异并没有完全消失的情况下,由于战略竞争以及国家间的利益冲突等原因,包括中国的领土争端、统一大业等问题也没有得到完全解决,中国外交受到越来越多的权力追求和展示、武力使用的压力,突出表现就是,在国家安全受到外在强烈压力的情况下,民族主义情绪、国内政治的压力就变得越来越强烈。③ 因此,权力和武力的合理使用,成为不可或缺的一种选择,这也印证了中国外交在某些核心利益领域内,一直不放弃"并不排除武力使用的最后选择"的外交话语。

(二) 外交仪式的管理问题

当今中国外交已步入一个全球化以及公共外交时代,所以,中国外交在与国际社会互动过程中,已经出现了外交仪式的多元化问题,

---

① Peter Hays Gries, *China's New Nationalism: Pride, Politics, and Diplomacy*, London: University of California Press, 2004; Jinsoo Park, "Political Rivals and Regional Leaders: Dual Identities and Sino-Japanese Relations within East Asian Cooperation," *The Chinese Journal of International Politics*, Vol. 6, No. 1, 2013, pp. 85-107.

② 安全困境的形成,首要的因素在于国家间意图的不确定性。Shiping Tang, "The Security Dilemma: A Conceptual Analysis," *Security Studies*, Vol. 18, No. 3, 2009, pp. 587-623.

③ 关于公众、民族主义与中国外交,参阅王存刚:《公众对中国外交的参与及其影响》,《外交评论》2010 年第 3 期,第 74—96 页;王军:《网络民族主义、市民社会与中国外交》,《世界经济与政治》2010 年第 10 期,第 141—155 页;王军、陈平:《涉外民族主义论坛的话语空间:以中华网军事论坛为例》,《外交评论》2011 年第 1 期,第 76—88 页。

由此带来了外交仪式的管理问题。这是由于外交主体的层次化日益明显,外交决策和利益的部门化较为突出,而外交仪式的主体、内容也日益社会化。在此背景下,中国外交的仪式管理问题,可能会出现三种内在的矛盾和张力:话语与行为的一致问题;政府和社会的一致问题;主我和客我的一致问题。

第一,话语与行为的一致性问题。显然,中国外交的观察和切入点,主要是从外交话语以及实际行为出发。话语层面包括政策、战略规划以及政府的言论,而实际行为更为复杂,包括中国政府的外交交涉、谈判、制裁、援助以及各种外交努力,也包括军方对于国家力量的(象征性)使用。话语与行为一致问题,包括以下几个层次。一则,中国外交在政策、原则以及理念陈述上,一直以来十分强调道德和伦理的一面,比如和谐、平等、信任等价值,这一方面为中国外交赢得了相应的形象①,但另一方面,对于利益的清晰陈述的长时期缺失,使得中国外交在现实中如何维护利益缺乏具体可操作的准则,而且在利益维护方面,难以完全与道德外交的原则相吻合,比如中国维护自身利益,必然要打破"和谐"的手段和局面等。由此造成了话语与行为在仪式链上的不一致性。② 二则,由于中国外交的主体多元化局面已经形成,中国外交的多种国内主体之间存在如何协调问题,军方、外交部门以及商业部门对于外交的话语和行为之间往往会存在不一致性。③ 比如,对于中国的领土争端问题,军方的外交仪式反应最为强烈,由此在行为层面的表现,与话语层面的陈述具有差异之处。

第二,政府与社会的一致性问题。中国外交越来越走向社会化

① 十八大报告中突出强调:"我们主张,在国际关系中弘扬平等互信、包容互鉴、合作共赢的精神,共同维护国际公平正义。"

② 石之瑜:《走出"核心利益"的陷阱》,《文化纵横》2012 年第 8 期,第 26—31 页。中国和谐外交分析,请参阅:肖枫:《从"和平外交"到"和谐外交"》,《当代世界》2006 年第 8 期,第 7—9 页;尹记远:《儒家文化与和谐外交》,《孔学研究》2006 年第 1 期,第 135—140页。

③ 关于中国外交相关国内协调和决策困难分析,见王逸舟:《中国外交十难题》,《世界知识》2010 年第 10 期,第 14—23 页;赵可金:《统筹外交——对提升中国外交能力的一项研究》,《国际政治研究》2011 年第 3 期,第 113—128 页。

的一个显著特征,就是社会因素对于外交的参与和影响日益增大。社会层面的因素包括很多,比如民企走出国门、公众的情绪等。① 中国外交的长期和一贯的优良传统,就是在广大发展中国家建立了良好的政治和外交交往关系,但随着中国"走出去"步伐加快,诸多民企和国企在非洲、拉美等地区的商业行为,往往也是跟国家利益和形象联系在一起的。企业的行为往往与国家的形象存在不一致之处。② 公众的情绪问题,也是影响政府对于外交仪式选择的重要因素。外交问题的大众化,即大众可以在非传统渠道,比如当下流行的微博等新媒体和网络空间,表达对于外交事务的强烈态度,往往是强烈的民族主义情绪。这也与中国长期实施的爱国主义教育紧密相关。社会层次对于中国外交的要求,大都是希望更多的权力和地位的展现,而不是从中国外交的全盘考虑出发,这既给中国外交造成了更多的国内压力,同时也使得中国外交在与国际社会互动过程中,外交仪式的选择以及效果受到很大影响。③ 比如,针对南海争端、中日争端等议题,国内社会层面强烈的民族主义情绪,往往成为相关国家观察的重要对象,也由此形成了关于中国外交更为进攻性的印象。而这与政府的总体和平、和谐外交形成了鲜明的对比。

第三,主我与客我的一致性问题。根据社会理论的逻辑,中国与国际社会的互动过程,就是中国如何将国家自我在国际社会面前,进行自我呈现和管理的问题。但符号互动理论却认为,国家的自我是有层次性的,比如,中国外交进行有意的外交仪式展现和管理,意在向国际社会凸显一个主我,即进行身份和印象管理,但国际社会群体

---

① 关于社会因素与中国外交研究,参阅:王逸舟:《市民社会与中国外交》,《中国社会科学》2000 年第 3 期,第 28—38 页;张清敏:《社会变迁背景下的中国外交决策评析》,《国际政治研究》2006 年第 1 期,第 45—56 页;郝雨凡、林苏:《中国外交决策:开放与多元的社会因素分析》,社会科学文献出版社 2007 年版。在孔子学院与国家形象建设等问题中,又必须处理好政府和社会的区分问题。李开盛、戴长征:《孔子学院在美国的舆论环境评估》,《世界经济与政治》2011 年第 7 期,第 76—93 页。

② 李志永:《企业公共外交的价值、路径与限度——有关中国进一步和平发展的战略思考》,《世界经济与政治》2012 年第 12 期,第 98—114 页。

③ 王军:《网络民族主义与中国外交》,中国社会科学出版社 2011 年版。

和组织对于中国的态度和印象,却是另一个层次的客我问题,这种客我即印象的形成,是建立在中国的主我自我展现和管理的基础之上,但往往不是中国有意的展现,而更多的是接纳了"无意流露"的国家自我形象。① 一则,中国强调和谐和道德外交,但国际社会却认为中国外交具有进攻性;二则,中国在具体争端领域通过经济等手段,意在凸显中国的和平诚意,但相关各方不一定领会中国的良好意图等等。究其原因,可能存在以下几个方面。

其一,认知层面的归因错误。基于社会心理学的归因理论的解读,国际社会在对中国外交的仪式进行解读时,往往更为关注中国的非和平性一面,负面因素成为显著的归因对象的概率,要远远高于正面因素。② 其二,中国的单边和平思维,也会造成一定的战略性后果。由于中国在道德外交的前提下,坚持和平与和谐的外交目标,其本意是树立良好的国际形象,但更容易被对方所利用,而且单边的和平意图也难以转化为长期的双方和谐。③ 其三,中国内部因素的多元化。如上所述,中国外交的多元化局面,为中国外交贯彻一种长期、稳定,以及得到广大社会支持的外交政策和理念,造成了一定的难度。而且社会化因素所产生的不同的外交声音,也会影响中国的外交仪式展现所形成的客我,即国际社会对于中国外交的印象。④

综上,我们从三种分析维度,讨论了中国在与国际社会互动时,

① 〔美〕乔治·米德:《心灵、自我与社会》(赵月瑟译),上海译文出版社 1992 年版;〔美〕欧文·戈夫曼:《日常生活中的自我呈现》(冯钢译),北京大学出版社 2006 年版;Erving Goffman, *Interaction Ritual*, New York: Pantheon Books, 1967。

② 唐世平、綦大鹏:《中国外交讨论中的"中国中心主义"与"美国中心主义"》,《世界经济与政治》2008 年第 12 期,第 62—70 页。

③ Shih Chih-yu and Yin Jiwu, "Between Core National Interest and a Harmonious World: Reconciling Self-role Conceptions in Chinese Foreign Policy," *The Chinese Journal of International Politics*, Vol. 6, No. 1, 2013, pp. 59-84.

④ 关于影响中国外交政策具体的角色分析,请参见:齐建华:《影响中国外交的五大因素》,中央编译出版社 2010 年版;Linda Jakobson and Dean Knox, *New Foreign Policy Actors in China*, SIPRI Policy Paper 26, September 2010; Ning Lu, *The Dynamics of Foreign-Policy Decisionmaking in China*, Boulder Co: Westview Press, 2000; David M. Lampton ed. , *The Making of Chinese Foreign and Security Policy in the Era of Reform*, 1978-2000, Stanford, California: Stanford University Press, 2001。

可能产生的外交仪式管理问题。这一方面表明了中国外交的丰富性和复杂性，亦即中国外交的主体、内容、外交仪式以及手段渠道等，都是多层次的，也是复杂的；另一方面，这些外交仪式的管理问题，也为中国外交实现其外交目标，展现中国自我时，带来了一定的问题和矛盾。这一定程度上成为中国在与国际社会互动时所产生的摩擦、困难的根源。

（三）互动挫折与情感反应

中国在面对国际社会所采取的社会创造策略当中，当自身的外交仪式不能达到有效的预期和初始目的时，即并不能获得一个良好的客我、印象和身份时，中国的国家自我会受到较大的挫折，由此会产生较为强烈的情绪反应。[①] 根据不同的挫折来源，我们可以将中国的外交仪式挫折情感反应，具体分为以下数种，即权力情感、地位情感和价值情感反应。

第一，由于权力仪式的错位导致的情感反应。中国外交的权力仪式，如上述所言，其主要目的在于为国家发展提供安全、物质和利益保障，实质为一种协商性、地位性权力诉求。由于近现代中国在国家权力上所遭受的屈辱经历，导致中国外交的核心要务之一，便是获取和保障国家自主的权力和地位。如果这种生存性的权力仪式，并不能获得国际社会的认同，那么中国外交的权力仪式，必然会产生一种较强的国家生存危机，由此引发出对于自身基本生存和安全的警觉。这种对于生存权力的忽视，是中国产生一种愤怒情绪的来源，我们可以看到，在面对欧美霸主的战略竞争和压力时，中国所表现出来的强烈的愤怒情绪，比如"中国可以说不""美帝国主义亡我之心不死"和"雪洗国耻"等，这些情感都与民族叙事和历史记忆紧密相关。[②]

---

① 中国外交转型过程中，中国面对国际社会所遭受的各种挫折，会激发中国产生挫折性情感和情绪表达。这些挫折，就是上文所述中国外交目标中的权力、地位和价值的追求。

② 宋强等：《中国可以说不：冷战后时代的政治与情感抉择》，中华工商联合出版社1996年版；宋晓军等：《中国不高兴——大时代、大目标及我们的内忧外患》，江苏人民出版社2009年版。

进而,当中国的协商性权力并没有被客观认识之时,或者反而被认为是支配性权力,或者是中国责任缺失,那么中国的权力仪式可能不会产生积极的情感反应。① 比如,对于六方会谈等中国主创的周边多边机制,事实上是中国为了维护地区和平与稳定,所采取的协商性权力仪式的表现。但这种协商性权力仪式,未必能获得相关当事方的一致认可。中国外交应对这种局面时,更多从道义和道德层面进行自我辩护,树立一种更为普世的国际和平旗帜,维护中国协商性权力仪式所内含的中国责任与和平发展的价值诉求。②

第二,由于地位仪式的误解导致的情感反应。中国的国际地位,是中国外交得以开展的基石,也是中国外交顺利进行的保障。因此,中国外交的地位仪式也是非常丰富,并且层次多样。但是,中国外交的地位仪式以及实际地位,经常受到欧美霸权以及周边国家的误解,甚至是侵害。在此情况下,中国外交的地位仪式产生了恢复自尊的情感反应。比如,在国家领土主权受到不断挑战的情况下,中国会积极以权力仪式增强自身维护利益和地位的砝码;同时,从道义和舆论上开展激烈的批判和声讨,特别是在国内社会层面,积极动员和塑造一种强大的民族凝聚力,对于列强以及相关国家的战略企图进行充分的揭露和批判。③ 国家地位的根本基础,还是取决于权力的基础和价值所带来的影响力。因此,在近些年的中国外交中,为了维护国家地位以及国家利益的目标,对于权力和价值的综合诉求和运用已非常广泛。比如,在周边争端以及大国关系中,特别是针对美国重返东亚的战略举动,中国外交对于权力仪式的诉求也日益增多,在一些

---

① 李宝俊、徐正源:《冷战后中国负责任大国身份的建构》,《教学与研究》2006 年第 1 期,第 49—56 页。

② 中国在朝核问题上的角色,参见王俊生:《朝核问题与中国角色——多元背景下的共同管理》,世界知识出版社 2012 年版。

③ 愤怒等情绪,是表达中国对外关系中的战略敏感性的重要手段。Todd Hall, "We will not Swallow this bitter Fruit: Theorizing a Diplomacy of Anger," *Security Studies*, Vol. 20, No. 4, 2011, pp. 521-555. 关于情感在国际关系中的地位和作用,参阅:〔美〕乔纳森·默瑟:《人性与第一意象:国际政治中的情绪》(尹继武、陈高华译),《世界经济与政治》2006 年第 12 期,第 46—53 页;郝拓德、安德鲁·罗斯:《情感转向:情感的类型及其国际关系影响》(柳思思译),《外交评论》2011 年第 4 期,第 40—56 页。

争端领域也展现出较为强硬的姿态；另一方面，中国也加强了对于核心价值观，以及中国文化及文明在全球层面的推广，试图为中国外交和中国发展提供更为有利的文化基础，塑造一种有别于、同时比西方模式更有竞争力的国际秩序观。

第三，由于价值仪式的冲突导致的情感反应。在新中国成立，到改革开放之前的历史时期，意识形态是中国外交的核心原则，尽管这种外交取向，并不是基于国家利益的原则，但是意识形态本身就是一种价值仪式，因而当时中国外交的价值仪式反而是获得了一定的国际声誉，也收获了诸多外交的成果。改革开放之后，中国外交越来越将国家利益作为外交的指导原则，这是中国外交的一个重大进步。[①]而且中国外交也是服务于中国逐步融入现行国际体系的基本原则，因此，新时期中国外交是以中国的国际社会化为基本前提，价值仪式只是成为次要的考虑。但是，在改革开放以来中国外交进行了三十余年之后，中国的国际社会化程度已大大提高，中国与国际社会的根本性身份冲突已大大降低。在此情况下，为了给中国的权力和地位仪式提供一种更具合法性、更具吸引力的社会基础，中国的价值供给问题提升了议事日程。所以，进入 21 世纪以来，中国外交如何提供有效的价值仪式，是一个重要的问题。从新安全观、和谐世界理念，到孔子学院的建立，到近期的特色大国外交、正确义利观等等，都是中国外交价值仪式的重大呈现。由于中国外交对于价值仪式的呈现，仍处于初期阶段，相关仪式以及外交管理效果仍不好评估。因此，现阶段的价值仪式以及与国际社会的互动，仍处于不断变化的过程之中。但总体而言，价值仪式的重要性已日益凸显，并成为中国外交的核心要务，"我国周边外交的基本方针，就是坚持与邻为善、以邻为伴，坚持睦邻、安邻、富邻，突出体现亲、诚、惠、容的理念"[②]。

---

① 张清敏、李民窥：《中国对外行为的思想根源探析》，《外交评论》2011 年第 4 期，第 3—20 页。

② 钱彤、李学仁：《习近平在周边外交工作座谈会上发表重要讲话强调为我国发展争取良好周边环境　推动我国发展更多惠及周边国家》，《人民日报》2013 年 10 月 26 日。

第四节 小 结

如何处理中国与国际社会的关系,成为中华人民共和国成立以来中国外交的核心要务,也是中国外交采取何种战略和理念的决定性因素。改革开放以来,中国与国际社会的身份冲突总体上减少,中国对于自身社会认同的调整,为中国融入国际社会、中国的国际社会化进程注入了新的动力。至今,中国融入国际社会的进程,已为中国自身的权力增长、地位提高以及价值贡献,提供了坚实的基础和支持。所以,基于社会认同理论,我们可以很好地看到,新时期中国外交进步背后的非物质性因素及其作用。[①]

但是,社会认同理论的解释,仍然不是完整的。中国面对国际社会互动时,其所采取的外交仪式、身份管理以及印象呈现等具体内容,需要更为微观和细致的社会学理论加以阐释。由此,我们引入了社会学中的符号互动、印象管理以及互动仪式等理论,试图为解释中国外交的总体目标演进、互动过程和行为模式等社会过程,提供一种较为细致的社会学理论框架。[②] 在此框架下,我们可以很好地明晰,中国外交在应对国际社会、主导的霸权以及地区争端时,可能会产生的一些意象和符号互动矛盾,特别是一些相互矛盾的信号,以及地位

[①] 这些认同因素的变化,包括中国人世界观、领导人观念变化,都是中国外交进步的动力。朱立群:《观念转变、领导能力与中国外交的变化》,《国际政治研究》2007 年第 1 期,第 9—20 页。

[②] 这些变化后面,事实上涉及中国如何认识中国在国际社会中所处的位置和角色,但是角色是多重的,也可以是冲突的,而且,中国的自我角色与外在社会角色是不同的。关于中国外交的角色、角色冲突以及角色展示,参阅:Chih-yu Shih, "Assigning Role Characteristics to China: The Role State Versus The Ego State," *Foreign Policy Analysis*, Vol. 8, No. 1, 2012, pp. 71-91;Onning Beylerian and Christophe Canivet, "China: Role Conceptions after the Cold War," in Philippe E. Le Prestre, ed., *Role Quests in the Post-Cold War Era*, London: Mcgill-Queen's University Press, 1997, pp. 187-224; Jörn-Carsten Gottwald and Niall Duggan, "Hesitant Adaptation: China's New Role in Global Policies," in Cornelia Frank, and Hanns W. Mauli, eds., *Role Theory in International Relations: Approaches and Analysis*, New York: Routledge, 2011, pp. 234-251.

追求过程中,对于权力和价值的交替使用所可能产生的不确定性。

中国外交的转型,当然与中国自身力量的增长、国际形势的变化息息相关。但是,力量和环境,以及国际格局的变化,都是客观的历史进程。对于这些客观的历史进程,身处这些进程当中的国家行为体,它们之间的社会互动,也是十分重要的。甚至社会互动的不同逻辑和结果,会反过来塑造和影响不同行为体力量以及格局的变化。[①]因此,中国外交转型研究的社会学分析,具有重要的理论和实践价值。从理论层面来说,它为我们更好地理解中国外交的变迁,提供了一种社会互动过程的分析,这种过程是有别于传统上的中国国际化及其机制的研究,而更多地从中国与国际社会的身份管理、印象呈现等微观策略互动入手,揭示出中国外交变化的符号、象征性互动的战略后果,而这往往是传统的现实主义以及战略研究所忽视的。[②]社会仪式是中国外交面对国际社会的核心内容,仪式是群体内部情感、认同产生的重要力量,同时,仪式对于群体间关系的走向,也发挥着重要的影响作用。通过仪式,中国向国际社会展现一个真实的自我,但国际社会对于中国的群体态度形成,并不一定是建立在中国的有意展现基础之上,而更多是通过复杂的社会、心理机制,形成一个更为复杂的中国形象。

基于这种差异性和矛盾性的分析,我们认为,中国外交在与国际社会互动之时,可能需要采取更为细致和精致的印象管理以及身份管理策略。进而言之,简单的政策宣誓、和平展示以及经济让利等等有意的自我形象展示,或许难以达到改善、增进国际社会对中国及其

---

① 关于国际体系与中国外交的分析,参阅秦亚青等:《国际体系与中国外交》,世界知识出版社 2009 年版。

② John Mearsheimer, "The Gathering Storm: China's Challenge to US Power in Asia," *The Chinese Journal of International Politics*, Vol. 3, No. 4, 2010, pp. 381-396; Steve Chan, *China, the US and the Power Transition Theory*, New York: Routledge, 2007; Andrew Scobell, *China and Strategic Culture*, Carlisle: US Army War College Strategic Studies Institute, 2002.

外交的良好印象之形成。① 因此,中国外交在印象管理,以及公共外交方面的理论研究和实践工作,仍有大量值得开发的议题以及工作。概而言之,对于中国外交行为及其规律的及时总结,特别是对于一些重要的经验教训的及时总结,加上对中国与国际社会的外交和战略互动进行更为详细的社会学以及心理学剖析,这样才可能让新时期中国外交进一步融入现行国际体系,并发挥更好的权力、地位以及价值诉求的作用,提供一种更为坚实的知识和理论基础与保障。总之,中国外交转型的研究,必须是建立在客观、理性分析中国与国际社会的身份互动的基础之上。

---

① 关于国际意象形成的社会心理学和理性选择研究,参阅:Robert Jervis, *The Logic of Images in International Relations*, New York: Columbia University Press, 1989.

第七章　虚假共识[*]

双边和多边国际共识的形成,已经成为国际关系实践中的一个重要话题。无论从国家领导人出访的最终成果,即相应的双边联合声明,还是从争端和问题解决中,行为体间经过协商、讨价还价以及内部交易等途径,最后形成并发表外在的共识,均表明对于共识的追求、落实和巩固,成为国家对外交往的一个重要实践目标。同时,共识的形成是促进双边关系发展、问题解决以及国际多边合作等问题的重要前提和潜在假定之一。比如,2014 年 11 月,在中国举行的亚太经济合作组织(APEC)领导人非正式会议期间,中日领导人经过气氛不太友好的会谈,共同发布了中日四点原则共识,达成双方对于中日关系和争端的共同态度。① 这表明,弥合分歧、形成共识,对于促进中日关系是极为重要的,是促进合作、减少冲突的一个重要外交策略。在这种实践观看来,共识具有重要的正面国际战略效应,即能够促进合作和减少冲突的可能。

从理论层面上来说,国际合作理论一般都着重讨论合作的起源和形成,进而分析各种影响因素,比如利益的一致性、信任的形成、身份的认同以及制度的存在等,对于合作形成的重要因果意义。在这

---

* 本章曾以《共识的国际战略效应:一项理论性探讨》为题发表于《国际安全研究》2016 年第 1 期。

① 《四点原则共识需要得到切实遵循》,《人民日报》2014 年 11 月 8 日。

种理论逻辑下,一个潜在的假定就是,无论是对于利益一致的共识,还是对于身份和地位的共识以及其他情感上的认同,都是合作形成的重要条件之一。对此,已有诸多的国际合作理论和实践案例分析,包括国际制度的研究等。① 但是,如果对此传统智慧进行进一步思考的话,可以提出更具有反直觉的问题:共识是否可以区分为真实共识和虚假共识的基本类型? 在缺乏(真实)共识的情况下国际合作是否也能形成? 虚假或部分共识在什么条件下能促进合作,而在什么条件下会引发国际冲突? 对此问题的回答,构成本章试图从理论层面详细解析的问题——共识的国际战略效应问题讨论。国际战略互动包括国际合作和国际冲突两种基本类型,基于此,我们将国际战略中的共识心理学议题区分为两个问题领域,即国际合作和冲突中共识的战略效应分析。首先,讨论国际共识的基本概念及其类型,揭示国际共识的战略心理学研究的基本议题,继而分析共识与国际合作的关系,在综述评析共识对于合作的促进和必要性的基础上,进一步探讨虚假共识是如何促进国际合作的。其次,分析虚假共识或部分共识在一些情境和条件下也能引发国家间的危机,尤其是涉及争端领域,从而引发相应的国际冲突。由此,我们将进一步总结虚假共识的国际战略效应,提出共识的战略心理学的理论价值和启示。在本章的结论中,指出共识的国际战略效应讨论所具有的理论价值以及相应的政策启示,对于当前中国解决相关的国际争端,如南海争端、钓鱼岛问题等争端具有政策启发意义。

---

① 既有的合作起源研究,均没有将共识当做一个核心的解释变量,更多是作为一个常量的中间变量。参见秦亚青主编:《理性与国际合作——自由主义国际关系理论研究》,世界知识出版社 2008 年版;〔美〕肯尼思·奥耶编:《无政府状态下的国际合作》(田野、辛平译),上海人民出版社 2010 年版;Kate O'Neill, Jörg Balsiger and Stacy D. VanDeveer, "Actors, Norms, and Impact: Recent International Cooperation Theory and the Influence of the Agent-Structure Debate," *Annual Review of Political Science*, Vol. 7, June 2004, pp. 149-175。

第一节　"共识"及其战略心理学

　　传统上,国际关系研究均将"共识"作为一个既定的概念加以使用,即一般认为共识即行为体间的共同认识。在理论研究和实践运用中,共识是一个常见但未得到充分讨论的核心概念。鉴于此,我们首先从概念层次,分析基于主体间认知角度的共识内涵,从而进一步揭示共识的类型,为后文讨论共识的国际战略效应提供一个逻辑基础。

(一) 国际共识的概念及层次

　　共识是国际关系理论和外交实践中一个非常普遍使用的概念,传统上,这个概念一般都是基于一种潜在的假定,即共识表示行为体之间的共同认识,但少有对共识的概念内涵进行详细的讨论。温特建构主义的基本理论在于强调共有知识和观念的作用,对共有知识、集体知识等相关概念有过详细辨析,为我们对"共识"进行简单的概念分析提供了指导。根据上文的简要传统界定,"共识"一般是指行为体之间的共有知识或共同认知,就如建构主义所认为的,"共同知识涉及行为体相互之间关于对方理性程度、战略、偏好以及外部世界状态的认知"[①]。但是,仅仅是行为体均持有某种认识,或认定某项命题、事实等为真,这尚不构成共识。共识还必须涉及一项重要的主体间认识和相互理解的问题,只有当行为体认识到并确认对方的认识也是真实的时候,共识才能真正形成。[②] 如果我们观察到行为体

---

　　① 〔美〕亚历山大·温特:《国际政治的社会理论》(秦亚青译),上海人民出版社2000年版,第201页。

　　② 传统上,国际关系理论对于共识的含蓄定义是基于双方均持某种知识/认识的界定,而没有进一步从行为体的主体间认知角度对共识的本体真实性进行考察。我们试图将共识的内在黑箱打开,并进一步类型化,分析不同的共识类型对于国际合作和冲突的效果。

均自我认识到相应的命题为真,但行为体间并不认为对方的认识是真实的和正确的,这就构成了虚假共识类型之一(见表7.1)。这种虚假可能是有意的,即一方或多方行为体认识到或认为对方的认识并非真实,也可能是无意的,即行为体并没有认识到对方的认识的虚假性。我们将依据国家间共识的核心维度对共识的类型进行区分,一种维度分类标准为共识的内容是利益还是身份,另一种标准是共识是积极的还是消极的。

表 7.1 国家间共识的基本类型

		是否认为对方的知识是真实的	
		是	否
是否存在共同知识	是	共识	虚假或部分共识(理性战略等动力)
	否	分歧/虚假或部分共识(文化与认知习惯等动力)	无共识

第一,利益一致性共识。国际合作的实现基于利益的解释,主要是行为体间利益的完全一致或部分一致,可以促使行为体间对于利益一致性产生共识,从而形成对于合作能够共同促进双方的利益回报的预期。[①] 利益成为合作的基础,也是合作的重要目标。比如,在经济外交中,发展经贸合作能够促进各自获得更好的经济利益,同时也有利于双方政治关系的发展。利益成为合作的根本动力。当然,合作既可以建立在利益的完全一致性基础之上,也可以建立在部分一致性之上。因为完全利益一致性很难达到,更多的情况是,在可以达成部分一致性的共同预期的情况下,合作就具备了理论上的可能。什么样的因素影响利益一致性的看法,成为重要的讨论问题,比如国

---

① 田野:《国际关系中的制度选择:一种交易成本的视角》,上海人民出版社 2006 年版,第 1 页。

内利益联盟、双层次博弈和知觉等均是重要的解释变量。①

第二,身份的一致性。在主流建构主义和社会认同理论路径看来,合作的实现是建立在观念上的一致性基础之上,其中最为重要的是身份的认同(共有知识)对于合作的重要意义。② 当然,现实中很多合作都是战略性的,即基于相应的利益考察就可以形成合作的预期,而不需要身份的一致。身份认同感的形成,是促进形成具有情感意义的合作的重要条件。这种合作的类型更多的是共同体的合作,包括政治上的联盟、军事领域的安全共同体等。③ 而这种身份的一致性,取决于行为体间对于同质性、共同的历史记忆、命运等的共同看法,并且也是一种主体间认知。社会认同或集体认同促进合作的实现,彰显了集体知识对于合作的重要意义,而非共有或共同知识。因此,这里实际上包括了行为体的身份共识以及群体的身份共识。此外,在一些情境中,信任可能不是合作的先决条件,而信任的形成无疑与身份一致性紧密相关。④ 正因为如此,身份一致性产生的合作,一般来说是更具情感意义的合作。

第三,积极共识与消极共识的区分。传统上,共识均是对国家间

---

① Robert Putnam, "Diplomacy and Domestic Politics: The Logic of Two-level Games," *International Organization*, Vol.42, No.3, Summer 1988, pp.427-460.

② 亚历山大·温特:《国际政治的社会理论》;Jonathan Mercer, "Anarchy and Identity," *International Organization*, Vol.49, No.2, Spring 1995, pp.229-252; Peter Hays Gries, "Social Psychology and the Identity-Conflict Debate: Is a 'China Threat' Inevitable?" *European Journal of International Relations*, Vol.11, No.2, June 2005, pp.235-265; Deborah Welch Larson and Alexei Shevchenko, "Statues Seekers: Chinese and Russian Responses to U.S. Primacy," *International Security*, Vol.34, No.4, Spring 2010, pp.63-95; Esra Cuhadar and Bruce Dayton, "The Social Psychology of Identity and Inter-group Conflict: From Theory to Practice," *International Studies Perspectives*, Vol.12, No.3, August 2011, pp.273-293。

③ Emanuel Adler, "Imagined (Security) Communities: Cognitive Regions in International Relations," *Millennium: Journal of International Studies*, Vol.26, No.2, June 1997, pp.249-277; Karl W. Deutsch, et al., *Political Community and the North Atlantic Area*, Princeton, New Jersey: Princeton University Press, 1957.

④ 合作不一定必须建立在信任的基础之上,对于未来关系的持续性预期即可促成合作。参见〔美〕罗伯特·阿克塞尔罗德:《合作的进化》(吴坚忠译),上海人民出版社2007年版。

积极的知识的肯定,诸如上文所述的对于利益和身份的一致性看法,也包括对于行为体属性的一致或类似的共有知识,比如均是社会主义国家、均是相同的命运等,还包括对于相关事件的共同认识,比如事件的性质、责任归因和解决措施等。但是,反观之,共识也可能是对于相互消极关系、分歧的一致性认识。比如,如果双方行为体均将对方看做是敌人或战略竞争者,而且相信对方也是持这种认识,这也意味着它们对于相互关系的性质达成了一致认识,比如美朝相互看做是敌人。① 继而很重要的一点是,如果行为体对于双方的分歧也形成了共有知识,即分歧的内容、原因和表现,包括分歧的消极后果等,这也是一种国家间共识的形成。综上,基于行为体对于共识内容的积极和消极属性的区分,可以将国家间共识分为积极共识与消极共识两个层次。

(二) 国际共识的战略心理学

战略心理学是指从心理学的理论和方法讨论战略问题,比如合作与冲突的问题。概而言之,战略心理学的核心议题在于分析合作与冲突的起源、条件和管理等的心理微观基础。而国际共识的战略心理学就是讨论国际共识的心理基础及其战略效应。综合来讲,国际共识的战略心理学分析主要集中于以下三方面的内容。

其一,国际共识的心理基础。正如上文所述,既有的理论或实践均将国际共识作为一种客观的存在而看待,其判断标准也更多是依据外在的共识表现形式,比如共同声明的发表等。这种客观判断法没有揭示出共识的多层次和类型,也没有涉及共识的心理认知差异分析。从心理学的视角来分析国际共识的内涵,不可避免地将主体间认知差异与外在客观判断相结合。在此基础上,还可以将行为体

---

① 二者可能的外在形式差别为:消极内容的共识一般不会有外在一致性表述的形式,比如联合声明等。做出这种区别,来自于温特对于共有知识的客观性的说明,即共有知识并不表示一定就是积极的知识,也可以是消极的知识。这种区分实际上也是对先前关于共识的潜在假定,即共识就是积极知识的一种推进。感谢蒲晓宇对于这一点的提示。

主体认识的有意与无意动机包括进去,这样能够进一步揭示共识的背后动力,即到底是一种理性的战略考虑,还是文化或认知习惯的原因。① 总而言之,在战略心理学的视角下,国际共识的概念内涵及其类型将更为丰富,至少具备上述四种国家间共识的形成类型,即共识、虚假或部分共识、分歧和无共识。而共识本身的层次也不是固定的,至少存在真实/完全共识和虚假/部分共识的区分。在这种概念和类型的区分下,就可以更加多层次地看待国家间的谈判、博弈及其合作与冲突的关系。

其二,国际共识促进合作的心理机制。理性主义的国际合作理论,都是强调外在结构压力、环境、共同任务以及最为核心的利益或部分利益一致性对于合作的重要作用。② 但是,在相同的外在条件和环境下,国际合作的结果仍存在差异,其中重要的原因之一在于客观的利益一致与主观的共识形成,仍是存在差异的。所以,心理学理论的引入,有利于更好地剖析合作形成与共识之间的多层次关系。传统上,共识的形成是进行合作的一个重要条件,在这种主流看法下,共识的达成具有重要的理论和实践意义。但是,我们仍可以发现,即使存在共识也无法进行合作,或者已经开展合作,但并没有表示共识形成的案例。根据更为细致的共识类型划分,虚假或部分共识在特定条件下也能促进合作的实现。这种共识与合作的心理基础讨论,进一步丰富了主流的认识。

其三,国际共识导致冲突的心理机制。传统上,国际共识的破裂或消失必然会影响到合作的基础,从而进一步引发冲突。建立在更为细致的共识类型基础上,消极共识本身就是对于合作的一种否定,

---

① 〔美〕罗伯特·杰维斯:《国际政治中的知觉与错误知觉》(秦亚青译),上海世纪出版集团 2015 年版;Richard Cottam, *Foreign Policy Motivation: A General Theory and a Case Study*, Pittsburgh: Pittsburgh University Press, 1977; Jonathan Mercer, "Emotional Beliefs," *International Organization*, Vol. 64, No. 1, Winter 2010, pp. 1-31。

② 〔美〕肯尼思·奥耶编:《无政府状态下的国际合作》;Kate O'Neill, Jörg Balsiger and Stacy D. VanDeveer, "Actors, Norms, and Impact: Recent International Cooperation Theory and the Influence of the Agent-Structure Debate."

因而,消极共识的增多、强化会引起先前敌对关系的固化,更容易引发冲突关系。[①] 而部分或虚假共识尽管在特定条件下能够促进合作的实现,但随着条件的改变、环境的变化等,能够对合作产生更大的消极作用,从而更可能引发冲突。上述简要逻辑,为我们分析共识的国际战略效应提供了更为丰富的类型基础,同时也是对先前主流看法和理论的推进。最为关键的是,辨析共识的基本类型是讨论产生何种战略效应的基础。为何共识具有多层次性、多维度的特性? 其背后的主体间认知和动机因素是什么? 它们又是通过什么样的心理机制作用于合作与冲突? 这些都是关于共识的国际战略心理学的核心问题。本章的第二部分将讨论共识的国际合作与冲突效应。

第二节　共识与国际合作

基于对既有国际合作理论的考察,共识是实现和维系合作的一个基本前提和基础。但是,现有的理论并没有对共识如何促进合作进行更为详细的解释。基于此,我们着重讨论共识促进国际合作的基本缘由及其机制。对于共识促进国际合作的基本逻辑,首先在于分析什么类型和内容的共识能够促进合作,进而回答为何共识能够促进合作。

(一) 共识促进国际合作的机制

共识对于国际合作的因果作用,是建立在相应的机制之上。为什么共识能够促进合作? 因为共识能够克服阻碍合作的一些核心因素。一般来说,行为体间对于战略意图的不确定性、偏好的不一致,

---

①　消极共识类似于温特所言的共有敌对观念,它对于冲突的作用遵循建构主义的观念本体逻辑。参见〔美〕亚历山大·温特:《国际政治的社会理论》;秦亚青:《世界政治的文化理论——文化结构、文化单位与文化力》,《世界经济与政治》2003 年第 4 期,第 4—9 页。

以至于无法产生对于未来合作的报偿结构。① 所以,共识促进合作的机制在于降低不确定性,塑造和调整偏好,增大未来的报偿结构。在战略互动领域,共识的形成还意味着战略默契的形成。

第一,降低不确定性。行为体间之所以无法进行合作,核心原因之一在于对于双方信息的不确定性,尤其是战略意图的善意与否,由此导致信任的无法产生。② 同时,如果对一些相关的合作必需信息存在不确定的话,也会影响合作的实现。比如,经贸领域的合作必须了解对方的基本经济信息,合作的意愿也是一个传递的过程。在尼克松与毛泽东之间关于建交的试探性信号发射中,由于交流沟通的缺乏,导致双方对于共同合作愿望难以直接了解。③

在此意义上,共识的形成表明行为体相互了解了关于合作的至关重要信息,因此极大地降低了由于不确定性而导致的战略恐惧。当然,由于国际无政府体系的存在,致使战略性的欺骗成为一种政治常态,所以,如何确保共识的有效性和真实性,也是一个十分重要的话题。对此,一般强调昂贵信号的理性主义分析,认为共识的客观形态、外在表现等,必须具备相应的可信性和成本。比如,制度理论强调国际制度的存在可以加强共识信号的可信性;而观众成本理论可能认为,在相应的国际和国内观众成本面前,共识更具可信性,从而增强信号的可信性有助于促进行为体间的合作。④

第二,塑造和调整偏好,形成战略默契。即使是具备了战略意图的确定性,但行为体之间的偏好或利益可能存在较大分歧,难以形成

---

① 对于报偿结构的预期是国际合作研究体系解释的核心机制之一,参见肯尼思·奥耶:《解释无政府状态下的合作:假说与战略》,载〔美〕肯尼思·奥耶编:《无政府状态下的国际合作》,第16—18页。

② Shiping Tang, "Fear in International Politics: Two Positions," *International Studies Review*, Vol. 10, No. 3, September 2008, pp. 451-471.

③ 韩长青、吴文成:《外交承诺与战略试探:万斯访华与中美关系正常化》,《外交评论》2014年第6期,第59—89页。

④ 〔美〕莉萨·马丁、贝思·西蒙斯编:《国际制度》(黄仁伟等译),上海世纪出版集团2006年版;Barbara Koremenos, Duncan Snidal and Charles Lipson, eds., *The Rational Design of International Institutions*, Cambridge: Cambridge University Press, 2003。

共识,由此仍然难以实现合作。对此,沟通理性学派的分析认为,相对于主流的后果性逻辑和适当性逻辑,争论性逻辑也是有助于促使行为体调整偏好,从而有助于偏好一致性的形成。① 后果性逻辑强调理性的压力,从而促使行为体调整偏好,这会导致一种强迫下的合作。适当性逻辑则强调共有观念和正当性基础上的合作,这与上述的身份一致性更为相符。而争论性逻辑则表明,偏好并不是一成不变的,行为体间的偏好可以经过充分的争论、协商,在实践中发生变化,从而可能形成共识。当然,现实经验更为复杂。比如在中印边界争端中,印度方固执的观念,使得中方的诚意、克制以及协商的实践均告无效,双方无法形成共识,从而导致了中国进行自卫反击战的结果。②

在托马斯·谢林(Thomas Schelling)的冲突战略理论看来,在一些极端的战略互动环境中,比如博弈论的困境中,行为体间缺乏直接的沟通渠道,导致信息的完全未知。③ 在这种情境下,行为体间如何形成战略默契呢?这种战略默契对于共识的强调,有助于促进合作的实现。比如,在缺乏完全沟通的情况下,在纽约的两个朋友只知道今天中午会面,他们只能依据先验的预期进行战略默契试探。当然,由于诸多条件的限制,如文化差异、先期充分实践缺乏、单边思维等,这种战略默契是无法形成的。比如,中国抗美援朝战略决策前,中国试图通过外交威慑、信息传递等方式,向美国表达中国的战略关切和利益敏感性,但美国基于种种认知偏差而无法领会中国的战略意图。④

---

① Thomas Risse, " ' Let's Argue ! ' Communicative Action in World Politics," *International Organization*, Vol. 54, No. 1, Winter 2000, pp. 1-39;李志永:《规范争论与协商介入:中国对不干涉内政规范的重塑》,《当代亚太》2015 年第 3 期,第 130-155 页。

② Yaacov Y. I. Vertzberger, *Misperceptions in Foreign Policymaking: The Sino-Indian Conflict*, 1959-1962, Boulder, Colorado: Westview Press, 1984;〔澳〕内维尔·马克斯维尔:《印度对华战争》(陆仁译),生活·读书·新知三联书店 1971 年版。

③ 〔美〕托马斯·谢林:《冲突的战略》(赵华等译),华夏出版社 2007 年版。

④ 沈志华:《毛泽东、斯大林与朝鲜战争》,广东人民出版社 2008 年版。

第三,增大报偿结构的预期。行为体间只有在形成并增大对于未来合作的报偿结构预期后,才会从理性的角度坚持合作的选择。但在无政府状态结构下,国家对于相互的战略意图是存在不确定性的,所以,未来的报偿结构是不确定的。行为体的数目也会影响到报偿结构的形成,因为行为体越多,行为体间的共识就越难形成。①　某些存在合作的报偿结构的情境,行为体却因为错误的认知,或者是对于利益独占的愿望所推动,不一定会形成合作的报偿结构预期。比如,一战前欧洲国家事实上是存在合作的报偿结构,即战争不是获取利益的最佳和最有利的策略,但由于当时各国对于非合作报偿结构的预期,导致了无法进行合作,从而走向了战争的结果。

(二) 虚假共识与国际合作

上述共识与国际合作的主流研究,均对于共识的积极战略效应持共同的看法。但是,在某些情况下,行为体间缺乏完全或真实共识的条件,却仍形成了合作;或者是,行为体间基于表面的共识,即只发表外在共同的共识声明,实际上各自解释,无论这种合作是积极合作,还是消极合作,但仍实现了合作。那么,这种虚假的共识是如何促进合作的呢? 首要的一个问题是,虚假共识的几个表现维度。第一种是双方均知道完全共识的不可能,只能发表外在共识声明,但实际上却各自解释和操作;第二种是由于行为体一方的认知习惯、文化等导致的认知局限,没有意识到共识其实是虚假的;第三种是双方均没有认识到共识的虚假性。

第一,时机、力量等不足,导致无法形成完全共识,只能寻求部分共识。这是由于行为体的客观条件的不足,无法形成完全的共识。②这种客观条件包括很多方面,比如力量的不足、时机的不成熟、工作重心的不同等。中国对于某些争端领域提出的搁置政策或战略思

---

① 〔美〕肯尼思·奥耶:《解释无政府状态下的合作:假说与战略》,第5—16页。
② 尹继武:《单边默契、信号表达与中国的战略选择》,《世界经济与政治》2014年第9期,第11—12页。

维,就是基于当时的工作重点考虑,同时也是基于中国自身力量和时机的考虑而采取的非常理性和有效的解决问题方式。搁置本身是中国领导人的政治智慧的体现。因为在不利或不成熟的条件下,经过充分的沟通协商、战略博弈,仍无法形成共识、解决问题,从而影响到大局以及双边关系的发展。① 因此,中日建交时不急于解决钓鱼岛领土争端,中美建交时基于大局需要,将台湾问题搁置起来,对于当时的中国外交以及双边关系发展是必要的,促进了合作的实现,即中日建交和中美建交对于中国对外合作和发展关系的意义巨大。所以,在完全共识尚无法形成的情况下,采取战略性的考虑达成部分共识,或者部分默契的选择,实际上是有利于实现合作的。

第二,由于文化习惯和认知偏差,无法认识到共识其实是虚假或部分的共识。同时,考虑到行为体自身的认知局限、文化习惯等,行为体可能对于一些具有分歧的共识或默契是无法直接察觉的。在这种情况下,行为体实际上是基于自我中心主义的思维,以自身的认知和文化来理解对方的意图和行为,从而错误地认为一种共识的形成。② 实际上,这有点类似所谓的"美丽的错误知觉",但是在一定程度上能够促进促成合作。因为暂时的错误知觉,反而导致了共识的形成,促进了合作的开展。③

第三,在上述两种因素的作用下,行为体可能基于理性的战略考虑,或者基于习惯和文化的制约,从而寻求或客观上形成了一种部分或虚假共识。在并没有达成完全或真实的共识情况下,行为体间也能形成合作的结果。但是,建立在这种共识基础之上的合作,只能是

---

① M. Taylor Fravel, "China's Strategy in the South China Sea," *Contemporary Southern Asia*, Vol. 33, No. 2, 2011, pp. 292-319;中华人民共和国外交部:《"搁置争议、共同开发"》,http://www. fmprc. gov. cn/mfa_chn/ziliao_611306/wjs_611318/t8958. shtml,2015 年 10 月 1 日登录。

② 唐世平、綦大鹏:《中国外交讨论中的"中国中心主义"与"美国中心主义"》,《世界经济与政治》2008 年第 12 期,第 62—70 页。

③ Eric Grynaviski, "Necessary Illusions: Misperception, Cooperation, and the Anti-Ballistic Missile Treaty," *Security Studies*, Vol. 19, No. 3, 2010, pp. 376-406.

暂时的合作,随着时间的推移,它的负面战略效应就会越来越表现出来,这就是接下来所要讨论的内容——共识是如何引发国际冲突的。

第三节　共识与国际冲突

缺乏共识,分歧无法弥合甚至是越来越大,会导致利益共同点无法形成,同时也会导致利益冲突以及身份冲突。在这种逻辑下,共识的缺乏是与国际冲突的发生相联系的。其背后往往是以利益的冲突或根本性冲突为基础,但在很多情况下,行为体间也存在合作博弈的可能,但由于诸种原因,共识无法形成。① 其次,与常识相反的是,某些共识(部分或虚假共识)往往能够促进和促成合作,但随着时间和形势的变化,起初暂时性的共识的分歧越来越大,或者原先所掩盖的分歧逐渐暴露,由此会导致各自的预期和解释存在差别,因而导致合作的危机甚至崩溃,进而可能引发国际冲突。

(一)共识与国际冲突消解

正如冲突的起源解释一样,冲突的消解可以寻找各种层次上的理由,比如个体、国家以及体系等。在诸多层次上,都可以发现有利于冲突消解的因素。正如利益的不一致或者知觉不一致可能产生利益冲突,身份的差异也会引发身份冲突。反过来,如何加强利益的一致性认识以及身份的一致性认识,就成为消解上述冲突的方式或措施之一。简言之,强化和追求利益、身份等共识是消解国际冲突、稳定战略态势的重要途径。

第一,清楚战略意图和利益。从本质上讲,国家对于共识的追求是一个认识的问题。国家间要形成完全或部分共识,首要的条件就

---

① 国际冲突的起源研究中,往往将冲突看做是共识的破裂或无法形成,并没有单独讨论共识与冲突之间的关系。

是清楚各自的战略意图和利益(当然上文所讲的,在某些情况下,由于错误认识了对方的意图或利益从而也会形成共识)。但国际关系实践中,由于国际无政府体系的结构原因,国家首要的目标是生存或安全,因此战略意图是一种非常重要的私有信息,这会导致国家间对于彼此意图的不可知性。① 如何确定、认识对方的战略意图,是国家对外实践的重要而且非常困难的环节。有很多因素影响这种认知过程,比如既往的交往经验会产生预期,国家的意识形态和文化也会影响到性质的判定,有选择性的注意是确定战略意图的重要方式,领导人个人之间的交往也是基本的途径等等。② 如此来说,国家意图的确定也往往会产生偏差,因此也会导致本来存在合作的机会,但是由于认知偏差的存在,导致无法进行合作。③ 这种例子包括冷战初期的美苏关系以及朝鲜战争爆发期间中美之间对于彼此意图的错误判断,从而走向了敌对的关系。

当然,利益的判断也是一个重要的命题。对于什么是对手的重要关切所在,它的偏好是什么,利益敏感点在哪,在很多战略互动情境中,起初行为体并不是很清楚。比如,在1995—1996年台海危机期间,美国对于中国在台湾议题上的敏感性,并不是从一开始就非常清楚和明白的。美国公开给李登辉发放签证,并邀请其在美公开演讲,从事"台独"活动,引发了大陆的强烈反应。无论是舆论的愤怒,还是军事的威慑,都表达了中国大陆强烈愤怒的情感。这种愤怒的情绪,其实传递了大陆的利益敏感点所在。④ 经过危机的战略互动,美国政府认识到了台湾问题对于中国的重要性。因此,危机结束后

① James Fearon, "Rationalist Explanations for War," *International Organization*, Vol. 49, No. 3, Summer 1995, pp. 379-414.

② Kern Yarhi-Milo, *Knowing The Adversary: Leaders, Intelligence Organizations, and Assessments of Intentions in International Relations*, Princeton, New Jersey: Princeton University Press, 2014.

③ Deborah Welch Larson, *Anatomy of Mistrust: U. S. -Soviet Relations During the Cold War*, Ithaca and London: Cornell University Press, 1997.

④ Todd Hall, "We Will Not Swallow This Bitter Fruit: Theorizing a Diplomacy of Anger," *Security Studies*, Vol. 20, No. 4, 2011, pp. 521-555.

中美之间关于三不承诺的确定,表明美国终于认识到在台湾问题上维持现状态度的重要性。这也表明了中美之间关于台湾问题形成了一种潜在共识,从而维持了随后十多年的台海和平。

第二,逐步"试错法"的实践。共识的形成,是消解国际冲突的一个外在表现。但是在战略对手之间形成共识,这不是简单地经过外交谈判就能实现的。当然,外交的协商和谈判是重要和基本的方式,比如中国与相关国家的战略对话,关于边界问题的"无休止的"谈判,关于"入世"的谈判等等。[1] 除了基本的谈判与协商的方式,其他更为重要的方式包括危机、冲突以及相关手段的运用,比如制裁、援助和联盟等。具体来说,在很多情况下,正面的协商和谈判难以让双方弥合分歧,所以,如果在领土争端等相关问题领域国家间战略对峙激化,导致国际危机或战争的产生(虽然这种结果并不是国家所理性预见),在危机、冲突和战争中,双方的利益、实力分布以及预期将会重新组合,由此为形成新的共识打下基础。比如,弱者将降低自己的预期,看到自身实力对于利益目标获取的局限。因此,一个非常具有悖论性的结论是,要消解冲突,就得寻求更多的共识,尽量消除分歧点,但这又得通过危机、战争和冲突的方式(与正面的谈判相结合)。这就是中国所一直坚持的"以打促和"的战争方略,比如对于朝鲜停战、中印边界冲突等都是如此。[2] 当然最后结果之一,即便是经过不断的试错,即关系恶化、问题矛盾激化等,但是双方仍无法形成共识,行为体仍坚持自身的观念。这说明,现实并没有改变相关行为体的偏好和观念,所以双方可能仍处于非合作的状态,顶多是形成一种冷和平的局面。

① 王缉思主编:《释疑:走出中美困局》,社会科学文献出版社 2014 年版;王一鸣、田野:《中美战略经济对话的制度选择》,《国际政治科学》2009 年第 3 期,第 59—82 页。
② 沈志华:《毛泽东、斯大林与朝鲜战争》,广东人民出版社 2008 年版;王宏纬:《中印关系研究述评》,中国藏学出版社 2009 年版。

（二）共识与引发国际冲突

共识会引发、激化冲突，国家间从原先的合作走向冲突状态，这种逻辑似乎有点反直觉。但根据上文所述，其原因在于，某些共识可能只是暂时性的共识、部分共识甚至是虚假共识。基于战略性考虑或自身认知原因，这些暂时性共识具有理性作用，因为它促进了当时双方促成合作。但是，它不能确保合作的长期性和稳定性。因为随着时间的推移，双方矛盾和问题的凸显，各自的预期、分歧会逐步显现，从而导致暂时性共识的破裂，引发合作的不稳定性、危机产生，甚至是国际冲突的爆发。

第一，共识只是战略性的。就如上文所言，即使某些共识是真实的，无论这种共识是完全共识还是部分共识。但由于客观的情境是，在当初开展合作时，共识的产生是一种客观情势所需，或者是出于战略性考虑，为了促进双方的合作，在某些问题上形成共识是必要的，也是合作的需要。在此合作博弈的利益回报结构要是大大超过非合作博弈时，双方或者单方均持这种认识。[①]　在这种情况下，要么是这种有意为之而形成的共识带有很大的主观战略理性，要么是对于某些问题的处置（双方的默认，从而形成的共识），是为了不妨碍合作并促进合作的需要，而行为体并没有持对方的知识是真实性的信念。但是，在实现了战略性与暂时性的合作之后，可能进一步合作的需要就会减少，甚至是消失。或者是实现合作之后，行为体双方之前对于某些共识的分歧就会逐渐暴露出来，由此导致对于共识的分歧以及利益的纷争，最后产生战略矛盾，非合作博弈可能性上升。

第二，共识的虚假性会逐步暴露出来。此外，另一种情况是，由于行为体双方，尤其是单方的认知和习惯缘故，虽然形成共识，但实际上并非说明行为体的想法或认识是真实的。[②]　尽管现实的积极效

---

① 〔美〕肯尼思·奥耶：《解释无政府状态下的合作：假说与战略》，第 5—18 页。

② 这种虚假共识的来源是文化认同因素，参见尹继武：《单边默契、信号表达与中国的战略选择》，第 12—13 页。

果就是促进了合作的实现,但是这种建立在错误认知基础上的共识,总会有暴露出其虚假性的时候。如果是由于认知能力的不足,那么行为体的认知能力会随着实践增长,而如果是由于文化习惯等原因,在实践中由于共识的虚假性会产生负面效果,也会对行为体的习惯产生影响。① 如果是因为行为体实力的不够,先前基于理性考虑与合作需要而心照不宣接受对方的虚假知识,但随着行为体实力的增强、博弈优势的上升等,这种共识的虚假性也会显现,从而导致动摇了合作的基础。总之,虚假共识的本质决定了它不能作为长久合作的基础。行为体认知能力的增长以及战略负面效果,也会促使行为体及时反思和调整自己的认知和文化习惯。所以,虚假共识在实践中逐渐会被行为体认知和预期,因此合作的基础则会遭到破坏,很可能走向分裂、非合作以至于冲突。当然,在一些其他结构性、客观环境的压力下,行为体很可能需要合作,从而继续维持对虚假共识的默认,这样合作能持续,但合作稳定性的预期则会受到很大影响。②

第三,行为体预期的不一致。部分共识或虚假共识引发国际冲突的重要机制就是行为体预期的不一致。理论上,在完全的共识下,行为体之间的预期是一致的,因此对于利益以及合作的利益报偿结构的预期等都是一致的。③ 但是,部分共识或虚假共识所产生的问题是,既然行为体之间对于共识的实质认识是不一致的,只是表面上的一致,那么在实践中行为体间就可能产生预期的不一致。由此导致对于合作的基础、利益以及回报等产生分歧,从而弱化合作,在利益冲突以及现实矛盾的冲击下,更容易走向非合作以及冲突的结果。

第四,消极共识与国际冲突紧密相关。国家间对于相互的消极

---

① 认知能力遵循的是适当性逻辑,即随着认知能力的增长,行为体会逐步认识到共识的虚假性;而习惯则是后果性逻辑,即由于虚假共识负面效果的凸显,反过来会促使行为体反思和调整对于共识的认识。

② 这类似于威逼式合作的情境,由于强大的制度或环境的压力,导致合作成为唯一的选择。

③ 知觉上、预期上的一致性,对于促成合作具有重要的作用,参见〔美〕肯尼思·奥耶编:《无政府状态下的国际合作》。

关系形成了一致性的共有知识,比如双方均毫无疑问把对方看做是自己的主要战略敌人,那么,这种消极共识的形成与巩固,一方面是双方敌对关系的反映,同时反过来,这种关于敌人意象的共有知识又强化了双方的战略敌对关系。这类似于温特建构主义的逻辑,敌人意象的共有知识事实上是一种"自我实现的预言"①,而且这是一种双方均等的、共有的敌对关系知识,它会加剧双方关系的恶化,对于其他的利益冲突、地缘政治等国际冲突的引发因素而言,敌对关系共识是一种促进和激化因素。同时,基于观念的固化和稳定性,以敌对关系共有知识为代表的消极共识是国际冲突起源、发展和升级的一个重要促发因素。消极共识的内容不仅包括敌对关系,也包括认知分歧与差异等。如果行为体间形成关于分歧的共识,那么这恰恰是合作的基础。比如,中日、中国与东南亚相关国家对于领土争端的分歧(是否存在、什么方面的分歧等)无法形成共识,使得中国在相关领土争端上无法与对方进行合作。

共识引发国际冲突的基本原因在于共识的部分真实或虚假性,因而长期来说,这种部分真实和虚假共识均无法维系合作的长期性和稳定性。有一种特殊情况是,如果双方均认识到共识其实是部分真实的或虚假的,但都需要这种共识,需要促成合作,那么,理论上这种共识能够维系合作。② 但是现实中,由于共识的虚假性,肯定会导致利益的分歧和矛盾的激化,在现实问题的矛盾积累和激化下,虚假共识难以完全掩盖住这种对于合作利益的不同预期。比如,中国基于战略考虑以及从大局出发,为体现中国的诚意,对一些当时难以解决、客观条件不够等情况的争端领域,比如边界、领海争端等搁置起来,这在促进中国开展与相关国家的外交、促进双边关系发展上发挥了重要的积极作用。但是,由于这种搁置可能更多是当时领导人之

---

① 〔美〕亚历山大·温特:《国际政治的社会理论》,第229—235页。

② 这里存在多层次认知问题,即双方形成了都承认分歧的存在,但现实中仍采取一致的表述。由此从危机管理的角度来看,这种对于分歧的一致看法其实表明已经具备了初步的共识,或危机管理机制。

间外交谈判的一种默认,而这种默认可能是一种部分共识,也可能是一种虚假共识①(即对方或许以为争端不存在,或许认为搁置就是默认自由行动等),从而导致虽然双边合作开展后,但共识的实际分歧并没有减少,甚至随着问题领域的激化增多了。比如,南海主权争端的凸显,中日钓鱼岛争端的凸显等,均表明先前的搁置,无论是共识、部分共识,还是从未形成共识等,均无法掩盖住双方的实际利益分歧和争夺。② 因此,基于战略性考虑的搁置政策和思维,虽然不是中国相关争端领域矛盾激化、国际冲突发生的原因,但这种独特的共识或默认的认知机理,从而影响到相关的国际冲突的起源,这仍然是一个重要的触发要素。

最后必须注意的是,尽管由于行为体并未认为对方的知识是真实的,因此虚假或部分共识无法形成共有知识,进而发展成集体知识,所以在特定的时间点以及其他因素的综合作用下会走向破裂,可能引发相应的国际冲突。但这并非是决定论,即冲突的爆发仍是需要一定的条件的,部分或虚假共识仅仅是一种具有因果作用的因素之一,而不是冲突爆发的必要或充分因素。南海争端的案例表明了这一点,即尽管部分共识负面效果逐步显现,包括争端的升级,但离国际冲突的爆发仍有一定的距离。③ 总体来说,部分或虚假共识与国际冲突的爆发具有一定的条件性,这种条件性表现在如下地方:其一,时间点的问题。如果虚假共识的破裂恰好发生在双方关系、合作基础最为脆弱之时,那么极有可能加剧冲突的发生。而在合作得到进一步发展、双方利益关系更加复杂的情况下,虚假或部分共识的破

---

① 乔林生:《论钓鱼岛"搁置争议"的共识》,《国际论坛》2013年第6期,第27—30页;廉德瑰:《试析中日关于钓鱼岛问题"搁置争议"的共识》,《太平洋学报》2012年第12期,第40—48页。

② 〔新加坡〕庄嘉颖、〔美〕郝拓德:《反复性紧张局势的后果研究——以东亚双边争端为例》(方鹿敏、鲍磊翔译),《世界经济与政治》2014年第9期,第50—74页。

③ 薛力:《中美并未进入南海军事冲突倒计时》,FT中文网,2015年5月27日,http://www.ftchinese.com/story/001062226,2015年6月2日登录。

裂也不一定会引发冲突的发生。① 其二,合作的惯性和制度利益。②
合作的基础和收益,包括合作内容等,也都是随着时间的变化而变
化,行为体间的关系也会更加复杂化或深化发展。所以,即使部分或
虚假共识在未来走向破裂之后,也未必会直接引发合作的崩溃,因为
合作自身已改变了行为体间的关系,产生了更多的合作利益、结构变
化以及收益预期。其三,外在条件的变化。基于先前的考察,虚假或
部分共识是在特定情况下促进合作的实现,这种"极端的或特定的"
合作形成表明,虚假或部分共识对于合作的因果作用并非是在任何
情景下都成立的。外在条件的变化,也使得合作具备了更多的基础
和支持条件,换言之,先前的部分共识可能发挥的作用会进一步下
降。由此,即使部分或虚假共识不复存在,也不一定会导致合作的崩
溃和冲突的爆发。

第四节　共识的国际战略效应

　　战略互动一般包括国际合作和国际冲突两个维度(也有将国际
协作作为一个维度)。在此,我们集中讨论和总结共识的国际合作与
国际冲突战略效应。传统上,国际关系学界更多将共识与国际合作
研究相联系起来。对此,共识既具有国际合作的积极效应,同时部分
共识或虚假共识也能达到促进合作的效果;进而,虽然加强共识、减

---

　　①　以第三次台海危机为例,中美之间关于对台军售的默契在冷战后遭到挑战,但只
是爆发了台海危机,并没有发生直接的冲突,参见 Suisheng Zhao, ed., *Across the Taiwan
Strait: Mainland China, and the 1995-1996 Crisis*, New York: Routledge, 1999; Robert Ross,
"The 1995-96 Taiwan Strait Confrontation: Coercion, Credibility, and Use of Force," *Interna-
tional Security*, Vol.25, No.2, Fall 2000, pp.87-123。

　　②　由于冷战结束,北约先前的合作基础已经消失,所以对于冷战后北约的发展及其
解释均试图超越之前的联盟起源因素分析。从联盟合作的组织利益等层面以及新的合作
共识的形成,即北约向政治军事联盟的转型等解释路径,也体现了共识的消失,未必会导
致先前合作的崩溃的观点。参见 Robert B. McCalla, "NATO's Persistence after the Cold
War," *International Organization*, Vol.50, No.3, Summer 1996, pp.445-475。

少分歧是消解冲突的传统认识,但部分共识或虚假共识也会引发国际冲突的产生。而且,共识的两种战略效应之间存在相互转化和时间先后的特性。

(一) 共识的国际合作效应

寻求更多的国家间共识,是促进国家间合作(更常规意义的合作)的有力方式。这种逻辑是建立在合作必须基于一定的共识基础之上的假定。当然,在外部强力胁迫之下,也会有高压合作等特殊的形式。共识的国际合作效应主要体现为两个方面,即共识是合作的基础和有力促进因素,进而在特定的合作领域,部分共识或虚假共识也能达到促进合作的效果;反言之,在(真实)共识缺乏的情况下,合作仍然是可能的。

其一,共识成为合作的基础。无论是新自由制度主义,还是主流建构主义、沟通理论以及社会心理学等流派,均持一个潜在的合作前提假定:共识的塑造成为开展合作的一个先决条件。[①] 制度往往成为共识的外在形式和表现,而共有观念、偏好一致以及社会认同等均是对于共识的更高程度的要求(包括了情感因素)。首先,从实践角度来说,国际关系交往的重要目标,就是促进合作,减少冲突,而具体操作建议就是尽可能寻求更多的共识、巩固共识等。所以,双边关系中的联合声明尽管只是语言上的态度表示,但也反映了两国的关系紧密程度,共识是否存在等。[②] 中国提出的"求同存异",也表明了对外追求共识的重要意义。[③] 其次,消极共识对于促成合作和维系合作仍具有一定的积极作用。比如,对于分歧的共识,能够防止行为体

[①] 秦亚青主编:《理性与国际合作——自由主义国际关系理论研究》。

[②] 中国的伙伴关系外交的不同界定和类型,也体现了中国与相关国家的不同关系类型或战略关系。门洪华、刘笑阳:《中国伙伴关系战略评估与展望》,《世界经济与政治》2015 年第 2 期,第 65—95 页。

[③] 周恩来:《在亚非会议全体会议上的发言/补充发言》(1955 年 4 月 19 日),载中华人民共和国外交部、中共中央文献研究室:《周恩来外交文选》,中央文献出版社 1990 年版,第 112—125 页。

间就争端问题进一步关系恶化、爆发冲突等。承认存在分歧是行为
体间解决分歧和争端的基础。中国相关的领土争端之所以难以解
决,甚至局部矛盾和冲突恶化,直接原因在于分歧的共识无法形成,
即日本、印度和越南等相关行为体坚决不接受相关领土归属存在分
歧的看法,而一味单方面进行领土侵占、开发等行为。

其二,虚假共识也能成为合作的基础。在很多情况下,完全的共
识是无法形成的,因为受到特定的客观和主观条件的限制。所以,如
果要促进合作,就不能寻求完全共识的达成,而更多地需要抓住核心
的利益和要点,形成合作的共识。① 而对于特定的问题领域,在不妨
碍合作大局的情况下,可以搁置,可以采取双方约定、默认等形式。
中国传统文化中的"求同存异",在差异性基础上追求合作等,都符合
这种理论逻辑和特性。部分共识或虚假共识在一定条件下也可以促
进合作的实现,表明合作并不必然建立在完全的共识基础之上。②
因此,如何寻求部分共识的形成,成为合作的起源研究的一个重要内
容。这或许也涉及多层共识的分析。

(二) 共识的国际冲突效应

冲突的消解,需要行为体间增强共识,寻求更多的利益一致性
等。同时,虽然部分共识或虚假共识能够促进行为体间的合作,但这
种合作仅仅是短期的,长期来看,部分共识或虚假共识难以承担合作
的坚固基础。反过来说,它具有消极效应,在特定条件下会促发国际
冲突的产生。因此,共识的国际冲突效应包括了两个方面,既有积极
的消解效应,也有消极的冲突效应(见表 7.2)。

———————————

① 这里"部分共识"的界定中,也涉及对于部分的共识是实现合作的基础的判断,这
是主要矛盾或矛盾的主要方面。由此,基于马克思主义的辩证唯物观,部分共识促进合作
实际上是矛盾的主要方面或主要矛盾说的体现。

② 中国文化强调"和而不同",即在有差异的基础上的合作,而西方的理性文化更为
强调同质性,即在消除差异的基础上的合作。从这个角度来说,中国文化更容易产生基于
文化的部分共识,而西方国家更容易产生基于战略计算的部分共识。当然现实中不同文
化中行为体均会选择上述两种共识类型。

表 7.2　共识的国际战略效应的基本维度

		国际战略的效果	
		国际合作	国际冲突
国际共识的类型	真实共识(积极共识和消极共识)	正向因果关系,共识越多,合作的可能性和有效性越高;积极共识促进合作。	非相关,尽管存在真实共识,但仍可能发生国际冲突;或完全不存在真实共识,但国际冲突并没有发生;真实的消极共识会引发和促进国际冲突的爆发和升级。
	虚假/部分共识	在特定条件下,可以促进国际合作形成,但维系合作的功能受到局限。	由于虚假/部分共识的脆弱性,行为体间的利益和冲突的表面化和激烈化,但并非是必要条件或充分条件。

其一,增强共识,寻求更多的一致性,成为消解冲突、促进合作的积极方式。因此,国际冲突的消解阶段,也就是冲突行为体之间不断谈判、冲突和调解的阶段。在此阶段,需要对于冲突的性质、解决方式、利益得失等方面形成基本的共识,由此冲突才具有消解的可能性。当然,冲突的消解是个庞大的系统工程,需要考虑其他更多因素的综合作用。① 也就是说,某些国际冲突的结束,可能并不一定是行为体间共识形成的结果,但增强共识,减少分歧,无疑有助于缓解冲突的持续和程度。

其二,部分共识或虚假共识的国际冲突效应。部分共识或虚假共识的本质仍是分歧,只不过行为体的认知存在差异,预期不同,或者是各自表述,或者是暂时的默认等等。但这种共识往往为未来爆发冲突奠定了基础。随着合作的利益回报预期的下降,行为体间的

---

① 〔美〕约瑟夫·奈:《理解全球冲突与合作:理论与历史(第 9 版)》(张小明译),上海人民出版社 2012 年版;Morton Deutsch and Peter T. Coleman, eds., *The Handbook of Conflict Resolution: Theory and Practice*, San Francisco: Jossey-Bass Publishers, 2000。

分歧、利益纷争会进一步加剧,而先前的部分或虚假共识不断受到现实的挑战,或者是单方面的否定等。① 在进一步重大的利益博弈面前,部分或虚假共识往往成为一种是否有利于维护利益的工具。如果行为体觉得虚假共识已无必要,必然会进一步破坏仅有的部分或虚假共识。由此,在重大现实争端、矛盾冲突以及合作回报预期下降等情况下,部分或虚假共识进一步引发国际冲突的风险会越来越大。但是,这种冲突效应也具有条件性和非决定论的特性。因为促成合作与合作的维持、崩溃的条件并不是对等的。也就是说,尽管部分或虚假共识在某些情境下促进了合作的实现,但这些条件的缺失并不必然会成为合作崩溃、冲突起源的原因。这受很多因素的影响,比如时间点、力量对比变化以及合作组织利益等。

其三,消极共识的冲突效应。尽管消极共识不是虚假共识或部分共识,而是一种真实的共识,但由于消极共识的内容是消极的,诸如敌对关系、敌人意象,甚至如相互先发制人的进攻倾向,那么,这种消极的共识与国际冲突是紧密相关的。② 上文已经详细讨论了诸如敌人意象的共有知识对于冲突的正向因果作用,而对于"进攻崇拜"这种相互的一致认识,也会极大促进国际冲突的爆发,典型的例子就是一战前欧洲主要大国间对于"进攻崇拜"的追求,均认为先发制人的进攻能够占据主动和优势地位。综上,这种客观的对某一冲突信念的共同认识,会极大地促进国际冲突的爆发和升级。③

（三）二者的特性及其相互转化

综上所述,共识的国际战略效应既能促进合作,同时也能引发冲

---

① 部分或虚假共识对于冲突的激发作用,既是理性的,同时也是受到知觉、预期等心理因素的影响。〔美〕肯尼思·奥耶编:《无政府状态下的国际合作》。

② 这种分类与群体冲突的普世性规范和排他性规范的类型是类似的。参见〔美〕拉塞尔·哈丁:《群体冲突的逻辑》(刘春荣、汤艳文译),上海世纪出版集团2013年版。

③ 〔美〕斯蒂芬·范·埃弗拉:《战争的原因:权力与冲突的根源》(何曜译),上海世纪出版集团 2014 年版;Tang Shiping, "Offence-defence Theory: Toward a Definitive Understanding," *The Chinese Journal of International Politics*, Vol. 3, No. 2, April 2010, pp. 213-260。

突,尤其是部分或虚假的共识在一定程度上可以促进合作的实现,但这种合作往往是短期的,或者是战略性的。也就是说,随着共同战略格局或任务的消失,这种合作的基础就会受到很大的影响。而且部分或虚假共识的破坏性也会不断地呈现,进而在系统外在和内在因素的作用下,可能会进一步引发相互间的矛盾和冲突。首先,从这个意义上来说,对于某一种部分或虚假共识来说,在不同的时间维度、同一问题领域和同一双边关系中,它既具有促进合作的积极战略效应,同时也具有引发冲突的消极战略效应。① 而且其消极战略效应与积极战略效应是紧密联系的,恰恰是因为部分或虚假共识的特性,才能使它能够承担起促进短期和暂时性合作的功能,但随着时间变迁,面对环境和问题的变化,它又能产生更多的消极效应,不同行为体的预期和利益回报结构也存有差异,从而为国际冲突的爆发埋下了潜在的内在原因。其次,在真实的共识与虚假共识之间也存在转换的可能。作为一种共有知识的真实共识,它表明行为体均对对方知识的真实性持肯定的看法;但是,这是一种主观的判定,一方面并不表示对方的知识本身是客观真实的,另一方面这种行为体的主观认识也会变化。所以,真实共识也可能会转换为虚假共识,即一方或双方逐渐认为对方的知识并非是真实的,这可能受到很多因素的影响,比如战略考虑、国内政治、认知能力、情感制约以及文化差异等等。② 而对于虚假或部分共识来说,在特定条件下也可能转化为真实的共识,即行为体关于对方知识的真实性持积极态度,表明经过行为体的战略互动、关系发展以及博弈等,也可能进一步消除了不确定

---

① 在此转变的过程中,时间因素变成很重要,因此共识的国际战略效应理论更倾向于是一种动态的理论,包括从积极效应向负面效应的转化。关于时间政治的讨论,参见郝诗楠、唐世平:《社会科学研究中的时间:时序和时机》,《经济社会体制比较》2014 年第 2期,第 194—205 页;保罗·皮尔逊:《时间中的政治:历史、制度与社会分析》(黎汉基等译),江苏人民出版社 2014 年版。

② 民主政治选举体制和权威体制带来的一个重要问题是,随着政府的更选,先前的共识或默契很可能不会得到新政府的承认。在中国的大国关系外交中,这一点表现得较为明显,同时在中国对外投资的国内政治风险分析中,也较为突出。

性、误解等,从而走向更为良性的互动认知关系。

第五节　小　结

传统智慧一般集中于共识对于国际合作的促进作用,进而讨论这种积极作用的基本途径和原因等。但是,根据我们更为详细的共识类型的讨论,共识其实是多层次的,既有完全的、真实的共识,也有部分的或虚假的共识,它们对于合作的战略效应是不同的。完全的、真实的共识是长期合作的有力基础和促进因素,而虚假的或部分共识也能促成合作,但是长期来看它又会引发国家间的相关冲突,引发合作的不稳定性。此外,共识还可以分为积极共识和消极共识的类型。基于这种多层次的共识的国际战略效应讨论,我们对于共识的国际战略效应分析具有一系列的理论和实践价值。

第一,重新发现了共识与国际合作的关系。一方面,共识成为合作的基础和有力促进因素,这是符合传统的智慧的观点;另一方面,在很多情况下,合作的起源和形成,其实并不一定建立在共识或完全共识的基础之上。这种发现具有理论上的意义,为重新思考共识与合作的关系奠定了基础,即部分或虚假的共识在特定问题领域也能促成合作。① 其政策意义为,促进双边或多边关系的发展、合作的形成,并不一定要追求完全或真实的共识。

第二,进一步揭示了共识与国际冲突的关系。传统上,国际冲突研究聚焦于各个层次的因素对于冲突起源的作用,比如个体层次的心理因素,单位层次的国家属性、意识形态、国家社会关系等因素以及体系的无政府状态因素的作用。而少有研究将国际冲突的起源归

---

① 国际合作理论研究的重要解释变量都集中于理性的利益回报、体系结构、国际制度等,共识的界定及其类型值得进一步的讨论,参见 Kate O'Neill, Jörg Balsiger and Stacy D. VanDeveer,"Actors, Norms, and Impact: Recent International Cooperation Theory and the Influence of the Agent-Structure Debate"。

结于共识的因素,因为共识更多是作为冲突消解的变量而看待。但是,基于共识的层次分析,部分或虚假共识对于合作的维系仅能发挥短期的积极作用;长期来说,它又能够引发、激化国际冲突的形成和升级,但这种影响并不是直接的,而是有一系列的条件。此外,关于消极共识的分析也表明,如果主体间形成了一种对于偏好、身份以及情感等方面的消极共有知识,那么无疑会固化先前的非合作关系,进一步可能引发或升级国际冲突。因此,关于共识的多层次分析,进一步厘清了共识对于国际冲突的战略效应。

第三,实践中如何辨析共识的层次与类型,则变得尤为重要。① 既然传统上我们一直将共识等同于完全的和真实的共识,在政策上也认为追求共识、落实共识、巩固共识,成为促进双边和多边关系、解决问题、消解冲突的重要途径。比如,学术界普遍对于中日领导人在2014 年 APEC 会议期间的共识成果持肯定态度,但少有研究分析这种共识的层次和差异性问题,特别是共识的主体间性质。在此基础上,我们区分了由于主体间认知的差异从而产生的部分或虚假共识。如何预防由于主体间认知的差异导致的虚假共识的负面效果,是理性思考共识追求的一个重要政策要义。此外,关于分歧的共识对于合作也是十分必要的,因此,如何促使相关行为体针对争端问题形成关于分歧的共识,这也是十分重要的政策议题。基于部分共识或虚假共识的消极战略效应的讨论,在很多国际关系场合,这类共识是大量存在的。因此,实践中需要辨析这类共识,进而分析其形成的原因,预防它产生消极的战略后果,即虚假共识短期内稳定了双边关系,促进双边的积极合作或是消极合作,但从长期来看,它具有重要的消极效果,这种效果甚至是破坏性的,会引发国际冲突。所以在政

---

① 共识的类型辨识是一个值得继续开拓的问题。鉴于共识需要进行对外宣示或形成内在默契,但各自的解读又或许存在差别,所以共识信号的表达及其沟通尤为重要。关于国际关系中的信号理论,参见 Robert Jervis, *The Logic of Images in International Relations*, New York: Columbia University Press, 1989; James D. Fearon, "Signaling Foreign Policy Interests Tying Hands versus Sinking Costs," *Journal of Conflict Resolution*, Vol. 41, No. 1, February 1997, pp. 68-90。

策层面防止这类共识的消极战略效应,成为一项重要的、值得进一步讨论的议题,当然也具有非常重要的现实意义。在当前中国所面临的南海主权争端、东海钓鱼岛争端等议题上,打破消极共识,寻求积极共识,促进部分共识基础上的合作,同时规避长远来看可能的共识冲突效应,都是本章讨论的共识国际政治心理学所应有的政策启发。

第八章　理论进展[*]

自从冷战结束,特别是 2000 年以来,国际政治心理学的前沿进展,主要受到两方面的驱动,其一是心理学及其相关学科理论的进展,其二是重大国际政治事件的刺激。前者主要包括情感与情绪的神经科学研究,对于情感及情绪作用的重新审视,以及进化心理学、生物学等学科对于政治行为和心理的研究进展,从而重构了一些经典的国际政治理论假定,比如情感与理性的关系、国际政治的进化逻辑等。而二十年来的国际政治现实,促使欧美及中国学界拓展心理学理论的应用领域,比如国际恐怖主义、中国文化心理的经验研究等。总体来说,国际政治心理学的前沿研究越来越具有理论创新的潜能,相关研究已经对主流的理性选择理论构成了重要的挑战,同时一些核心的国际安全概念,比如理性、信任、权力、认同等,都受到心理学视角的有益补充,而且,政治心理学在国际安全领域的新议题解释中发挥着越来越重要的作用。[①]

国际政治心理学的前沿研究,主要集中于安全研究和决策分析

---

[*]　本章曾以《国际政治心理学研究的新进展:基本评估》为题发表于《国外理论动态》2015 年第 1 期。

① 关于国际政治心理学的基础知识,请参阅:尹继武:《国际政治心理学的知识谱系》,《世界经济与政治》2011 年第 4 期,第 48—78 页;张清敏:《国际政治心理学流派评析》,《国际政治科学》2008 年第 3 期,第 71—101 页;尹继武、刘训练主编:《政治心理学》,高等教育出版社 2011 年版。

领域,在政治经济学等低级政治领域的研究尚未充分展开。因此,相关的理论和经验研究,仍然集中于安全研究的经典议题,比如威慑心理学、声誉、安全困境、信任、归因、群体关系研究等①;在现实经验研究方面,传统的欧美中心特点有了更多的改观,因为随着中国的崛起,需要解释中国政治心理和文化背景下的对外关系和国际关系事实,诸如中国政治领导人心理,中国的决策与战略等。同时,受文化心理学的影响,文化与心理因素如何影响中西国际关系事实,成为中国学术界讨论的热点话题。这也是国际政治心理学在中国发展的一个较为显著的特点,即关于文化差异的理论讨论和经验研究:政治心理因素到底是普世的还是独特的,心理因素能否上升为一种普遍的文化因素从而发挥结构性的作用,成为中国和西方学术界的一个重要分歧点。总而言之,近二十年国际政治心理学的发展,一方面传承了传统的经典研究议题和理论,同时又在心理学研究进展以及重大国际安全事件的推动下,在理论和现实应用领域方面都取得了重要的突破。研究方法上,传统的案例研究仍占主导地位,但在政治心理学中定量和实验方法广泛普及的背景下,国际政治心理学中越来越注重定量和实验方法的引入,成为未来研究的重要趋势。这也引发了学术界对于传统方法和新方法权衡的一些辩论。②

第一节　情感理性的重构

一般来说,政治心理学是与理性选择理论相对立的一种"非理性"研究视角,因为它关注的是行为体的非理性和有限理性特性。在理性选择理论那里,心理学路径以及心理因素是非理性的,比如唐斯

---

① James M. Goldgeler, "Psychology and Security," *Security Studies*, Vol. 6, No. 4, 1997, pp. 137-166.

② 关于政治心理学的研究方法,可参阅:蒲晓宇:《政治心理学》,载华世平主编:《西方人文社科前沿述评:政治学》,中国人民大学出版社2007年版,第180—205页。

把理性人定义为排除了人的心理因素,比如人格、情感以及复杂动机的行为体。① 正是在这种传统的主流路径看来,政治心理学从一开始就是反理性选择理论的,强调作为心理人的行为体,无论是国家还是个体,都不可能达到完全的或绝对的理性状态。比如,完全理性要求行为体拥有或掌握所有的信息,但现实中,人们并不拥有这种收集和整理信息的能力,而且,因时间、环境和认知能力的局限,无法按绝对理性行事。往往是在对系列可得的信息进行比较后,选择最为满意的一个选项,而不是实现效用最大化。这就是著名政治心理学家西蒙所提出的"满意"原则。② 遵此逻辑,政治心理学的研究,都是强调人的非理性或有限理性特征,分析心理因素如何导致人的认知局限以及决策的非本意后果等等。所以,早期的研究,均是在这种非理性或有限理性的基础上讨论心理学的贡献。

冷战结束以来,特别是 2000 年以来,由于神经科学的进展,即借助于认知神经科学或情感神经科学的先进实验技术,我们现在可以知道人的大脑是如何工作的。这就是,当前的技术已经可以将大脑的黑箱打开。在此背景下,我们明白了为何人们具有喜怒哀乐的情感能力,诸如移情、同情等情绪体验。③ 最为著名的是达马西奥关于情感与理性关系的研究。这位顶尖的神经科学家,通过系列的实验,发现即使一个人具备完整的认知能力,比如记忆、注意、思维等,只要他缺乏情感和情绪的能力,那么,他的判断和决策能力会受到极大的影响,特别是他的人格特质会改变,而且会出现社会规范和道德原则的混乱情况,即没有了社会规范的意识。他犹如一台计算机,经常进行非常精细的成本效益分析,但是无法得出一个简单的决策或判断。在经典的《笛卡尔的错误》一书中,他援引了病人埃利奥特的情形,从

---

① 〔美〕唐斯:《民主的经济理论》(姚洋、刑予青、赖平耀译),上海人民出版社 2003年版。

② Herbert Simon, "Human Nature in Politics: The Dialogue of Psychology with Political Science," *American Political Science Review*, Vol. 79, No. 2, 1985, pp. 293-304.

③ 〔美〕丹尼尔·卡尼曼:《思考,快与慢》(胡晓娇译),中信出版社 2012 年版。

而证实了上述判断。这彻底颠覆了西方哲学传统上关于情绪与理智对立关系的看法,指出情绪是理性的基础。[①] 比如,在欧美广为流行的《星际迷航》电视剧和电影中,斯波克代表理智的逻辑力量,而人类则受制于情绪,经常做出不理性的举动。

情绪和情感性质的重新建构,为我们重新思考国际政治研究主流的理性选择理论及其逻辑,带来了一种划时代的革命。因为理性选择理论的前提假定,即理性是必须排除人的心理,特别是情感因素,这是错误的。因此,最近十余年来的国际政治心理学研究,尤其关注情感和情绪对于理性选择的积极作用。在这一领域,默瑟和麦克德莫特是代表性的人物。[②] 他们提出,受神经科学中关于情感与情绪的理性作用的启发,在政治世界,情感与情绪是可以发挥积极作用的。一个理性的行为体,无论是国家还是领导人,都是一个情感人或情绪人。所以,如果不考虑国家的情感和情绪因素,我们则难以理解他们为何能做出理性的决策。这将国际关系研究带入了一种所谓的"情感转向"阶段。[③] 情感是一种人类独特的体验,基于不同的分类标准,我们可以对国际关系中的情感进行分类。比如,可以区分为个体的情感和集体的情感、基调情感和状态情感等类型。总之,当前我们已完全认识到并接受了情感和情绪的理性作用的观点,试图重新思考理性选择理论的逻辑。

在研究了情感或情绪的理性本质或作用之后,接下来的问题是,作为一种具有相对独立或本体性地位的心理因素或变量,情绪与情感是否具有理性的能力呢? 比如,它能否促进理性决策的形成? 能

① 〔美〕安东尼奥·达马西奥:《笛卡尔的错误——情绪、推理和人脑》(毛彩凤译),教育科学出版社 2007 年版。

② 〔美〕乔纳森·默瑟:《人性与第一意象:国际政治中的情绪》(尹继武、陈高华译),《世界经济与政治》2006 年第 12 期,第 46—53 页;Rose Mcdermott, "The Feeling of Rationality: The Meaning of Neuroscientific Advances for Political Science," *Perspective on Politics*, Vol. 2, No. 4, 2004, pp. 695-696; Jonathan Mercer, "Emotional Belief," *International Organization*, Vol. 64, No. 1, 2010, pp. 1-31。

③ 〔美〕郝拓德、安德鲁·罗斯:《情感转向:情感的类型及其国际关系影响》(柳思思译),《外交评论》2011 年第 4 期,第 40—56 页。

否促进合作的形成？对于国际关系的合作、联盟、和谐以及问题解决等,情感和情绪因素是如何发挥作用的？等等。针对这些理论性的问题,政治心理学家开展了大量的中层理论研究,并紧密联系相关的经验事实,比如郝拓德的研究集中于情绪的战略性功能或理性能力。德国向以色列道歉,实际上并不符合德国自身的国家利益,但是它促发了德以的和解,而中日之间却缺乏这种情感的表达;中国和俄罗斯向美国遭受恐怖袭击表达了同情,由此促进了双边关系的改善和合作的形成。①

综上,从理论意义上而言,最近十来年的政治心理学研究,对于主流的国际关系理论以及相关的中层理论具有重要的创新意义。它预示着政治心理学能够解释理性的对象和结果,在系列的安全研究议题中,已产生了丰富的研究成果,比如信任、和解、群体关系、个人关系与诚意等问题,均表明情感关系对于国际关系的积极作用。

第二节　恐怖主义的心理学

2001年“9·11”恐怖袭击发生之后,国际恐怖主义的研究成为国际关系学界的一个热点议题。美国最为关心的重大安全问题之一,便为恐怖主义以及相关的族群冲突。恐怖主义研究的视角是多学科的和多维度的,既有安全视角的反恐战略与恐怖主义社会政治经济起源研究,也有心理学层面的恐怖主义者心理特征以及恐怖极端心理研究。政治心理学视角的切入,更多是着眼于恐怖主义者的心理特征,以及作为极端群体的恐怖主义的心理特征。②

首先,恐怖主义者人格特质的研究,成为恐怖主义心理学的一个

---

①　Todd Hall, *Emotional Diplomacy: Official Emotion on the International Stage*, Ithca, NY: Cornell University Press, forthcoming.

②　〔美〕戴维·霍顿:《政治心理学:情境、个人与案例》(尹继武、林民旺译),中央编译出版社2013年版,第255—274页。

经典话题。① 初始，受精神分析学说的影响，往往将恐怖分子与一种独特的变态人格相联系起来。因为恐怖活动的实施者如果不是异常的人格，那么从常识来判断，这是不符合逻辑的。这种认识具有源远流长的政治哲学传统，比如，二战后兴起的法西斯主义人格研究表明，人们通常认为法西斯分子是异于常人的，因为整个国家表现出如此不理性的举动，这是常人所无法理性想象的。因此，最具代表性的是阿多诺等人出版的《威权主义人格》一书，这些心理学家通过一种F—量表测量，表明德国人具有一种整体的威权主义人格特质②，表现为从小在严格的家庭环境中成长，更为服从权威。然而，这种将某一人格特质赋予某一国家或民族的做法，随后遭到了各种学术批评。有从方法方面批评的，有从文化情境批评的等等。政治哲学家阿伦特也指出，通常我们认为极端政治势力或分子就是精神变态狂，这种看法是需要纠正的。在《耶路撒冷的艾希曼》中，阿伦特指出，参与执行了成千上万犹太人死刑的纳粹文员艾希曼，仅仅是一个普通的邻家大叔，而不是电影中常见的精神变态。为此，她提出了著名的"恶之庸常"概念，从而将我们对极端政治心理的理解，提拔到正常的心理学解释层次，而不是之前的异常心理学。③

　　与极端政治心理紧密相连的问题是，我们如何解释人们为何会有服从权威的心理。无论是法西斯主义还是恐怖主义，民众或信徒为何为了所谓的组织利益和目标而前仆后继，将个人的生死置之度外。这是理性人的解释很难解释的。因此，自从二战后以来，社会心理学家进行了系列的实验，试图超越从行为者的个体心理特质的解释，而为情境论的解释提供一定的空间。最为著名的实验当属米尔

① John Horgan, "The Search for The Terrorist Personality," in Andrew Sillke ed. , *Terrorists, Victims and Society: Psychological Perspectives on Terrorism and Its Consequences*, Chichester, UK: Jon Wiley, 2003.

② 〔美〕阿多诺等：《权力主义人格》（李维译），浙江教育出版社 2002 年版。心理学界将书名译为"权力主义人格"，按照国内政治学界的通常理解，应为"威权主义人格"。

③ 〔美〕汉娜·阿伦特：《耶路撒冷的艾希曼：伦理的现代困境》（孙传钊译），吉林人民出版社 2011 年版。

格莱姆的电击实验和津巴多的斯坦福夏令营实验。① 这两个实验，均是模仿相关的权力或权威游戏，让试验者扮演不同的角色，比如警察和小偷等。当赋予试验者这种社会化的角色，并且赋予他们正当的权力时，试验者慢慢进入角色，从而忘记了初始这只是一种实验的目的。他们大多表明出与平常迥异的行为，甚至条件容许的话，其中某些激进分子基本成了虐待狂。这两个实验，均表明了正常人在情境的强大压力之下，就会按照情境结构的压力和社会所赋予的角色行事。当然，这两个实验在享受盛名的同时，也遭受到各种学术质疑以及伦理质疑，其中学术质疑的是实验的人为干扰性和精致性，伦理质疑的是实验结果挑战了西方的传统法律理念，即人们必须为自己的坏行为负责，而不是情境。

从情境的角度解释行为体的极端政治行为，最新的一个案例就是津巴多对于2004年美军在伊拉克虐囚事件的分析。在他著名的《路西法效应》中，津巴多为虐囚美军提供了一种"开脱的"情境论解释。② 他认为正是美国整体的行政官僚体系以及反恐战略体制下的氛围，让这些爱国之士到了伊拉克才变坏的，而不是这些人本来就是坏的。津巴多为此还出任了法庭审判时的"专家证人"，为此也备受争议。《路西法效应》一书的基本理念，就是人性一半是魔鬼，一半是天使，取决于我们的环境激发了哪一部分出来。

总体来说，极端政治心理中行为体人格特质分析的宏观主线，从强调行为者个人的精神变态、人格非理性，演变为强调环境因素的塑造作用。而今，我们对于这些极端政治分子人格特征的理解，越来越倾向于他们其实就是正常人，任何试图寻求一种独特的极端政治人

---

① 从政治心理学角度，对这两个情境论实验的解析，参阅：戴维·霍顿：《政治心理学：情境、个人与案例》。

② 〔美〕津巴多：《路西法效应——好人是如何变成恶魔的》（孙佩妏、陈雅馨译），生活·读书·新知三联书店2010年版。

格的努力都是徒劳的。① 所以,要理解极端政治心理的起源、发展以及作用,必须从更为宏大的环境因素,包括社会、经济和文化中理解极端政治心理的形成和发展。

恐怖分子并不如传统我们所想象的,即他们都是出身寒微,食不果腹,在遭受系列的人生挫折后,走上极端的道路。所以,他们的动机未必就是一种挫折—攻击论。现实的极端政治心理动机更为复杂,也许是受到一种复仇的愿望驱动,比如因为自身遭受到政治经济,特别是情感上的重大损失(诸如爱人的去世)。同时,相较于一种理性的回报解释,现在有越来越多的研究质疑,作为一个理性的个体,是不会牺牲自己的利益的,因为这明显不符合自私的基因的逻辑。更为深入的解释,可能是走向一种对于未来回报的期待,比如家庭的社会地位和经济回报,以及能够从精神力量那里获得一种荣誉和地位的肯定激励。凡此种种,皆表明理解极端政治心理需要超越先前精神分析所提出的异常人格论,而走向更为综合的情境与人格互动解释,在这当中,政治、经济和文化以及宗教因素的影响是重要的综合性维度。②

第三节　威慑的心理学

战略威慑一直是国际政治心理学的经典研究内容。从理论路径来看,占据主流地位的理性选择理论,往往将行为主体看作是理性单一的,具有稳定的偏好,战略信息的传递也是可预期的。但是,心理

---

① 政治心理学专家杰拉尔德·波斯特一直致力于从心理分析理论对恐怖主义分子进行分析,但后期他也认为恐怖分子心理是正常的,只不过有自恋情结。Jerrold Post, *Leaders and Their Followers in a Dangerous World: The Psychology of Political Behavior*, New York: Cornell University Press, 2004. Jerrold Post, *The Mind of the Terrorist: The Psychology of Terrorism from the IRA to Al-Qaeda*, New York: Palgrave Macmillan, 2007.

② 对于这种综合性视角更为详细的论证和分析,请参阅〔美〕戴维·霍顿:《政治心理学:情境、个人与案例》。

学路径往往挑战理性威慑理论的前提,认为行为主体要么是不可能完全的理性,要么威慑的效果不是纯粹的理性效用分析,要么心理因素成为理性威慑的基本构成成分。总体来说,当前越来越注重将心理学研究的一些前沿理论应用到威慑理论研究中,讨论国家采取何种战略手段实施威慑、心理因素如何影响威慑效果及过程等。

首先,前景理论与威慑。前景理论是近些年来,在政治心理学研究中应用得较多的理论之一。① 作者之一卡尼曼因为这一重要的行为心理学发现,获得了 2002 年诺贝尔经济学奖。前景理论的基本理论逻辑是,人们对于同一问题,由于不同的框定(frame),从而导致不同的偏好和行为方式。比如,将事件框定为收益的话,那么就会是风险厌恶的心理;将事件框定为损失的话,那么就会出现冒险的心理。理性选择理论的逻辑看重具体的绝对数值,不同的人对于相同数值,其偏好和选择是一样的。前景理论更为看重的是人的价值选择性,尤其是在一些特定的心理机制影响下,损失规避带来的冒险心理更为突出。比如,沉没成本会加重人们对于损失的不可接受性;禀赋效应是指人们会喜欢已经获得的事物,从而增加对其的偏好。前景理论对于行为体决策心理的重新建构,为其在国际政治研究中应用打下了基础。

对于威慑策略而言,传统的威慑理论一般认为,我们如果想迫使对手或另一方不敢做某事,那么,最为合适的手段选择就是使用军事或政治经济的威慑或强迫手段,由此才能震慑对手,使其放弃挑战现状、追求收益的举动。细致探究,这种传统的理性威慑观念,是建立在对手挑战现状、打破均衡的动机是追求收益的基础之上的。这也是由客观的物质利益偏好所决定的。但是,在前景理论看来,必须细致区分对手挑战现状的基本动机,如果对手的动机是追求收益,那么最为合适的首选就是进行威慑,无论是军事还是政治经济威慑;如果

---

① 林民旺:《国际关系的前景理论》,《国际政治科学》2007 年第 4 期,第 104—126 页。

对手的动机是防止损失，那么合适的手段就是作保证，反之，则会让对手陷入损失心理，从而导致冒险行为。这种动机的二分区分，为威慑理论的手段选择提供了更具针对性的措施。①

第二，威慑与情感。传统的威慑理论均是从理性行为体的假定出发，认为理性的威慑是不需要考虑行为体的情感因素的。但是，随着理性行为体假定的逐步去黑箱化，越来越多的研究试图揭示，行为体的情感因素是如何影响到战略威慑的过程及效果。② 比如，情感会影响行为体对于威胁的判断和认知，无论是领导人个体的情感和经历，还是国家的民族情感，都会对敌人和朋友的战略判断产生影响。同时，情感也会影响到战略互动过程中对于信息的选择和吸收。在朝鲜战争过程中，麦克阿瑟等人对于中国战略威慑的忽视，也是受到自身的情感（或愿望）的影响。最为重要的是，情感和情绪其实可以起到战略性的作用，比如，传统理性威慑和战略理论认为，行为体的偏好是既定的，言下之意就是我们都彼此知道对方的偏好是什么，我们也明白各自的利益及其敏感点。但是，心理学的路径则认为，理性偏好假定是错误的，在很多情况下，情感和情绪起着传递战略敏感性及其偏好的作用。比如，在第三次台海危机中，中国大陆的愤怒情感，事实上是达到了传递战略敏感性的作用——在危机过后，美国终于认识到台湾问题在中美关系中的敏感性。③ 所以，这表明无论在威慑还是强迫的战略互动中，情感和情绪可以起到战略性的功能，是理性行为体之间战略信息沟通的一种常见方式。

第三，威慑及其声誉。声誉问题对于国家的对外战略和互动至关重要，它与战略行为，比如联盟、危机管理等紧密相关。威慑理论事实上具有一种潜在的声誉逻辑，比如，要使我们对于对手的威慑是

---

① James W. Davis, Jr., *Threats and Promises: The Pursuit of International Influence*, Maryland: The Johns Hopkins University Press, 2000.

② Jonathan Mercer, "Emotional Belief"; Jonathan Mercer, "Emotion and Strategy in the Korean War," *International Organization*, Vol. 67, No. 2, 2013, pp. 221-252.

③ Todd H. Hall, "We Will Not Swallow this Bitter Fruit: Theorizing a Diplomacy of Anger," *Security Studies*, Vol. 20, No. 4, 2011, pp. 521-555.

可信的,即具有威慑声誉的话,那么就得坚持良好的威慑记录,而且使用必需的军事和政治经济等威慑手段。反过来,在盟友关系的管理过程中,如果我们要使自己对于盟友的承诺是可信的,那么,就得坚持做盟友希望我们做的事情,即不断加强承诺并付诸实践。但是,理性威慑理论对于战略对手之间的威慑逻辑和盟友之间的承诺逻辑,缺乏对相关行为体之间互动的分析,特别是认知和心理互动的分析。比如,在归因理论看来,即使我们对对手实施各种严厉的威慑手段,但是由于一些根本性的认知偏差,比如基本归因错误、错误知觉以及情感等因素的干扰,威慑的效果会事与愿违。而在盟友的承诺来看,威慑理论认为,只要我们积极实践自己的承诺,那么,就可以获得盟友的感激,就能够获得较好的声誉。但是,在政治心理学的视角下,盟友的承诺实践是无法获得声誉的。[1] 这是因为,我们一般将联盟看做是战略性的群体组织,因此这是一种外群体的身份认同,而不是自己人的内群认同。在归因理论的逻辑下,我们对外群体的盟友做出了积极的、符合对方期望的行为,那么对方也是将其归因为情境因素,而不是内在的特质所为。因此,这将无法产生良好的声誉。当然,这种从归因理论讨论声誉形成的逻辑,遭受到了结构主义逻辑的批评。唐世平吸收了结构现实主义的理论,提出之所以盟友之间无法形成良好的声誉,这是因为无政府状态下意图无法确定所致。[2]

第四节　情感与国际关系

情感政治研究的兴起,是冷战结束以来国际政治心理学研究中最为引人注目的进展。在 20 世纪 70—80 年代,认知(知觉与错误知

---

① Jonathan Mercer, *Reputation in International Politics*, Ithca, NY: Cornell University Press, 1996.

② Shiping Tang, "Reputation, Cult of Reputation, and International Conflict," *Security Studies*, Vol. 14, No. 1, 2005, pp. 34-62.

觉）主导着当时的国际政治心理学研究，但关于情感的研究也逐渐兴起，只不过当时杰维斯等人均否认情感对于错误知觉的作用，或者是认为情感只是一种消极的作用。① 正如上文所言，随着神经科学的进展，我们对于情感的认知逐渐扩展，当前学术界越来越热衷于讨论情感的理性战略功能。

首先，情感的类型学分析。② 由于情感作为人类的一种基本体验，它是难以琢磨的，也是难以量化的。所以，首要的问题就是，在国际政治场景中，谁之情感，我们如何知道？对此，诸多学者借助于心理学的成果，进行了广泛的类型学提炼。比如，有从基本功能维度分析的，区分为积极情感，诸如团结、友爱、信任等，以及消极情感，比如仇恨、恐惧、愤怒等。也有基于不同的行为主体属性的区分，即个体情感和集体情感，前者如领导人的情感，后者如决策团体、民族国家、社会公众以及国际体系的情感文化等。最后，更为精细的分类，当属郝拓德等人借助于情感心理学、音乐等领域的划分，将国际政治中的情感区分为状态情感和基调情感，二者差别在于历时性、触发因素以及发挥作用的渠道等。

其次，情感的细致实证研究。在上述分类的基础之上，关于情感与国际关系研究议题的研究进一步深入，即已经由先前提出宏观上的"情感转向"的必要性和可能性等本体讨论，进一步发展为讨论各种次情感类型，在国际政治场景中如何发挥作用，如何对理性本身以及政治实践产生重要作用。比如，内疚情感是有助于促进国际关系的良好发展，尽管本初是不符合理性的自私利益的；愤怒情感可以传递战略敏感信息，让行为体在互动中彼此熟悉偏好；同情情感可以化

---

① 〔美〕罗伯特·杰维斯：《国际政治中的知觉和错误知觉》（秦亚青译），世界知识出版社 2003 年版。中国学者关于错误知觉的优秀研究，参见：王栋：《超越国家利益——探寻对 20 世纪 90 年代中美关系的知觉性解释》，《美国研究》2001 年第 3 期，第 27—46 页。

② 类型学描述是国际关系中情感研究中的一项基础工作，对目前研究的综述，参阅：方鹿敏、尹继武：《情感与国际关系研究：主要路径与发展趋势》，《中国社会科学报》2013 年 1 月 16 日。

解国家间的敌对与竞争关系。此外,从人道主义援助、国际救灾等事件中,我们可以剖析出同情及其表达的战略性作用和效果。信任及其形成,对于国际合作具有重要的促进作用,但信任的类型也是丰富的,而且不同地区的信任形成也具有各自的特性。① 恐惧等消极情感,其实也具有重要的进化作用,即有利于行为体对于威胁和危险的判断,因此能更为有效地实现自身基因的发展以及社会适应能力的提高。② 总体观之,当前对于情感因素的关注,越来越倾向于聚焦于具体的情感变量,无论是消极情感还是消极情感,进而从具体的问题领域以及案例研究中,探析情感因素的重要性及其如何对于国际政治实践产生重要的作用,特别是发挥理性的功能,比如维系行为体自身的生存和发展,促进国际合作与对话,在群体层次有助于群体/国际社会的和谐与秩序形成。

第三,情感与中国对外关系。伴随着政治心理学中对于情感和情绪研究的重视,在中国对外关系研究中,也更多地将情感与认同等规范性的变量纳入进来。一方面,与更多的中层战略和安全理论的研究相结合,另一方面,基于中国对外关系的具体经验事实和案例,试图提炼出中国对外关系所具有的独特或普世的理论意义。在观众成本研究方面,传统的观众成本理论都是基于民主政治国家的经验,而中国等集体领导的威权体制是否存在观众成本因素。如果存在,那么中国的观众成本因素是如何起源的? 如何发挥作用的? 观众成

---

① 尹继武:《社会认知与联盟信任形成》,上海人民出版社 2009 年版;尹继武:《文化与国际信任——基于东亚信任形成的比较分析》,《外交评论》2011 年第 4 期,第 21—39 页。

② 唐世平在社会心理学和进化心理学应用上进行了大量研究,重构了一些重要的概念,比如安全困境、信任、恐惧等。Shiping Tang, "The Security Dilemma: A Conceptual Analysis," *Security Studies*, Vol. 18, No. 3, 2009, pp. 587-623; Shiping Tang, *The Social Evolution of International Politics*, Oxford: Oxford University Press, 2013.

本与领导人之间的互动又是什么?① 要回答这些问题,中国领导人的情感以及社会层面的民族主义情绪都是不可忽视的核心变量。比如,在分析中国抵制日货等民族主义情绪表达的过程中,有研究指出中国政府的决策与社会层面的观众成本/民族主义因素之间的互动具有一定的条件性,政府的决策与社会情绪的互动不是决定论的。同时,在一些历史案例中,比如中国如何做出参与朝鲜战争的决策中,领导人所面临的国际和国内观众成本对于领导人自身的利益和情感体验,产生了重要的作用。②

　　总之,情感与国际关系的研究,目前在欧美和中国学界处于方兴未艾的局面。越来越多的安全研究和中国研究中,试图将情感与传统的安全理论研究结合,而且情感研究的类型化和细致程度也得到加强。方法论上的缺补也正在进行,无论是历史案例,还是现实的舆论调查等手段都有相当多的应用。③

第五节　文化心理与国际关系

　　相对于更为微观的心理因素而言,文化是较为宏观的集体心理的沉淀。文化心理对于国际关系的作用,一直没有受到欧美政治心

---

① Jessica L. Weeks, "Autocratic Audience Costs: Regime Type and Signaling Resolve," *International Organization*, Vol. 62, No. 1, 2008, pp. 35-64. Jessica Chen Weiss, "Authoritarian Signaling, Mass Audiences, and National Protest in China," *International Organization*, Vol. 67, No. 1, 2013, pp. 1-35. 张清敏等人对中国领导人的个性、认知和决策风格进行了系列研究,参见:张清敏、潘丽君:《类比、认知与毛泽东的对外政策》,《世界经济与政治》2010年第11期,第54—72页;张清敏:《隐喻、问题表征与毛泽东的对外政策》,《国际政治研究》2011年第2期,第81—100页;张清敏:《领导人人格特点与中国外交研究》,《世界经济与政治》2014年第6期,第93—119页。

② 林民旺:《选择战争:基于损失规避的战争决策理论》,世界知识出版社2010年版。

③ 《外交评论》杂志曾于2011年组织了一期"情感、认同与对外关系"的专题(第4和5期),所收录研究既有定性分析,也有定量的舆论与民意研究。

理学界的重视。因为文化差异论与理性选择以及普世的心理机制认识是相矛盾的。然而,最近十来年的政治心理学研究,尤其是中国学界的研究,给予了文化变量相当分量的地位。

首先,文化差异的实证研究。文化差异是否影响到国际关系的互动,这不仅是一个理论上的本体问题,同时更需要在经验研究中加以总结和概括。从具体的案例研究出发,我们可以找到文化差异对于不同国际行为体的认知以及双边关系互动产生影响的案例。比如,彭凯平和葛小伟的研究指出,中国和美国在处理双边危机的过程中,由于各自的心理文化和政治文化差异,导致对于事件的判断以及解决措施的选择差异较大。① 由此,文化差异(更多是思维差异)导致了观念的差异,而观念差异的存在,客观上就促发了对于利益判断以及解决问题方式理念的差异。在分析 2001 年 EP - 3 南海撞机事件中两国的外交过程时,他们指出,中国更为强调事件的性质判断,即美国战机对中国的骚扰是对于主权的侵犯,而美国更为强调细节的对错,即认为中国方面的举动导致撞机的发生。此外,在关于道歉外交的研究中,也有部分学者从文化差异角度出发,提出道歉外交之所以难以发生,或者难以发挥作用,是因为在不同文化情境中,对于道歉的理解存在差异。比如,中国和日本关于道歉的理解具有社会差异。日本方面更为掩饰自己所犯下的过错,认为侵略罪行不应代代相传,靖国神社也是国家荣誉的象征;而中国方面更为强调历史基础不改善,那么其他领域的合作则无从开展。当然,从文化路径解释道歉外交的差异,会面临现实主义者的批评,比如一方不愿意做出道歉的姿态,导致和解难以实现,是现实主义的战略利益所考量,或者是源于权力结构中占据优势的地位,或者是由于国内政治的压力

---

① Peter Hays Gries and Kaiping Peng, "Culture Clash? Apologies East and West," *Journal of Contemporary China*, Vol. 11, No. 30, 2002, pp. 173-178.

等等。①

其次,心理文化学的国际关系理论建构尝试。一般来说,心理学路径的国际关系研究,更多是集中于决策和外交层面,而国际关系理论建构成效不多。但近些年国内外学界的尝试尤为值得关注。比如,社会认同理论的引入,为现实主义提供了微观的基础,因为国家追求有利于自身的社会认同,可能会导致国家间关于认同的竞争,从而可能引发冲突。但也有观点认为,社会认同竞争是否引发冲突,取决于行为体采取何种认同策略,如果是竞争策略,则可能引发冲突,如果是流动和创造性策略,那么可能会化解冲突。② 又如,前景理论关于人类行为动机的区分,为主流国际关系理论提供了更为精细的基础,比如基于欲望/利益的动机,人们会更在乎损失,而规避风险,但是如果行为体的动机是追求荣誉、精神和认同,那么无论是损失还是收益的心理框定,都会引发行为体更为激进地接受风险。③ 中国学界也基于社会心理学和文化心理学的角度,试图发展国际关系理论,从而提出中国自身的国际关系理论。比如,从群体心理学的逻辑出发,运用社会认同理论关于群体冲突及其规避的条件分析,可以论

① 关于道歉的文化差异以及对国际关系的影响,已有较多的研究。总体而言,西方学者更多地从政治心理学、观众成本以及国内政治等角度分析,而不少中国学者持文化路径的视角。这里也体现出中西学者对于文化差异的理解不同。尚会鹏、李晨阳:《中日文化冲突与理解的事例研究》,中央广播电视出版社 2004 年版;〔日〕高桥哲哉:《靖国问题》(黄东兰译),生活·读书·新知三联书店 2007 年版;Jennifer Lind, *Sorry States: Apologies in International Politics*, Ithca, NY: Cornell University Press, 2008; Lin Ren, *Rationality and E-motion: Comparative Studies of the Franco-German and Sino-Japanese Reconciliation*, Berlin and Heidelberg: Springer VS, 2014。

② Jonathan Mercer, "Anarchy and Identity," *International Organization*, Vol. 49, No. 2, 1995, pp. 229-252; Peter Hays Gries, "Social Psychology and the Identity-Conflict Debate: Is a 'China Threat' Inevitable?" *European Journal of International Relations*, Vol. 11, No. 2, 2005, pp. 235-265. Deborah Welch Larson and Alexei Shevchenko, "Statues Seekers: Chinese and Russian Responses to U. S. Primacy," *International Security*, Vol. 34, No. 4, 2010, pp. 63-95. Esra Cuhadar and Bruce Dayton, "The Social Psychology of Identity and Inter-group Conflict: From Theory to Practice," *International Studies Perspectives*, Vol. 12, No. 3, 2011, pp. 273-293.

③ 〔美〕理查德·内德·勒博:《国际关系的文化理论》(陈锴译),上海社会科学院出版社 2012 年版。

证和谐世界秩序的可能性和条件性,而西方的国际秩序观更多是冲突性的。从中国特有的心理文化学出发,也可以论证中国的国家形态以及国际体系理论是不同于西方的,比如服国的国家形式,天下体制、朝贡体系等秩序观等。这背后更为基础的讨论就是关于文化差异到底是本质差异还是程度差异,以及文化差异与制度差异到底谁发挥作用更大的问题。①

　　综上所述,冷战结束以来的国际政治心理学研究,在继承先前的人格、认知和社会心理等路径基础之上,出现了系列重要的进展,包括神经科学的先进研究带来了系列的革命,传统的安全研究也越来越与新事实和新理论相结合,诸如恐怖主义、威慑理论和中国经验也是备受青睐。同时,最为重要的是情感和情绪研究的回归,是新世纪以来最为吸引人的研究前沿之一。

---

　　① 尹继武:《和谐世界秩序的可能:社会心理学的视角》,《世界经济与政治》2009 年第 5 期,第 56—65 页;尚会鹏、游国龙:《心理文化学:许烺光学说的研究与应用》,南天书局 2010 年版;尹继武:《政治心理学的争辩议题述评》,《心理科学进展》2011 年第 11 期,第1713—1720 页。也有运用西方最新的研究方法,比如用操作码分析中国领导人的信念体系,参见:冯慧云:《中国是现状改变国吗? 基于信念体系操作码的解读》,《国际政治科学》2009 年第 3 期,第36—58 页;冯惠云:《防御性的中国战略文化》,《国际政治科学》2005 年第 4 期,第1—23 页。

第九章　理论创新[*]

　　自改革开放以降,对中国国际关系理论创新的各种呼声就不断。从早期的中国特色国际政治理论到 21 世纪以来关于中国学派的各种讨论,可以看出中国国际关系学界对于理论建设和创新的热忱。在近期关于中国国际关系理论创新的讨论中,出现了几种代表性的声音,比如,有主张结合西方理论和中国元素的"过程建构主义"①,有主张借鉴中国古代国际政治思想丰富现代国际关系理论②,也有"无心插柳柳成荫"的天下体系理论③,等等。这些不同的声音和努力,其根本的分歧之一在于如何看待理论创新与文化本体之间的关系。持文化差异论的学者认为中国文化是中国理论产生的理论来源之一,而持文化无差异论的学者认为理论是普世的。近期,尚会鹏等人在新著《心理文化学:许烺光学说的研究与应用》④中,系统展示了

---

　　* 本章曾以《国防关系理论创新的心理文化学路径——评〈心理文化学:许烺光学说的研究与应用〉》为题发表于《世界经济与政治》2012 年第 2 期。

　　① 秦亚青:《关系本位和过程建构——将中国理念植入国际关系理论》,《中国社会科学》2009 年第 3 期,第 69—86 页;秦亚青:《作为关系过程的国际社会——制度、身份和中国和平崛起》,《国际政治科学》2010 年第 4 期,第 1—24 页。

　　② 阎学通:《借鉴先秦思想创新国际关系理论》,《国际政治科学》2009 年第 3 期,第 150—165 页;Yan Xuetong, et al. , *Ancient Chinese Thought*, *Modern Chinese Power*, New Jersey: Princeton University Press, 2011。

　　③ 赵汀阳:《天下体系:世界制度哲学导论》,江苏教育出版社 2005 年版。

　　④ 基于评析国际关系理论创新的目的,我们主要对《心理文化学》一书关于国际关系理论创新的部分进行评述,而不涉及其对于许烺光学说的具体研究和结论。

他们关于中国理论创新的文化差异论路径,并且身体力行,借鉴文化人类学家许烺光的学说,对中国国际关系理论创新进行了富有意义的尝试。

第一节 心理文化学的理论创新

心理文化学是美籍华人人类学家许烺光教授创立的一种全新的文化学说,其根本的逻辑分析起点在于对各种"大规模文明社会"进行心理文化的比较。这种学说不同于政治心理学,政治心理学的特点在于运用心理学理论进行政治分析,包括各种层次的心理学理论。一般来说,政治心理学对于国际关系中各种政治心理与决策的描述和解释力较强,而较少参与国际关系理论创新的讨论,仅有的少数例外是社会心理学的引入,比如冷战结束以来运用社会认同理论讨论国际关系冲突的本质。① 心理文化学由于其基本着眼点在于解析不同文明社会的文化差异,包括不同文明社会基本人际状态的差异,比如,美国为极致个人社会、中国为伦人圈序社会等,跟费孝通关于中西社会结构差异的比较是异曲同工。由于每个文明社会的基本人际状态存在差异,这决定了它们产生了不同的社会结构和社会秩序。如果将文化区分为宏观(物质和制度)和微观(行为和心理)两个层面,那么心理文化学更多是从微观层面,分析不同文明单位的心理文化的差异;与此相应,比较政治学中的"政治文化"研究更多是涉及政治态度的比较,国际政治的战略文化研究指涉政治领导人的政治世

---

① Jonathan Mercer, "Anarchy and Identity," *International Organization*, Vol. 49, No. 2, 1995, pp. 229-252; Peter Hays Gries, "Social Psychology and the Identity-Conflict Debate: Is a 'China Threat' Inevitable?" *European Journal of International Relations*, Vol. 11, No. 2, 2005, pp. 235-265; Deborah Welch Larson and Alexei Shevchenko, "Statues Seekers: Chinese and Russian Responses to U. S. Primacy," *International Security*, Vol. 34, No. 4, 2010, pp. 63-95; Esra Cuhadar and Bruce Dayton, "The Social Psychology of Identity and Inter-group Conflict: From Theory to Practice," *International Studies Perspectives*, Vol. 12, No. 3, 2011, pp. 273-293.

界观以及策略运用,而主流的国际关系建构主义"文化理论",偏重于分析国家的观念互动和集体身份的形成。① 上述诸种文化路径,共同点都在于都是分析价值观、信念和思维方式等心理层面的文化,但各有侧重,分析层次和政治场景等方面也略有不同。

　　运用心理文化学来创新中国国际关系理论,其基本的逻辑前提在于,国际关系在某种意义上是人际关系在国家和国际层面的放大。② 所以,不同的人际关系状态也会体现出不同的对外关系模式以及国际关系理念和实践。以此类推,中国与美国表现出不同的对外关系模式和国际秩序观念。具体来说,可以从对外政策和行为以及国际秩序观等层面分析不同文明社会中的国际关系理念差异。

　　其一,从对外关系政策和行为来看,美国的基本人际状态是极致个人模式。③ 这种极致个人的模式的特点为强调独立和自由,个人趋于摆脱所有的束缚,但是,这样就导致了处于该模式之下的个人和国家十分缺乏安全感。同时,极致个人的自我认知模式是对自己的极度自信,甚至自恋。极致个人模式倾向于把自己的感受当做衡量一切事物的标准,现实表现为美国强烈的民族使命感以及自我中心倾向,这也是美国对外政策史上孤立主义和国际主义矛盾的文化根源。由于极致个人模式过于强调自立和自由,由此人际关系状态十分注重利益,而忽视了情感的交换关系。这决定了美国对外政策中的现实主义利益传统,亦即强调国家利益始终是美国外交的基本起

----

① 〔美〕加布里埃尔·A.阿尔蒙德、西德尼·维巴:《公民文化——五个国家的政治态度和民主制》(徐湘林等译),东方出版社 2008 年版;Alastair Iain Johnston, *Cultural Realism: Strategic Culture and Grand Strategy in Chinese History*, New Jersey: Princeton University Press, 1998;冯惠云:《防御性的中国战略文化》,《国际政治科学》2005 年第 4 期,第 1—23 页;〔美〕彼得·卡赞斯坦主编:《国家安全的文化:世界政治中的规范和认同》(宋伟、刘铁娃译),北京大学出版社 2009 年版;〔美〕亚历山大·温特:《国际政治的社会理论》(秦亚青译),上海世纪出版集团 2008 年版。感谢蒲晓宇提醒我应注意区分心理文化学和国际关系研究中既有文化路径的区别和联系。

② 尚会鹏、游国龙:《心理文化学:许烺光学说的研究与应用》,南天书局 2010 年版,第 400—401 页。

③ 同上书,第 421—440 页。

点,进而物质实力成为极度不安全感的一种补充。因此美国十分注重实力的建设和运用。极致个人模式的人际关系状态是一种竞争性的人际关系状态,这也是起源于个体之间的独立和自由特性。因此美国人倾向于将外部世界看做是竞争性的,产生了寻找敌人以及寻找竞争对手的需要。[①] 从美国对于苏联、中国等相关大国的定位就可以看出这一特点。

其二,从国家形式来看,中国古代的国家形式是"服国"。[②] 由于中国是一种伦人社会的基本人际状态,即这是一种费孝通所说的差序格局形式,人们以关系远近决定亲疏程度、情感程度等。西方的民族国家概念建立在独立和理性的个人之上,而中国古代的"国"是不同的。具体如"国"是从"家"出发外推的结构,"国"是伦人基本人际状态在更大层面的一轮关系,因而"人""家"和"国"之间的界限并非十分清楚。继而,"国"与"家"伦理同构的特点,即"国"与"家"的特点类似,功能一致,二者的伦理也是一脉相承,那就是民众对统治者的冷漠以及统治者对民众生活的低度干预。最后,统治方式为"不同场合存在不同真理",因而具有极大包容性。[③]

其三,从基本的社会秩序出发,中国和西方具有不同的国际秩序或世界秩序观。由于西方社会的人际状态是个人,国家概念也是建立在个人的基本人际状态之上,所以表现出个人边界和国家边界的清晰化、个人自我意识和民族自我意识的清晰化以及对个人利益和权利的强调与国家功能的单一化,即国家只是政治国家,而非中国国家形式的家国一体。在个人的基础上衍生出"个国"的实体,二者具有高度的同构性,所以"个国"组成的国际社会,其国际秩序必然是强调利益、差异和竞争性的交换等,同时国家也是极度缺乏安全感的。

---

① 关于美国社会的一些基本文化特性,可参见许烺光关于中美文化的系统比较研究。许烺光:《中国人和美国人》(徐隆德译),南天书局2002年版;许烺光:《中国人和美国人》(彭凯平等译),华夏出版社1989年版。

② 尚会鹏、游国龙:《心理文化学:许烺光学说的研究与应用》,第441—462页。

③ 同上书,第452页。

这就是现代西方国际关系理论的基本假定,亦即国际的无政府状态,由此必然导致了安全困境的形成。[①]

　　而中国古代的地区秩序和国际秩序理念是另外一种基于伦人的世界秩序观。[②] 西方的国际秩序观是基于"单位平等原理",而中国的伦人模式强调差序格局,即"不仅差序有别,而且差序有爱"。中国古代的天下体制和朝贡体制不同于西方基于理性利益的国际秩序观。具体来说,由于伦人人际关系状态中不同的角色决定了不同的交往原则和情感程度,包括内与外、远与近、亲与疏、生与熟、长与幼等圈子,不同的行为基于不同角色,承担不同义务。所以,在天下体制中存在三种国际秩序文化:一是"亲人文化",基于亲情法则、相互依赖和帮助;二是"熟人文化",基于人情法则,强调"面子""义气"和"名分",这些是国家行为的缘由,而非西方理性国家的利益;三是"生人文化",基于公平法则,是中国与陌生人相处和打交道时的基本状态,这不受"角色原理"的影响和支配。[③]

　　综上,我们看到,从心理文化学的基本理论出发,可以对国际关系理论进行一种文化角度的重构,在此分析维度之下,中西呈现出不同的行为模式和秩序观念。沿着这种差异论的文化路径,尚会鹏等人揭示了中国元素对于国际关系理论所具有的独特贡献。

---

①　尚会鹏、游国龙:《心理文化学:许烺光学说的研究与应用》,第 407—419 页。这一点与赵汀阳关于西方国际秩序的形成及其"治乱无力"的分析,可谓异曲同工。赵汀阳也进一步指出,天下体系是一种好的世界政治制度,优于西方民族国家体系之上的国际秩序。正是基于此,笔者倾向于将尚会鹏与赵汀阳的理论路径归为一类,即均持文化差异论者。

②　尚会鹏、游国龙:《心理文化学:许烺光学说的研究与应用》,第 463—484 页。

③　关于关系的划分以及对于情感的重视和强调,这也是本土心理学学者所持的研究结论。参见黄光国等:《面子:中国人的权力游戏》,中国人民大学出版社 2004 年版;翟学伟:《中国人的脸面观》,北京大学出版社 2011 年版;翟学伟:《中国人的关系原理——时空秩序、生活欲念及其流变》,北京大学出版社 2011 年版。

第二节　关于文化差异的一些后续讨论

就如上文所言,中国国际关系理论创新的几种潜在路径,对于理论创新文化来源的问题,尚未取得共识。心理文化学的路径和尝试是一种文化差异论的看法。而且,这是一种文化本质差异的观点,亦即西方社会的代表美国,其基本人际状态为个人,由此产生了"个国"和西方国际秩序;而以东方社会的代表中国,其基本人际状态为伦人,由此产生了"服国"和天下秩序。基于上述两种基本的人际状态差异,心理文化学认为中国国际关系理论可以产生有别于西方的理论体系,包括基本假定、核心概念及其逻辑体系。在关于中国学派或中国理论产生的一些理论性讨论中,秦亚青认为中国学派(理论)产生具有三个思想渊源,亦即天下观念和朝贡体系的实践、近现代革命思想和实践以及改革开放思想和实践;作为社会科学理论的中国学派(理论),是不同于自然科学理论的,因为它们具有地域文化特征。[①] 但是,对于中国理论产生的文化假定,既有研究并没有展开,只是基于文化差异(地域)的先验假定,从而得出中国理论(地方知识)产生的必然性。石之瑜认为,国际关系理论的亚洲学派受英国学派的启发最大,它们均对具有历史性的某种长期生活与交往模式,亦即文明的关切[②]。而人类学关于知识的本土化研究中,提出知识与权力的关系、西方中心主义与民族中心主义之间的平衡问题是西学

---

① 秦亚青:《国际关系理论中国学派生成的可能和必然》,《世界经济与政治》2006年第3期,第7—13页。秦亚青主要从社会科学理论和自然科学理论的分野,亦即一元论和二元论的区别来分析中国学派(理论)产生的地缘文化特性。但是,就社会科学理论产生的知识社会学角度而论,也是存在诸多分歧的。这也是对于社会事实属性及其认知的差异造成的。笔者更倾向于基于理论生产的文化假定的角度,来分析国际关系理论生产的来源及其机制。

② 石之瑜:《国际关系研究亚洲地方性学派》,《国际政治科学》2010年第3期,第53页。

本土化中最为核心的分歧所在,在这种二元论思维框架中,文化的差异既是一种默认前提,但似乎并不必然决定产生何种地方知识和观念。① 基于知识生产过程中文化逻辑的重要性,笔者觉得有必要对国际关系理论创新的文化基础进行更为细致的讨论。

其一,文化差异是本质差异还是程度差异。依据笔者的观察,心理文化学的主要代表人物许烺光虽然是在批判国民性的基础上发展了基本人际状态的学说,即从不可度量的文化人格走向基本人际状态和社会心理结构分析,但是,心理文化学对于文化差异的看法还是与国民性研究大体一致,即认为不同的文明之间的文化差异是根本性的。② 在此基础上,尚会鹏教授也仔细梳理了美国、中国、日本和印度等文明社会的基本人际状态模式。③ 依笔者看来,许烺光先生的"大规模文明"比较学说属于心理人类学或文化人类学的一个分支,而文化人类学的基本观点就是,以发现人类的多样性为出发点,其研究对象是不可观察的抽象概念"文化",但更多通过能够具体观察的人类行为所展示的社会关系以及更为微观的心理结构的研究,以此完成"社会"或"文化"研究的。④ 由此看来,心理文化学从根源上就是研究差异的。更为宽泛而言,文化差异的观点得到了文化心理学的广泛支持,即在思维模式、心理习惯以及认知机制等方面,东西方社会中的个体和社会心理是存在较大差异的。这些差异的存在对国际政治和外交决策产生了不同的影响。在文化心理学领域,尼

---

① 可参阅中国人类学家的反思,王铭铭:《西学"中国化"的历史困境》,广西师范大学出版社 2005 年版。

② 国民性研究的代表性著作,可参阅〔美〕鲁斯·本尼迪克特:《菊与刀》(吕万和等译),商务印书馆 1990 年版;李亦园、杨国枢主编:《中国人的性格》,江苏教育出版社 2006 年版;杨国枢主编:《中国人的心理》,江苏教育出版社 2006 年版。

③ 尚会鹏、李晨阳:《中日文化冲突与理解的事例研究》,中央广播电视大学出版社 2004 年版;尚会鹏:《印度文化传统研究——比较文化的视野》,北京大学出版社 2004 年版。

④ 参见〔日〕石川荣吉主编:《现代文化人类学》(周星等译),中国国际广播出版社 1988 年版。

斯贝特和彭凯平等人进行了大量文化差异研究①；相关研究进一步被应用于国际关系领域，比如葛小伟和彭凯平认为，对于 2001 年的"EP-3 事件"，中国和美国决策者的关注焦点和认知存在文化差异，美国人更看重细节和过程，而中国人更偏向于宏观上的事件性质判定以及关系判定。②

当然，在承认文化差异的前提下，对于文化差异的性质方面存在分歧。比如，相对于文化本质差异的观点，有不少研究认为，现有的文化学研究更多地夸大了文化差异的性质和程度，将不同的文化对立起来，更多寻找各自文化所特有的属性。但是，文化差异更多的是程度的差异，而不是性质的差异。比如，戈夫曼关于面子和印象管理的研究③表明，面子是人类社会的一种通行工具。通过对各种人类学、心理学和文学作品的考察，他发现面子是人际互动中，人们进行印象管理的一种表现方式。但是，对于面子的敏感性以及内容等，不同的文明社会中存在差异。这种代表性的研究认为，文化差异只是人类的一些根本性的人性因素，在组合方式、表达方式以及体验方式等方面存在差异。基于此，我们看到，对文化差异的判定是存在不同的看法的。因而国际关系理论创新对文化差异的假定需要重新思考理论创新背后的文化差异到底是本质差异还是程度差异。

其二，文化差异还是古今差异。文化差异论者认为，文化差异孕育着不同的理论逻辑和体系，在这种潜在假定基础上，中国理论的产生具有文化的支持。但是文化差异的程度到底是不同文明社会在基本的人性、文明起源上存在差异呢，还是由于不同文明所处不同历史时段不同，从而产生了差异？对此问题的回答构成了文化差异到底

---

① 〔美〕理查德·尼斯贝特：《思维的版图》（李秀霞译），中信出版社 2006 年版。

② Peter Hays Gries and Kaiping Peng, "Culture Clash? Apologies East and West," *Journal of Contemporary China*, Vol. 11, No. 30, 2002, pp. 173-178. 关于文化如何影响政治心理问题，可参阅尹继武：《政治心理学的争辩议题述评》，《心理科学进展》2011 年第 11 期，第 1713—1720 页。

③ Erving Goffman, *Interaction Ritual*, New York: Pantheon Books, 1967；〔美〕欧文·戈夫曼：《日常生活中的自我呈现》（冯钢译），北京大学出版社 2006 年版。

是中西之争还是古今之争的问题。① 更进一步,由于文化与制度之间的相互紧密关系,到底文化差异是不同文明社会基本人性和社会构成的差异,还是文化差异仅仅体现了不同文明社会之间制度差异的问题？如果文化本身成为一种制度,或者说,文化因素的凸显本身也是制度缺失的一种表现,这说明文化因素的作用其实是制度因素的副产品,而不是独立发挥作用的变量。②

由此,如果我们将不同的文明社会放入一种现代性的考察之中,那么将发现,在文明的进程之中,即在各种文明社会迈向现代性的过程中,由于所处的阶段和时期不同,所以各自具备了一些在特定阶段所具有的文化特性。这表明,文化差异的问题起源于不同文明社会所处的不同历史时期,或者说现代性的程度不同而已。这说明文化差异问题并不能代表不同文明社会的本质独特性,而更多地体现了时间性和阶段性。这又涉及不同文化体系是否具有自身特定的价值系统,而这些价值系统与物质制度、风俗以及物质基础是不同的。借用于科学哲学中相关概念,我们是否可以认为,不同文化体系的价值系统类似于理论的硬核,而对于这些价值系统的体验、表达以及认知方式等是一些边缘地带的文化特性。基于程度差异论的视角,不同文化体系的价值系统中,存在某些(本质)一致的地方,但也有部分是不同的(这更多是一种程度差异,但能否发现某些本质差异的价值系统呢？),继而,差异最大的可能数外在的地缘文化特性。余英时似乎认同文化的价值系统是存在本质差异的,他指出当中西文化体系交流、碰撞与融合时,我们可以观察到,今天"西方文化、希伯来文化、伊斯兰文化、日本文化、印度文化等都经历了程度不同的现代变迁而依

---

① 甘阳:《古今中西之争》,生活·读书·新知三联书店 2006 年版。
② 关于文化与制度的观点,艾利亚斯的研究比较有代表性。他认为,我们所认为的文化,很多事实上是在人类历史过程中制度长期积淀的结果,而且很多是一些被内化了的制度。所以,文化差异本身可以进一步解释为(长期)制度差异的结果。事实上,制度解释明显比文化解释更为有力,而且更容易操作化。参见〔德〕诺贝特·埃利亚斯:《文明的进程——文明的社会起源和心理起源的研究》(王佩莉、袁志英译),上海译文出版社 2009 年版。

然保持着它们文化价值的中心系统","整体地看,中国的价值系统是禁得起现代化以至'后现代'的挑战而不至于失去它的存在根据的"。① 当然,基于文化的历时性考察,不同的文明社会处于不同的历史时期和发展阶段,会在不同的文化特性基础上产生不同的理论体系。但是,第一,不同文化体系中的理论是具有历史延续性和相关性的,而不是完全独特的和割裂的体系。第二,这些理论其实从属于更大范畴的理论谱系丛中,亦即关于文明社会的现代性理论进程。

其三,基于文化还是利益的国际关系理论。现代民族国家体系越来越接受理性假定,以此作为国际关系理论建构的逻辑起点。这直接导致接受国家利益成为国际行为以及国际互动的最终决定性因素,而各种主流国际关系理论均从维护或者反对国家的理性假定开始自身的理论演绎。基于文化的路径,这或许也是一种反对国家理性假定的观点,即从文化或文明的角度来看,国际政治行为主体不是现代西方意义上的民族国家,而是一种文明行为体。西方民族国家体系兴起于近代西欧,而后随着民族主义运动的兴起向全球扩散。② 在此,我们看到两种国际关系行为体或单位的假定,一则是民族国家,二则是文化或文明行为体。

就中国的现代国家政治发展而言,仍有部分学者否认中国是完全西方意义上的民族国家行为体,而更多是一种文明国家。③ 照此推论,我们若建构中国国际关系理论体系,则不能完全从理性行为体的假定出发,即利益并非中国国际行为的决定性动因,而应揭示中国国际行为及国际关系互动的文化动因。从现实来说,近现代中国国家的发展,是一种从古代文明国家向现代民族国家建制的演进过程,

① 余英时:《中国思想传统的现代诠释》,江苏人民出版社2006年版,第33页。
② 参见〔美〕本尼迪克特·安德森:《想象的共同体:民族主义的起源与散布》(吴叡人译),上海人民出版社2011年版。
③ 尚会鹏也在多处指出,现代中国并非是西方意义上的民族国家,而偏向于文明国家。这也是著名中国学者白鲁恂(Lucian Pye)的观点,即中国是文明国家而非民族国家的实体。Lucian Pye, *The Spirit of Chinese Politics: A Psychological Study of the Authority Crisis in Political Development*, Cambridge, Mass.: Harvard University Press, 1992.

这种国家政治形态转型尚未结束,所以,我们从现代中国对外关系中能够观察到两种身份的存在及其冲突,亦即民族国家和文明国家身份①。基于中国国家属性的不同判断,由此会得出中国国际关系理论构建的不同逻辑假定起点。如果我们承认现代中国存在上述两种相互冲突的身份的话,那么现代中国国际关系理论也是基于文化和利益假定之间的一种平衡。二者如何塑造中国的国际行为及国际关系互动,到底是文化是中国国家价值系统的核心,抑或利益是核心,以及二者如何在国际关系实践中发挥影响,而我们又如何从经验上观察并抽象出文化和利益的影响机制及其政策表征? 如果持一种身份冲突或二元论的视角,那么中国国际关系理论创新必须兼顾文化和利益的取向,进一步的问题是如何区分出二者的边界以及相互作用及其现代意义等? 再者,从知识和行动理论的层次,二者又是如何塑造或构建中国的理论谱系呢? 基于中国古代经验的考察,或许较为容易得出文化或文明视角下的中国国际关系理论,但或许我们更需要的是一种"现代的"国际关系理论②,因而中国国际关系理论的创新并不是一个非此即彼的问题,而是如何综合考虑文化和利益的二元互动问题。

综上,笔者基于对心理文化学基本逻辑前提的考察,认为我们必须进一步深入思考理论创新的文化基础。这是关于国际关系理论创新的文化差异假定的讨论,而不是分析作为政治学和国际关系学次

---

① 在当代中国对外交往过程中,我们可以找出很多反映两种身份冲突的案例。石之瑜从文化心理视角讨论了中国对外关系中的道德正义观、面子和人情等中国文化因素。参见 Jonathan R. Adelman, Chih-Yu Shih, *Symbolic War: The Chinese Use of Force, 1840-1980*, Tai Pei: Institute of International Relations, National Chengchi University, 1993;石之瑜:《近代中国对外关系新论——政治文化与心理分析》,五南图书出版公司 1993 年版;Chih-yu Shih, *China's Just World: The Morality of Chinese Foreign Policy*, Boulder & London: Lynne Rienner Publishers, 1993。

② 关于国际关系理论的"当代化"问题,这是近期国际学术界的一个热点话题。参见 Randall L. Schweller, "Rational Theory for a Bygone Era," *Security Studies*, Vol. 20, No. 3, 2011, pp. 460-468. 张清敏等人的研究表明,改革开放以来的中国对外关系中,文化因素相对下降,而越来越走向强调利益,即经历了一个现代化理性趋向过程。张清敏、李敽窥:《中国对外行为的思想根源探析》,《外交评论》2011 年第 4 期,第 3—20 页。

领域的文化研究的可能性和正当性问题。① 在考察文化差异的性质问题基础上,笔者更倾向于从历时性的角度分析文化差异的性质,从而否认并消解文化差异所具有的共时性本质差异特点。更好地理解文化差异的性质问题虽然并不会直接产生新的理论,但这是理论的知识社会学的重要环节。

第三节　小　结

在新世纪以来的中国国际关系理论创新过程中,心理文化学的引入具有重要的理论价值。相较于风靡一时的"天下体系理论",心理文化学的理论贡献或许不那么引人瞩目,但赵汀阳的理论体系更多的是基于理论逻辑演绎,而不是基于历史经验和文化心理特性的描述。② 基于此,心理文化学对于理论创新的努力无疑具有重要的意义。因为天下体系理论的逻辑推理过程虽然优美,但是缺乏具体的社会心理内容支持。而心理文化学的论证,应该说,为这种文化本质差异论路径提供了更为微观的基础。我们应鼓励这种细致的心理文化研究更加深入下去,为理解中西文化差异以及理论知识生产的差异提供更好的背景描述。

但是,就如上文对文化差异的讨论所言,关于理论创新的文化差异逻辑前提的思考并非仅仅是本质差异论的一种。同时,相较于本质差异的看法,现有越来越多的研究偏向于程度差异,揭示文化差异的程度及其对于政治事务的影响。这种对于人类共享一些基本的人性的看法,为调和理论建设的普世性和独特性提供了一些较为合适

---

① 石之瑜:《文化研究作为政治学的次领域——能不能? 该不该?》,《政治科学论丛》(台北)2003 年第 2 期,第 1—22 页。

② 一些批评,参见周方银:《天下体系是最好的世界制度吗?》,《国际政治科学》2008年第 2 期,第 98—104 页;徐建新:《天下体系与世界制度》,《国际政治科学》2007 年第 2期,第 113—142 页。

的路径和操作手段。应该说,程度差异的看法更有利于在中西之间架起一座沟通的桥梁,也为两种理论体系的对话提供了更好的话语基础。当前中国国际关系理论创新的讨论中尚未有关于文化差异与理论生产之间的详细分析,笔者认为适当考察理论创新的文化差异问题是有益的。①

最后,心理文化学的基本观察和结论,大部分都是基于中国在民族国家建制之前的经验,即以古代和新中国成立之前的心理文化经验观察为主。② 但是问题在于,中华人民共和国成立以来,中国的社会文化和心理结构发生了一些突出的变化,比如政治文化中马克思主义占据主导地位,改革开放以来中国迈向现代民族国家的步伐加快等。从这个角度来讲,文化差异所体现的历时性维度将产生更大的作用。换言之,我们与西方文明社会的文化差异是缩小了,还是加大了呢?就此而论,可能缩小的趋势是比较明显的,当然一些特定的基本人际状态还是不同的。中国作为民族国家的经验及其国际关系实践中,如何辨识出中国传统的基本人际状态因素,这是需要仔细考虑和分析的。因此,心理文化学路径的功效可能更多在理论创新层面,即有助于诞生一种不同的国际关系理论体系,但在现实中如何辨识中国心理文化因素的影响,如何建构一种国际关系行动理论的心理文化学,这需要寻找更多的明确证据支持,也是进一步研究的方向之一。然而,我们有理由期待心理文化学路径能够生产更多的理论创新知识。

---

① 有一些值得关注的研究,是基于科学哲学的角度评价中国国际关系理论创新的路径和问题。参见鲁鹏:《创建中国国际关系理论四种途径的分析与评价》,《世界经济与政治》2006 年第 6 期,第 52—59 页。

② 这一点,也是很多人对赵汀阳"天下体系理论"现实性的质疑。当然,如果纯粹从一种知识理论的角度来看,心理文化学、天下体系等中国文化理论也是合适的,即仅仅对历史经验和中国传统心理文化的概括、提炼与总结,那也是理论创新的重要维度。

后　记

　　从入门国际关系研究以来,政治心理学一直成为我的智识兴趣。在从事研究的同时,这些年也一直致力于学科的推广和建设。或许由于交叉学科的特性,我自己觉得进展不快,甚至经常"跟不上形势"。究其缘由,或许在于"形势"变化太快,而我又不从事"形势"的学术研究,更多的是学术命题的基础研究。回首自身的学术历程,以博士论文为核心的研究应该算第一阶段,那时候更多是熟悉、借鉴并试图运用西方的前沿,以初生牛犊之气魄,做些自认为是追随国际前沿的研究。基于信任和情感研究的博士论文,在我着手之时,英文学界也尚是刚刚兴起,如今已是遍地开花,各大期刊论文层出不穷。所幸,当时的习作得到了学界的一些认可,也曾获得一些可能无法超越的荣誉。

　　于心于理,我带着更为感恩的幸运之情,开始了第二阶段的研究。在此阶段有两个特征,其一是更多关注中国,试图寻找中国的理论素养和经验知识,同时依然在传统的高政治领域,寻找一些理论热点,尝试一些理论突破。经过多年的反复思考和研究,其中一个方向已撰写完一部战略思维和心理研究的书稿《单边默契与战略选择》;而另外一个方向,则持续于近些年的深入思考,围绕中国对外关系的战略心理学分析,集中于一些经典的或新颖的研究命题,诸如秩序、信任、诚意、印象管理和共识等等,同时也包括了我进一步对学科知识和理论创新的部分总结和思考。于是乎,就有了这本小书,是我个人研究第二阶段的部分成果结晶。从单独的专题论文,到专著的面世,其实不是一个自我清晰的抉择。基于阶段性研究总结的目的,我感觉有必要回首自身的持续性研究,围绕战略心理学的研究主题,探寻理论逻辑的传承性,感受强烈的现实关怀。

政治心理学是一门理论性学科,同时与政治实践紧密相关。本书的研究虽然是基于理论性命题而展开,但希望本书关于知识谱系、理论创新以及战略心理的研究,能够对中国对外关系实践提供些许智识支持和启发。学问的成熟,在于用心,无心则无神,更无韵。中国对外关系的战略心理学研究还有更多值得开拓的议题,希望能有更多的新鲜研究力量参与进来,用心而作,尽心而为,在友爱的知识世界中获得力量,获得认可,获得真善美。

书稿及其研究的完成,需要感谢很多同仁的支持。近些年,围绕政治心理学学科建设、学生培养以及研究拓展,我自设了政治心理学凉风书会,至今已举办 40 多期,嘉宾来自海内外诸多青年才俊。这个松散的学术团体,聚集了我最想感谢的志同道合之士。诸多章节的前后修订,他们作为我学术界的良师益友,都提供了无私的反馈。同时,感谢我主持的"2012 年教育部新世纪优秀人才支持计划"(批准号:NCET-12-0789)和"全国优秀博士学位论文作者专项资金资助项目"(项目编号:201007)对本书研究及其出版的持续支持,没有这些师友和研究基金的支持,本书研究的开展及其出版是无法想象的。北京大学出版社耿协峰老师对于中国国际关系学术出版的贡献有目共睹,他的学术敏锐和鉴别力也是别具一格,在此特别感谢他和张盈盈编辑细心的工作,这使得本书质量有了最大的保证。最后,感谢我家人一直以来的理解、支持和宽容。人有各种社会属性的差异,但我庆幸父母能够培养我诸多的品质,而看到他们的生活和生存状态,实在难以与我所从事的"高大上"研究相联系起来。这,或许是一幅难以想象的后现代生活图画。

上一部著作后记时,落叶萧萧,长发飘飘,如今一晃多年,深感岁月之沧桑,生活之忧伤。希望今后无论是学术还是生活,能够有一个新的开始,新的收获,新的心情。也祝愿对于理论和现实研究,政治心理学有更大的贡献和作为,希望在前行道路上你我共勉。

尹继武

2015 年 3 月 19 日